DTCからの提言
2023

Power of Change

パワー・オブ・チェンジ

未来を築く経営の新「定石」

デロイト トーマツ コンサルティング
Deloitte Tohmatsu Consulting

ダイヤモンド社

はじめに——「チェンジ」の在り方を問い直す

私たちデロイト トーマツ コンサルティング（DTC）は、企業やさまざまな機関・団体が変わりゆく社会や経営環境に適応し、さらなる進展を遂げるためにともに実践し、その結果「未来への資産」を築き上げることを生業としてきた。まさに、本書の主題である変化や変革を日々取り扱っている。しかし、変化自体の性質が変容し、変化への向き合い方も変わってきている。

いま起きている大きな変化の潮流である情報革命では、かつて産業革命をもたらした蒸気機関などのエポックメイキングな発明と比べて数十倍の速さで技術革新が続き、その範囲はとてつもなく広がっている。産業革命で紡錘機がヨーロッパ以外の地域に普及するまで100年の時間を要したのに対して、情報革命では通信技術やデジタル技術などが高速で社会に波及し浸透していく。これまでのビジネスの「定石」は通用しなくなっているのだ。

情報革命の核となっている半導体は、「ムーアの法則（半導体回路の集積密度は1年半～2年で2倍になるというもの）」の通りに進化が続き、単に計算が速くなるという枠を超えて「つながっていなかったものが瞬時につながる」「見ることのできなかったものを見ることができる」といった新たな仕組みや発見を次々と提供してくれるようになった。

変化というものは、特に右肩上がりの成長を遂げる経済などの文脈においてはポジティブなものとしてとらえられがちであるが、それはばかりとは限らない。たとえば、アメリカの人工知能（ＡＩ）研究の権威であるレイ・カーツワイル氏は、ＡＩが人類の知能を超える転換点「シンギュラリティ」を唱え、それは２０４５年にやって来ると予測している。それにより人間は、より知的な活動に専念できるようになると考える人もいれば、ＡＩが社会に大きな影響力を与えることで悲劇的な結末を迎えるのではないかと危惧する人もいる。つまり、変化の結末には明暗の両面があり、どちらが正しいかはわからないということだ。

世の行く末がどうなるかがわからないならば、「どう変わるか」と座して待つのでなく、「どう変えるか」に挑戦しうるチェンジを志向したい。それはつまり、普段何気なく口にする「変化」や「変革」という言葉を再定義しようというチャレンジでもある。

「状況の変化に対応すべきです」「企業構造を変革しなければ生き残れません」といったやり取りは、そこかしこで繰り返されている。実際、私たちも「変化対応のプロフェッショナルサービスを提供」し、「変革による成果を顧客と生み出すことを使命」としている。しかし、「変化」または「変革」とは本質的に何か、どう変容しているのか、私たちコンサルタントも改めて向き合わなければならない。

「変化の変容」に着目する

鎌倉時代の歌人、鴨長明は『方丈記』で、有名な一節を書き記した。

「行く川の流れは絶えずして、しかも本の水にあらず。よどみに浮かぶうたかたは、且つ消えかつ結びて久しくとどまりたることなし。世の中にある人とすみかと、またかくの如し」

この一節は、「変化とは何か」という、抽象的で哲学的ともいえる私たちの疑問に対して大きなヒントを与えてくれる。情報革命という大きな時代の流れがある一方で、足元では「消えかつ結びて久しくとどまりたること」ない変化が続いているのである。「長期的なトレンドと社会の現実的な判断」と表現してもよいだろうか。

しかも、情報革命下の現実的な判断は、過去の革命下にもあったそれらよりもきわめて頻繁に行わなくてはならない。また変化の振幅（ボラティリティ）が大きく元の状態に戻りにくい事柄も山積していく。過去の革命は、「のんびりしたもの」だった。紡錘機が世界に普及するのに1世紀を要したのが象徴的だ。ところが、情報革命では、キリスト教が誕生してからこれまでに得た信者数を上回る利用者をデジタルプラットフォーマーが10年以内で獲得したように、すべてが高速で、劇的である。

経営の舵取りはいつの時代も難しいものだ。一瞬の判断の誤りは破綻を招きかねないほど大きな代償を伴う。しかも、課題は尽きることなく多岐にわたり、遠くを見ながら足元を固めるというフル回転の状態が延々と続く。それでもなお、「未来への資産」を念頭に置いて目の前で起きる「未知の変化」をクリアしていかなければ、その次に迫り来る「新たな変化」を察知できない。

経営者は変革疲れに陥っていないか

近年は、「不確実性の高い時代」「VUCAの時代」などといわれている。VUCAとは、Volatility（変動性）、Uncertainty（不確実性）、Complexity（複雑性）、Ambiguity（曖昧性）の頭文字を取ったもので、未来予測が難しくなっている状況を示す言葉だ。ちなみにVUCAは、もともとはアメリカの軍事用語で、1990年代に旧ソ連との冷戦が終結して核兵器を中軸とする戦略の変更が迫られ、世界戦略の不透明さが増したことを意味していた。

この原稿を書いている2023年3月現在も、コロナ禍はいまだ完全には収束の兆しを見せず、ロシアによるウクライナへの軍事侵攻は終結の目途が立っていない。軍事侵攻によってエネルギーの供給危機が起こり、穀物生産の停滞により食品や飼料類などが軒並み値上げされ、世界中がインフレの危機に怯えている。つまり軍事侵攻という一つの地政学的変化が、世界中のあらゆる方面に大きな影響を与え、変化の振幅と衝撃度が相乗的に大きくなっている。

デジタル技術では、Web3やDAO（Decentralized Autonomous Organization）がいよいよ存在感を増してきている。Web3は、IoT（モノのインターネット）に象徴される新しい分散型ネットワークであり、DAOは、「分散型自律組織」という新しい協働関係を意味している。これまでの中央集権的なデジタルの在り方から、分散型の在り方へと変わろうとする動きである。情報革命の核であるデジタル技術そのものでさえ、根本から変わろうとしている。しかも変化の速度は信じられないほど速い。

ただし鴨長明が『方丈記』を書いたのは13世紀初頭のことであり、その当時ですら変化が意識され、変化に適応できない人、組織、国家、文明は淘汰されてきたことは昔もいまも同じである。会社や組織、働く人々にとっては「変化や変革」は、いつの世でもマネジメントの重要な課題であった。企業は生き残り、さらなる成長を手にするために変化・変革に挑戦し続けてきた。経営学者やコンサルティング会社は「○○経営」「○○組織」といったうたい文句を掲げて企業の変革を支援してきた。

そうしたことに鑑みれば、いまさら「VUCAだ」「不透明だ」などと現代を取り立てて見るのは、やや早計だろう。しかしながら、経営手法の流行サイクルが短期化しているのは間違いのない現象であり、次から次へと対応すべき変化の焦点や変革の主軸が移ろっていくため、経営者は「変革疲れ」「改革疲れ」といった状態に陥ってもいるのではないか。

VUCAという言葉が流行るのは、企業や経営者が先を見通せずに苦しんでいる証左だ。自分たちがどこに導かれようとしているのか。自分たちはどこに向かうべきなのか。自分たちは何をすべきなのか。それらすべてが曖昧になっている。私たちはいま、そのような瞬間にいる。だからこそ、「新たな定石」が求められているのである。

変化をリフレーミングする

そうであればなおさら先述したように、より根源的に「変化とは何か」「変革とは何か」「我々はどのようなチェンジに取り組むべきか」等々を再考してみようではないか。そうして私たちは、「変化の変容」を探り、そのうえで個人や組織の有り様を検討する作業に着手した。

改めて、「Ｃｈａｎｇｅ（＝変化）」という言葉の意味を辞書にあたれば、『広辞苑 第7版』（岩波書店）と『ロングマン現代英英辞典 3訂新版』（桐原書店）では次のようになっている。

【変化】

1・かわること。ある状態から他の状態に変わること。

【Ｃｈａｎｇｅ】

1・to become different, or to make something become different

2・to stop doing or using one thing, and start doing or using something else instead

3・to put or use something new or different in place of something else. especially because it is old, damaged, or broken

いずれの定義においても、変化とＣｈａｎｇｅという言葉には、「時間軸」「対象」「(変化前後の）状態」といった概念が内包されている。

時間軸とは、「いつから」「いつまで」などであり、当然ながら長期と短期というとらえ方もできる。対象は、変化を考える時に興味深い示唆を与えてくれそうだ。つまり、「誰が変化するのか」「何が変化するのか」であり、それは同時に、「何かが変化したからみずからが変化したり、変革したりしなくてはならないのか」、それとも「みずからが何かに働きかけて変化を生み出すのか」などといった因果の意味があり、これは個人の能力開発や組織の在り方に必然的につながっていく。さらに、変化・変革に際しては、さまざまなものを巻き込んで行われる。すなわち変化をする際には巻き込む「資源」（ビジネスでは経営資源）にまで視野が広がるはずである。

状態もまた重要な要素をはらんでいる。変化前後の状態とはすなわち、「状態Ａから状態Ｂ」という「起点」と「終点」であり、そこにはＡに対する検証作業や評価が込められ、Ｂには、どうありたいか、なぜＢなのかなどといった「Ｗｉｌｌ　Ｂｅ」への取り組み、つまり自身が変わることへの「目的」が反映されている。

私たちは、変化は止まることがないと考えている。『方丈記』にあるように、変化という事象に不変の瞬間はない。とはいえ、デジタルという手段を持たなかったこれまでの変化は、ある程度は予測が可能であった。そのため組織では、一定の年月をかけて徐々に取り組むことで変化への対応ができていた。しかし、１９９０年代から始まった情報革命がもたらした「新たな変化」は、予測が困難であり、変化の振れ幅が大きく、ものすごいスピードで変化し続けている。そのために組織にも「変化が前提」とか「変化こそが常在」といった「心構え」や「組織構え」が求められるようになっている。つまり、個人でも組織でも、「変化をリフレーミング《Reframing》する」発想の転換が必要なのである。

なお、本書では、みずからがコントロールするための力を発揮しにくい社会や自然など大きなものが変わることを「変化」、みずからがプロアクティブに働きかけてみずからも含めて変わることを「変革」と定義している。そのうえで、「変化と変革の違いを理解したうえで新たな変革、しかも外に働きかけてみずからが望むような変化を形づくること」を「Ｃｈａｎｇｅ（チェンジ）」と呼ぶ。

変化の質そのものが変わるなかで、まず心構えとして重要なのは「現実志向」である。私たちは紛れもなく「いま」を、将来に向けて生きている。どのような方向性で変化が起こるのかを予測するのは困難だが、いま、この瞬間に変化が起きていることは事実である。だからこそ「いま、何が起きているのか」を冷静にとらえ、分析していくことがまず必要だ。

さらに「組織」としては、社内外の資源をいかに活用するかについて、これまでとは別の次元、別の視点で考えることが重要になると予測している。いま起きている変化は、人々や社会の常識的な価値観を着実に変えており、組織そのもののとらえ方も根底から変わろうとしている。

つまり「人が群れる意味」が問い直されているのである。組織が人々にとってどのような「場」としてとらえられていくのかによって組織のマネジメントも変わり、それゆえに組織をまとめ上げるダイナミズムを組織内に埋め込んでいくことが重要になる。私たちは、今後は、組織内の「人」だけではなく、組織内外の「コミュニティ」が組織や企業にとって重要な「経営資源」になると考えている。

既存の経営資源（ヒト、モノ、カネ）が有限であるために、みずからの力だけで行う変革には限界がある。第４の経営資源といわれる「情報」は有限ではないものの、組織内で扱う情報源は限定的である。しかし、外部の「コミュニティ」を活用できれば変化の増幅が期待できる。実際、それが可能な状況が生まれている。

このようにリフレーミングされた変化をとらえ、「チェンジ」に取り組むことにより、「強さ」と「しなやかさ」を兼ね備えた新たな経営の在り方が実現できると信じている。

信頼を起点にチェンジを加速する

２０２２年３月、ＤＴＣは、「いかなる環境変化にさらされようとも、不変・普遍的に会社が持つべき軸として信頼（トラスト）を掲げよ」と訴え、『パワー・オブ・トラスト　未来を拓く企業の条件』を上梓した。そこで私たちが強く訴えたのは、企業経営を通じてすべてのステークホルダーと構築していく「信頼」も、逐次アップデートされているということだった。具体的には、「対象」「次元」「時間軸」の観点で、ステークホルダーとの信頼関係の「これまで」と「これから」を語った。簡単に要約すれば次の通りである。

・対象は、1対1、あるいは企業対個人からN対N、さらに言えば企業対社会へと多様化し、広範になっている
・次元については、これまで企業に期待されてきた役割を備えたうえで、その対極的な役割も求められている。つまり、経済的な価値創出や社会的責任に加えて、社会的価値の創出が求められている
・時間軸では、短期的な視点に加えて長期的な視点も要求される。タイムリーな対応や継続的なアップデートはもはや当たり前であり、「持続可能性」や長期的な関係性を築くことの重要性が増してきている

信頼は、言うまでもなく今後も軸であり続ける。信頼という軸があることによって、Ｃｈａｎｇｅという遠心力を働かすこともできる。一方で、信頼を獲得し続けるためには、社会の変化に応じてみずからを変えていく必要があるのも事実だ。「何のために変わるのか」と問われれば、「究極の目的はステークホルダーからの信頼の獲得と最大化」のためである。信頼という求心力があるからこそ、大きな遠心力として大胆なＣｈａｎｇｅができる。さらに言えば、軸のないＣｈａｎｇｅは空中分解してしまう。

それゆえ本書は、従来語られてきた変化をリフレーミングしてＣｈａｎｇｅする道を探っていく。つまり、変化・変革の原点に立ち返ったうえで新しく解釈し、それを方法論に落とし込んでいくことを目指した。

本書は5部構成である。序章では、変化の質そのものがどのように変容しようとしているかについて

論じている。日本における「変化の変化論」ともいえるだろう。そのうえで第1章～第4章では、変容した変化への向き合い方や対応策について論じる。

第1章では、社会の変化をいかに現実志向でとらえ、現代の情報戦を制していくかについて考える。組織や個々人の情報リテラシーの在り方にも言及する。

第2章では、序章と第1章の指摘を踏まえて、組織や会社が変わるためにはどのようなケイパビリティを具備すべきか、また具備するために既存の組織をどのように変えていくべきかを検討する。さらに、第3章では、チェンジを社内外に向けて拡張、増幅させていくための「コミュニティ」の重要性と形成について論じる。コミュニティが、ヒト、モノ、カネ、情報に続く第5の経営資源となっていくことを実感していただけるだろう。第4章では、第1章から第3章で述べた変化と変革について、経営者は何をすべきかという観点から総括する。

そして第4章の最後に、変化・変革を取り扱い、またみずからも試行錯誤を続けるDTC自身が、どのようなチェンジに取り組んだかを紹介する。コンサルティング会社が、みずからの経営改革の内実を〝披露〟することには賛否両論あるだろうが、実は私たちの取り組みそのものが、読者の皆さまと最も共有しやすい素材であろうと考えた。コンサルティングサービスを提供するDTCも、社会の変化に揉まれ、悪戦苦闘しながら事業を続けている。一方で、30年にわたり日本企業のチェンジに伴走してきた多くの経験と蓄積を有している。そのダイナミズムを振り返り、失敗を含めた試行錯誤のプロセスが読者の皆さまの構想のお役に立ち、提起できるものがあるのではないかと考えている。

社会の成熟とグローバリゼーションはコモディティ化を促し、競争優位の持続はますます難しくなっている。一方、競争優位を創り続ける企業は、みずからが望むような変化を形づくることの重要性を理解し、情報戦を制し、組織や会社が変わるためのケイパビリティを備え、コミュニティを活用することによってチャンスをものにしている。成功体験に身を任せて既存の戦略や組織、プロセスに固執したままでは凋落する。すなわち持続的成長は、構築と脱構築を繰り返しながら、Ｃｈａｎｇｅし続けることで実現されるのである。このことを肝に銘じて上梓した本書が、読者の皆さまにとって力強く進んでいくきっかけになることを願っている。

２０２３年３月

著者を代表して　デロイト トーマツ コンサルティング　ＣＥＯ 佐瀬 真人

パワー・オブ・チェンジ

|目次|

はじめに

序章

第1章 "Change"をとらえる力

第3章

"Change"を創る力

第4章

“Change”の要諦

序章

何のために
“Change”を問うのか

古きを廃して新しきへと「交換する営み」

いま世界で起きている変化の本質を探り、それを踏まえたうえでの対応策や実践の方法論、つまりＣｈａｎｇｅの本質とは何なのかを語ろうとしている。

本章では、実践の大前提となる「昔といまの変化に違いはあるのか」という問いから始めたい。これまで経営者たちはどのように変化に向き合い、変化が引き起こした課題を乗り越え、さらに変化に翻弄されずに「みずから望む変化」を形づくってきたのかについて、特に日本人のメンタリティにも呼応するＣｈａｎｇｅの手法を考えてみたい。経営における具体的な手法をお求めの読者は、第1章からお読みいただくこともできるが、言葉としては世に溢れているが正体をつかみにくい変化や変革そのものをとらえ直すことが重要であると考え、本章を置いている。

まず、一口に「変化」と言っても、その様相は一つとして同じではないことを見てみよう。同じ工業化革命という大きな流れにあるモータリゼーション革命とＩＴの進化に起因した情報革命でさえ、まったく別物のような性質を備えている。

たとえば、モータリゼーション革命の入口となったヘンリー・フォードによるT型フォードの発明と自動車組み立てラインの構築（１９０８年）は、低技能労働者に膨大な雇用の機会を提供するものになり、低価格で自動車を製造できると同時に、低価格によって労働者自身が購買層になりうるという労働と消費の両方を創造した。第二次世界大戦後に世界中でモータリゼーション革命が本格化すると、少なくとも自動車産業を育成できた欧米や日本は、この労働と消費の両方を創造する革命の本質を十分に享受し、その結果として幅広い中間所得層を形成でき、さらなる経済成長の原動力を確保できた。

しかし現在の情報革命においては、デジタル関連製品を創造する資本や製造に関わる労働者は少なくて済み、さまざまな領域でオートメーションが活用されることで、消費者には恵みがもたらされるが労働者には恵みが少ないという特徴がある。言うまでもなく人は、労働者と消費者という２つの顔を持つが、消費者としては恵みが大きくても労働者としては雇用が減少するなどの問題に直面する。

さらに情報革命では、創造された富は、Ｔ型フォード時代のように消費者と労働者の間に循環をもたらすことはなく、開発者や出資者など一部の者に集中する。数多くのＩＴ長者が誕生したが、それはごく一部の者たちであり、情報革命の進行とともに「格差（Ｄｉｖｉｄｅ）」という言葉が常にひもづくようになってきたことに気づかされる。

技術や製品が浸透するスピードも格段に違う。Ｔ型フォードは、当初モデルの誕生から生産を停止するまでの約20年間で１５００万台生産されたといわれる。これは20世紀初頭としては異例のことだ。

しかし情報革命では、たとえばフェイスブックが5億人のアクティブユーザーを獲得するまでの時間はわずか7年であり、一般公開から15年間で約23億人のユーザーを獲得した。[*1] ユーチューブも、サービス開始から17年間で25億人のユーザーを獲得し、[*2] 毎分５００時間以上の動画コンテンツがアップロードされ、[*3] 毎日10億時間以上の視聴時間を記録している。[*4] モータリゼーションと比べても、すべてが桁違い

1 Felix Richter, How Facebook grew from 0 to 2.3 billion users in 15 years, World Economic Forum, February 5, 2019

2 Statista, Most popular social networks worldwide as of January 2022, ranked by number of monthly active users, January 2022

3 Statista, Hours of video uploaded to YouTube every minute as of February 2020, July 2022

4 Cristos Goodrow, You know what's cool? A billion hours, YouTube Official Blog, February 27, 2017

のスピードと規模で変化している。

言うまでもなく情報革命はまだ終わってはいないし、最終的な到達点さえ予測できていない。仮に情報革命の始まりを最初のコンピュータ（諸説あり）が誕生した1940年代半ば、またはインターネットの原型であるARPANETが登場した1969年と仮定したとしても、まだ100年にも満たない。だからなのか、私たちは次から次へと登場する新技術や新サービスに翻弄されながら、その対応に関心を奪われ、背景にある変化の本質について十分な検証をできていない。ビジネスコンサルティングでも、各種の基幹業務でコンピュータをいかに活用するか、業務のデジタル化をいかに進めるかなどに力が注がれ、「変化の変容」をとらえきれないまま現実的な対応に追われてきたともいえるのである。

そこで改めて、Changeとは何かを問うてみたい。

一般論としての意味は「交換」である。これまで形づくられたものと、これから新しく形づくるものとの交換だ。環境が変わるのに合わせて新旧を取り換え、かつ交換のプロセスを継続すること、それが変化の本質的な事柄であり、企業においては新陳代謝に挑み、成果の創造を継続することを意味する。

その理由は、Changeという言葉の起源に立ち返ってみれば明らかだ。Changeの起源はラテン語の「Cambio（交換する）」にあるという。Cambioは、英語では「Cambium」になった。新たな細胞をつくる植物の細胞分裂組織、形成層という意味である。形成層という言葉は一般になじみが薄いものだが、それがつくる成長の痕跡は樹木の「年輪」として知られている。

四季の変化を受けて形成層が新たな細胞をつくり、代わりに機能しなくなった細胞は外皮となって廃される。このような生成と破棄の継続、新しきものと古きものを交換するプロセスの中で樹木は成長の年輪を刻み、より太く強靱な巨木へと育っていく。ここを起源として、「Ｃｈａｎｇｅ」という言葉は「変化」の意味として使われるようになった。

このことから、Ｃｈａｎｇｅの核心は「新旧の継続的交換」にあると考えられるのだが、さらに注目したいのは、これが３つの契機から構成されていることだ。つまり、①外界の変移を受けて、新しきを創ること、②機能しなくなった古きを廃すること、③新しきと古きの交換を続けていくことである。

これから先どのように時代が移り変わろうとも、Ｃｈａｎｇｅに関わるいかなる方法論が現れようとも、その原理は常に、この３つを契機とする。この原理に反して、新しきを生み出さず古きとの取り換えのない営みにとどまれば、変わることが生み出しうる価値やポテンシャルを逃すことになる。また、一度きりのＣｈａｎｇｅでの安息も停滞と衰退を招く。

「古いものを活かしつつ新しいものを創造し、主力事業を変化させる」というパターンを成し遂げたケースもある。たとえば、富士フイルムホールディングスだ。

かつては世界最大の写真フィルムメーカーであったが（当時は富士写真フイルム）、急速に進行したデジタル化の波に晒された。写真フィルム市場がピークとなった２０００年、写真フィルムを含む写真関連事業は富士フイルム全体の売上高の約６割、営業利益の3分の2を占めていた。その後、写真フィルムの需要は年間約2割の勢いで急落し、05年度には同事業は一時的に赤字になるなど「本業消失」という創業以来の最大の危機に直面した。

富士フイルムは、写真関連事業の再編も含めた大規模な事業構造改革に挑み、かつ写真フィルムで培ったナノ技術などの応用可能な分野を探索し、成長領域として化粧品や医薬品などの市場に参入した。22年3月期には、過去最高の営業利益を計上。売上高・営業利益ともに最大セグメントのヘルスケアをはじめ、マテリアルズ、ビジネスイノベーション、イメージングの4つの分野で事業ポートフォリオを備える企業へと変身したのだ。

事業家が天才的な感覚で変化の臭いを嗅ぎつけ、Ｃｈａｎｇｅを我がものとして事業の成長につなげていった例もある。たとえば、ＩＢＭの筆頭株主であったシャーマン・フェアチャイルドの対応だ。彼自身はＩＢＭの創業に関わりはなく、ＩＢＭ創業に協力した父の遺産としてＩＢＭ株を相続したに過ぎなかったが、新技術に対する嗅覚は図抜けていた。

１９５７年、フェアチャイルドは2人の若い半導体研究者、ゴードン・ムーアとロバート・ノイスの求めに応じて新会社への出資に応じる。その会社が、世界で初めて半導体の商業生産に成功したフェアチャイルド・セミコンダクターだった。社名のフェアチャイルドとは、シャーマンの名に由来する。そしてＩＢＭ自身は、58年に発表した「ＩＢＭ７０９０」以降にトランジスタを全面採用し、フェアチャイルドとの連携もありコンピュータ業界の技術的な核心を真空管から半導体に移行させて飛躍の時を迎えるのである。[*5]

5 坂本和一『IBM』(ミネルヴァ書房、1985年)

メガトレンドとボラティリティ――現実志向のChangeの道しるべ

Changeをいま改めて問い直す意義としては、経営を取り巻く環境の複雑性がかつてなく高まっている点にも着目したい。複雑性を観察すると、「メガトレンド」と「ボラティリティ」という2つの相異なる変化の潮流が同時に進行し、かつ互いに絡み合っていることに気づかされる。

比喩的に言えばメガトレンドとボラティリティは、「海洋と波」、あるいは「気候と天気」の関係としてとらえるとわかりやすい。私たちはいま、温室効果ガスの増加による大きな気候変動が起こる転換点に立ち会っており、それと同時に豪雨災害や干ばつなどの頻発という天気の不安定化（変化）への対処を迫られている。

◉――長期的かつ確実性の高いメガトレンド

メガトレンドとは、社会の長期的かつ確実性の高い巨大な変化の潮流を指す。それは10年以上の時間軸で、さらには地理的な範囲もグローバルで、世の中の動向を方向づけ、社会の根底から支配的な影響をもたらすような外部環境の変化を意味する。私たちデロイト トーマツ コンサルティング（DTC）は、2050年までの未来予測フレームワークとして「Foresight」を提案しており、その中でメガトレンドを「EDGE（エッジ）」と「PRISM（プリズム）」という2つの視点でとらえている。

「EDGE」とは、「将来環境を表す情報」であり、次のように大きく4つの分野で把握される。

Economy＝経済の動向。グローバル化、貿易紛争、国際協定の再編、経済のブロック化など
Demographics＝世界の人口動態。少子化や長寿命化などの実態の把握と将来予測など
Geoenvironment＝地球環境の動向。温暖化・脱炭素シナリオや環境汚染、フードロスなど
Energy＝資源エネルギー分野の動向。資源枯渇の状況やエネルギー需給の変動、エネルギーシフトなど

一方、「PRISM」とは、「経営にインパクトが大きい定性的な情報」と定義している。具体的には、大きく4つの分野を対象としている。

Politics＝政治。国家間紛争や資本主義に代わる新たな経済システムの台頭、電子政府の出現などの動き
Religion＝宗教。進行する宗教の多様化、拡大するイスラム圏、経済発展と無宗教化などの動き
Innovation＝技術革新。AIやロボットによる労働代替の見通しやリアルとバーチャルの融合、再生・遺伝子医療などの動向
Social Movement＝社会動向。女性の社会進出やオンライン教育の普及、内面的充実の追求などの

トレンド

これらの潮流は、いずれをとっても社会に与える影響は広汎かつ決定的である。それゆえ社会に向き合う企業としても潮流を無視できない。メガトレンドは常に、企業に対して未来への資源配分をどうするのかと問いかけ、将来を見越した長期的な視点から先手の動きを取るように迫り、経営はその要請に応える具体策を練り上げなければならない。

◉突発的かつ不確実性の高いボラティリティ

企業は長期的潮流に向き合う必要がある一方で、足元で発生している短期的変動にもまた対処しなければならない。それが「ボラティリティ」だ。

メガトレンドに対するボラティリティの難しさは、それが突発的に発生するので予見が難しいことである。定量的に分析し確率を予想できる「リスク」ではなく、経済学者フランク・ナイトが使った意味での「不確実性（Uncertainty＝数量化ができずまったく予測ができない状況）」に満ちている（**図表0－1**「メガトレンドをとらえながらボラティリティを克服する」参照）。

ここ数年で私たちが直面してきたボラティリティを思い起こしてみよう。たとえばアメリカの輸出規制（EAR：Export Administration Regulations）の引き締めによって中国における事業ポートフォリオの見直しを迫られたこと、新型コロナウイルスのパンデミックによって麻痺したサプライチェーンの

図表**0-1** | メガトレンドをとらえながらボラティリティを克服する

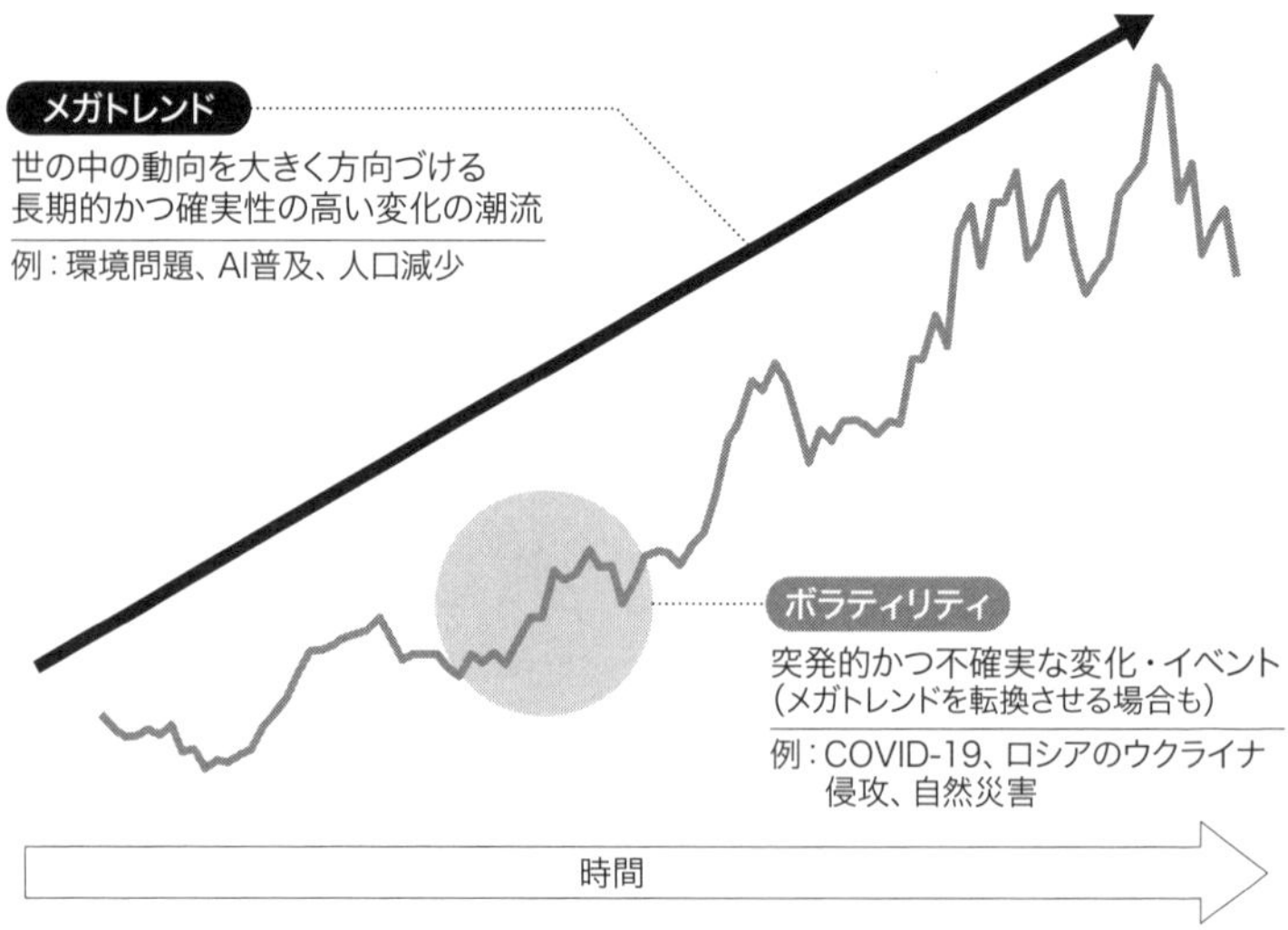
メガトレンド
世の中の動向を大きく方向づける
長期的かつ確実性の高い変化の潮流
例：環境問題、AI普及、人口減少
ボラティリティ
突発的かつ不確実な変化・イベント
（メガトレンドを転換させる場合も）
例：COVID-19、ロシアのウクライナ
侵攻、自然災害
時間

回復に対策を講じなければならなくなったこと、ロシアによるウクライナ侵攻とそれによる資源価格・電力価格の高騰によって事業操業停止の判断を迫られたこと等々、いずれも正確な予見は困難であり、それでいて経営に対して決定的な影響を与える。こうした短期的・突発的な変動に対していかに俊敏かつ柔軟に応じられるか。そのこともまた、今日の企業は試されている。

メガトレンドを見据えた長期的視座からの経営が求められると同時に、いつどのように現れるか知れない短期的・突発的ボラティリティへの対処にも奔走しなければならない。この「右を見ながら左を見る」というような困難な状況が、いま私たちが直面している時代の複雑性なのだ。状況の変化に対して企業はどのように変わるべきか。この問いに答えることの難しさがかつてなく高まっているからこそ、私たちはいま、改めてＣｈａｎｇｅについて問うのである。

Ｃｈａｎｇｅに対する「信」はあるか

富士フイルムの例だけでなく、老舗企業には事業継続や組織変革に関して多くの「変化対応例」がある。それでもなお、日本の社会、産業界、企業は、厳しい状況に置かれて久しい。「失われた30年」「競争力の低下」「持続しない優位性」などに、不確実性という靄《もや》までが追い討ちをかけて、日本企業はいよいよ再起に向けたＣｈａｎｇｅへの自信を失いつつあるように見える。

Ｃｈａｎｇｅへの意志があるならば、みずからに対する「信」を持つことだ。先に述べた「新旧の継続的交換」を行うのであれば、これまでの自己に対する否定、見直しが求められる。言い換えれば、信を持ちえない状態では、本質的な自己否定に踏み込む気概が湧くことはない。

京セラの創業者である稲盛和夫氏が、市場が独占状態にあった通信業界に競争原理を導入しようと第二電電（現・ＫＤＤＩ）を設立した際、通信事業への参入をめぐり「動機は善なりや、私心なかりしか、と自分に何度も問うた」[*6]と当時の判断について述べている。稲盛氏が喝破した通り、新事業の大義の裏には「Ｃｈａｎｇｅへの信」が不可欠なのだ。

戦後日本の復興の背景には先人の不撓不屈の精神があったことはもちろん、どの事業分野も現場が「更

6 稲盛和夫による1995年5月、京都商工会議所主催「第1回経営講座トップセミナー」での講演。『稲盛和夫経営講演選集第2巻〜私心なき経営哲学』（ダイヤモンド社、2015年）所収

地」であったため、精神の勢いをしぼませるような制約にならなかったことが幸いした。戦争で多くの人が亡くなって人材は少ない、技術は乏しい、敗戦国なので資金もない、しかし目の前には真っ白なキャンバスが広がっていた。まさしく、新たな情景を自由に描き起こせる状態だった。

そこで、意志ある人材は創意を自由に羽ばたかせ、その日の発想が即座に意思決定につながる俊敏さで仕事に取り組み、事業を立ち上げ、拡大させていった。自動車、家電、セラミック、半導体、化学素材、重工業など、その後日本から世界に羽ばたいた事業（家）は枚挙にいとまがない。

こうした外部市場への拡大展開に伴って、企業の内部環境を構成する組織や制度もまた成熟度を高めていった。事業規模の拡大に伴って組織はその階層を縦にも横にも広げて分業による効率化を図り、意思決定のプロセスも制度化して経営資源の最適配分がコントロールされるようになる。そうした組織基盤を整えることで、事業規模を拡大すると同時にクオリティの向上・維持を管理するための体制も整えられたのである。

一方で、事業規模が拡大し組織基盤が整えられた反作用として、「Ｃｈａｎｇｅを制約する要因」が増えた。いわゆる、前例主義である。これが企業や組織において変革そのものにブレーキをかける大きな原因になっている。

それを考察したのがクレイトン・クリステンセンによる「イノベーションのジレンマ」である。[*7] 既存の主力事業が強いので、その競争優位をより確実なものにすべく経営資源の選択と集中が働きやすくなり、そこから外れた領域でのイノベーションが起きにくくなる。その結果、未来への輝きを秘めた原石

7 クレイトン・クリステンセン『イノベーションのジレンマ』（翔泳社、2000年）

が見逃されてしまうのだ。

そうした企業体質は、もう一つの重要な問題を引き起こしている。組織そのものが大規模化したことで、一つひとつの判断事項について複雑な階層、あるいはさまざまな企業内ステークホルダーと合意形成を図る必要が生まれた。こうした過剰なマネジメントによって、Ｃｈａｎｇｅの力強さやスピード感が鈍ったのだ。意思決定プロセスは長くかつ固定的になっており、一つひとつの手順を追うことに多大な労力がかかる。そのため、投資を獲得し実行する前に担当者が疲弊してしまうという本末転倒な事態になる。いわゆる「規模の不経済」だ。

イノベーションのジレンマであれ、規模の不経済であれ、こうした事象は、いわば企業が成熟度を高めてきたがゆえに発生したものである。努力して積み上げてきたものが、変わることへの制約となってしまう。Ｃｈａｎｇｅの難しさは、過去から鍛えてきた自社を否定して再び乗り越えることの難しさに由来している。

しかしいま、私たちがこのような教訓を手にしているのは、日本企業がこれまで苦労しながら組織と事業の成長ステージを上げ続けてきたからである。その過程では豊富な事例が記されてきたであろう。ところが、逆説めくが、「現状からの脱皮、変革が難しい」という嘆きが強く深い企業ほど、過去に成功した変革の歴史が、「次の変革も我が社に合ったこれまでと同じ方法で成功するのではないか」という参照点になってしまうのではないか。

資源に恵まれず、極東の孤島に過ぎなかった小国が、世界トップ３の経済大国の地位を半世紀以上にわたって維持し続けているケースなど、これまでの世界史に類を見ない。その事実は日本企業にとっての自信としてよい。「それは昔の話だ」とシニカルになるでもなく、かといって現状追認の方便に使って惰性に甘んじるのでもなく、Ｃｈａｎｇｅに挑むための「自信の源」とすべきではないかと私たちは考えている。

現在の状況を俯瞰すれば、Ｃｈａｎｇｅの要請が高まる一方で日本企業は成熟度を高めており、結果的に変化が急激に進む時代にあって(外部環境)、それに適応するための制約が多い企業状況(内部環境)で臨まなければならない「環境のコンフリクト」に直面している。しかし、だからといってそれで日本企業がＣｈａｎｇｅを諦めているわけでは決してない。

私たちの経験から言って、これまで相対した経営者でＣｈａｎｇｅを望まない経営者は誰一人としていなかった。誰もが、これまで築いた事業、組織、制度、文化をいかに変えていくかに腐心している。Ｃｈａｎｇｅの意志がそこにあり続ける限り、「アズ・ナンバーワン」への道は日本企業の前に常に開かれている。だからこそ私たちは、いまもなお変わることを問うのであり、問い続ける姿勢の内からＣｈａｎｇｅの可能性が発芽すると信じている。

Changeには「メソッド」が必要である

企業が変わることは容易ではない。むしろ、変わることができないのが自然とさえいえるほどで、変革のプロジェクトに失敗したからといって自信を失う必要はない。企業組織にとってＣｈａｎｇｅはそもそも困難なことなのである。その理由を、生物的・社会的な観点から見てみよう。

Ｃｈａｎｇｅが困難な理由

生物は、外界の変化に対して自身を一定の状態に保つための能力を持っており、それは恒常性（ホメオスタシス）と呼ばれている。たとえば、外気温が上昇した際には発汗や皮膚血管の拡張によって体温を下げようとする。また外部から病原体が侵入した際には免疫によってこれを排除しようとする。個体として自活している生物にとって外部環境の変化は生命を脅かすものであり、それに対して自身の安全を保とうとするのはごく自然な行為だ。

つまり、そうした恒常性をあえて破り変化を与えようとすると、生物の本能からいって恐れ・不安がもたらされる。「企業を変革する」といっても、その実行を担うのは生身の人間であり、一人ひとりの変化や変身が集積して初めて企業組織が変わるための道が拓かれる。個人に対して恐れ・不安を抱かせることが変化の本源である限り、企業組織にとってもそれは同じで、困難なものにならざるをえない。

一方、人間は、社会に対してアイデンティティ（自己の同一性）を保とうとする本能を備えている。みずからを取り巻く社会環境や人々の変化に対して、「自分はこのような人間である」という一貫性を持とうとするのは、健全に活動するために必要不可欠な対応である。

これを企業組織に置き換えても、その意味することは変わらない。企業は自己の同一性（コーポレートアイデンティ）を保つことによって初めて地域社会や株主、政府、従業員、取引先などのステークホルダーに対して一貫した活動を行うことができる。ステークホルダーからすれば、一貫性のない企業組織とは関係を持ちたくないはずだ。安定的な関係を維持したいからこそ、ステークホルダーに不信感を抱かせるかもしれないＣｈａｎｇｅにまつわるリスクを前に躊躇するという側面がある。

変わることができないのは、自身の恒常性や一貫性を保とうとする正当性が作用するからである。したがって、「Ｃｈａｎｇｅが進まない」と言う時、その裏には自身の生存をかけた恒常性の確保や企業としてのアイデンティティを保とうとする思いがあることを忘れてはならない。ここに、「やらねばならないが、できない」というＣｈａｎｇｅのジレンマがある。

現実志向のＣｈａｎｇｅを目指そうとするならば、ただ「変わるのだ」と声高に叫ぶだけでは何も前進しない。必要なのは、生物として備わった根源的な抵抗を乗り越え、自社がより充実したアイデンティティを備えられるようにするための現実的な「メソッド」である。20世紀の企業経営はその意義と困難さを十分理解し、「古きを廃して新しきへと交換する営み」としてのメソッドを磨いてきた。

事業の「立地」と自社らしい「到達状態」

１９６０年代から現在まで、多くのＣｈａｎｇｅのメソッドが編み出された（図表0－2「時代とともに変わるＣｈａｎｇｅの方法論」を参照）。これらが企業経営に大きく影響したことはご存じの通りである。

図表0-2｜時代とともに変わるChangeの方法論

1950〜60年代：高度成長・拡大多角化の時代

- アルフレッド D.チャンドラーの『経営戦略と組織』
- フレデリック・テイラーの科学的管理法
- ピーター F.ドラッカーの『創造する経営者』
- イゴール・アンゾフの成長マトリクス
- セオドア・レビットのマーケティング近視眼

1960〜70年代：効率化・合理化の時代

- ハーバードビジネススクールのPIMS（Profit Impact of Market Strategies）
- プロダクト・ポートフォリオ・マネジメント（PPM）
- クリス・アージリスのシングルループ学習、ダブルループ学習

1980年代：成熟化の時代

- マイケル・ポーターの『競争の戦略』
- トム・ピーターズ、ロバート・ウォーターマンの『エクセレント・カンパニー』

1990年代：成熟化〜不確実性の時代突入

- ジェイ・バーニーのリソース・ベースト・ビュー
- ゲイリー・ハメル&C.K.プラハラードのコア・コンピタンス
- ピーター M.センゲの『学習する組織』

2000年代以降：不確実性のさらなる高まり

- アメリカ陸軍用語のVUCA
- マーティン・リーブスのアダプティブ戦略
- リタ・マグレイスの一時的な優位性

出所：森本博行、岩崎卓也「マネジメント理論の30年史」『DIAMONDハーバード・ビジネス・レビュー』2006年11月号（ダイヤモンド社）より抜粋して作成

ビジネスは、さまざまな要因を基盤として成り立っている。H・イゴール・アンゾフ氏の意思決定論に従えば、製品開発や市場の動向に関する「戦略的な要素」、企業の組織構造や経営資源の配分法などに関する「管理的な要素」、予算の執行や監督、内部統制などに関わる「運営的な要素」などである。それらを「外部要因」や「内部要因」と分類し直しても問題はないだろう。

企業の活動、つまりビジネスに最も直接かつパワフルに影響を及ぼすものは「戦略的な要素」、すなわち「外部的な要因」であることは誰もが実感しているし、それはマネジメント理論の移り変わりを振り返れば一目瞭然だ。実際、60年代は、外部環境の不確実性に対処するために、組織を分化し、各組織を統合するような管理体制を重視したコンティンジェンシー理論が活況を見せた。低成長期の70年代は収益性の追求が重視され、アメリカ発の競争戦略論やマーケティング戦略論が登場した。

同時に内部資源を活用するという視点から、シングルループ学習、ダブルループ学習に端を発した組織学習、コア・コンピタンス、ケイパビリティ（組織能力）などが企業経営に大きな影響を及ぼし現在に至る。メソッドもまた時代の変化に対して「適応」を繰り返してきたのである。

変化に対する適応が、これまでも、そしてこれからも、企業生存にとって欠かせないものであるのは論をまたない。とはいえ、世の不確実性が高まるほど、変化への適応は困難になっている。実際、2000年代以降の経営論の中で注目されるアダプティブ戦略[*8]や一時的な優位性[*9]には、「その時々でやってみないとわからない」という側面が垣間見える。

そもそも生物の進化には目的がなく、環境に運よく適応できた生物種が生き残り、適応できなければ

8 BCGブルース・ヘンダーソン研究所所長のマーティン・リーブス氏が唱える方法論。従来のプランニング（計画）型の戦略に対して、企業がいかに時々の環境変化を俊敏にとらえ、機動的に適応していくかに重点を置く

9 コロンビア大学ビジネススクール教授のリタ G.マグレイス氏が唱える経営論。経営環境の変化が激しい今日において持続的な競争優位性を築くのは困難であり、代わりに必要なのはその時々の環境において「一時的な優位性（Temporary Advantage）」を築き、それが失われても次の一時的な優位性をつなぎ合わせることで、結果的に競争力を維持するのが経営の要諦だとした

自然淘汰される。つまり適応戦略は膨大な犠牲のうえに成り立つものであり、それは企業も同じである。経営には「やってみなければわからない」領域が常に存在するが、生き残るために意志ある決定をするならば、外部環境の変化に適応するだけではなく、Ｃｈａｎｇｅを遂行する覚悟が求められる。

その際には、変革の軸を内に立て、その軸をもって短期的なボラティリティに振り回されず、場合によっては外部環境そのものに働きかけて望む変化を主導しなければならない。従来の「適応的変革」に対して、私たちはそれを「形成的変革」と呼ぶ。言い換えれば、自社が望む未来を描き、その実現に向けたＣｈａｎｇｅをみずから主導するのである。適応的変革が環境変化を所与の条件としてそれに合わせて考え方や行動の仕方を変えていくものであるのに対して、形成的変革はみずからが環境変化そのものを起こすために発想し働きかけていくものである。

形成的変革に臨む際に有効なのが「立地」と「到達状態」によって望む未来の輪郭を描くことである。立地の選択は、現時点の土地（事業）の肥沃さが続くのかを見通し、「隣接地」や「新天地」を開拓したいのであれば、その価値やポテンシャルを検証しなければならない。これは、「事業的立地」と「機能的立地」に分けて考えると整理しやすい。

事業的立地とは、コアな事業領域である。その業界や対象とする顧客セグメント、課題、軸足とするプロダクトレイヤー（部品、ハードウェア・ソフトウェア、サービスなど）などである。その選定は、①Customer（将来にわたり市場に十分な価値源泉が存在するか）、②Competitor（競争環境は苛烈か）、③Company（自社との親和性はあるか）という「３Ｃの視点」で検討するとわかりやすい。

機能的立地は、企業が事業活動を展開するための内部機能である。R&D、製造、調達、営業、人事、経理・ファイナンスなど、企業活動は複数の機能によって構成されている。事業の重要成功要因（Key Success Factor：KSF）に直接関わる機能や、事業全体にとってボトルネックになっている機能を優先的に選択するとよい。

そして、自社ならではの「到達状態」を定めるのである。変化の本質は「交換」であり、現状との交換を促す契機として「将来においてより価値が高いもの」が据えられなければならない。現状の価値やポテンシャルと将来のそれらとの差がChangeを促す力になる。つまり、目指す姿としての到達状態を決定することが、変わろうとする企業組織の力の源泉となる。

その際に重要なのは、目指す姿としての到達状態は企業によって違いがあるということである。たとえば、ヘルスケア領域であれば、電子機器メーカーは「低侵襲センサーによる予兆の完全検知」を目指すかもしれないし、デジタル技術に優れた企業なら「アルゴリズムによる診断補助、誤診のゼロ化」を到達点とするかもしれない。どのような到達状態を目指すかの取捨選択が企業の独自性を決め、それが差異（＝価値）として市場に受け止められる。

それには、企業文化に備わる主観性（意欲、意思、創意）と「自社ならでは」の創意を組み込まなければならない。企業名が隠されていても、その企業が示す到達状態を見ただけでどの企業かを言い当てられるほど独自性に満ちた到達状態こそが、「自社ならでは」と呼べるものだろう。

そのようにして定められた到達状態は、実行施策を考える際の基軸になり、経営資源を集中させる焦点になり、「進めるべきか、止めるべきか」を決める判断軸になり、内外のステークホルダーに訴求し協力を得るための動機づけの源泉になる。これが、我々がＣｈａｎｇｅと呼ぶものだ。流されるままに過去からの延長線を引き延ばすだけではＣｈａｎｇｅとはいえない。しかしながら、その「到達状態」も変わりうる、ということが不確実性の高い時代において重要な心構えである。

Changeにおいても不変の「信頼」

形成的変革を企図する時、Ｃｈａｎｇｅを追い求めるのと同じくらい、「変わらないもの」にも重きを置く必要がある。変わる努力は常に「変わっても大丈夫だろうか」といった不安や、「本当に変えられるのだろうか」といった不確実性を伴う。そのような不安や不確実性を乗り越えるためには、変わらない基盤を拠り所にするのである。その大切さを噛みしめるために、神学者、ラインホールド・ニーバーによる「ニーバーの祈り」を思い起こしてみよう。[*10]

「神よ、変えてはならないものを受け入れる冷静さを、変えるべきものは変える勇気を、そして変えてはならないものと変えるべきものとを見分ける知恵を我に与えたまえ」

Ｃｈａｎｇｅにおいて「変わらないもの」とは何か。それは、信頼だ。いかに時代の価値観が変化し

10 エリザベス・シフトン『平静の祈り』(新教出版社、2020年)

ようとも、企業がその姿形を変えようとも、信頼の重要性は変わらない。『パワー・オブ・トラスト』で主題とした信頼は、ここにおいて「変革」にも結びつく。

社会学者のニクラス・ルーマンによれば、信頼によって人は社会（集団）の「複雑性」を縮減させてきたという。[*11] 仮に、組織に対する内外の信頼が欠けていたとしよう。変革に携わるリーダーとメンバーの間に確たる信頼がなければ、組織全体の活動状況を統率するために事細かな監視や報告要請が必要になるだろう。このような内向きの対応にエネルギーを使ってしまうのは、未来に向かうべきエネルギーの無駄遣いである。

組織に対する外部からの信頼も、重要なものになるだろう。相手方が協力的でいてくれるか、途中で離反する恐れはないか、自分たちに苦労を覆いかぶせてタダ乗りする恐れはないか等々。信頼を欠けば、本来は手当ての必要のない余計なリスクを発生させてしまう。言い換えれば、信頼の低下は、変革に伴うスイッチングコストの積み増しであり、それがＣｈａｎｇｅを妨げてしまう。

私たちは「信頼」という言葉を使う時、そこには相手に対する「積極的な敬意」を込めている。ステークホルダーと関係を築こうとする際には、「利益のために仕方なく付き合っている」とか、「たまたま利害が一致したからいまは協力しているだけ」といった「消極的な受容」の態度でなされる場合があるが、そのような結束が脆弱であるのは想像に難くない。一時的な困難や短期的な情勢変化でつながりを失うような共同体（＝コミュニティ）には、時代の荒波を乗り切る力はない。

だからこそ、コミュニティでは相手を単なる自分の利益実現の手段として見るのではなく、ともに創

11 ニクラス・ルーマン『信頼　社会的な複雑性の縮減メカニズム』(勁草書房、1990年)

造性を発揮し、同じ到達状態を目指す運命共同体として、「あなたと取り組むからこそできる」という敬意を払わなければならない。互いの信頼関係があればこそ真剣に議論を戦わせ、切磋琢磨し、困難を克服できる。そして、それによって信頼関係はまた深まり、Ｃｈａｎｇｅの可能性はより高まる。

だからこそ抜本的な変革のメスを入れる際にも、外形的に自身の立場が上位に見えようとも、コミュニティにおいては「信頼」は決して毀損してはならないのである。Ｃｈａｎｇｅには、何よりもまず信頼関係づくりが欠かせない。信頼なきＣｈａｎｇｅは、砂上の楼閣に過ぎない。

不易流行――変わらない本質としなやかな変革

変わらないものと、変わるもの。変化がこの2つの折り合いによって現れることは、日本において古くから説かれた精神性でもある。「日本は変革が苦手だ」といわれる。しかし日本人が持つ融通無碍な精神の根源に立ち返れば、それに対して我々は確信を持って「否」と答えられる。それは、300年前の松尾芭蕉の次の言葉にも表れている。[*12]

「不易を知らざれば基立ちがたく、流行を知らざれば風新たならず」

優れた俳句をつくりたいと願うならば、まずは変わることのない本質（不易）を、しっかりとみずか

12 掘信夫「去来抄」日本古典文学大辞典編集員会編『日本古典文学大辞典』（岩波書店、1986年）

らの能力としなければならない。同時に、時代の変化（流行）をとらえ、そこに新味を重ねていく。そここにこそ一事を極める核心がある。伝統芸能たる俳諧において、変わることのない「不易」の意味を強調するのは言うに及ばないが、伝統芸能であることにとらわれずに「流行」をとらえ、新しさを重ねていく努力が必要だと唱えている。となれば、いわんや経営においてをや、である。

企業が掲げる理念や使命を堅実に具体的な行動として実践し、ステークホルダーとの間で築く信頼は、どのような時代にあっても変わることのない「不易」であるべきだ。それと同時に、企業が解決すべき社会課題や目指す世界観、それらを実現するための手段としての製品や技術、さらに事業を展開する企業の組織体制などは、時代の趨勢とともにしなやかに変革を重ねていくべきものだ。

自社にとっての「不易」を何と定め、追うべき「流行」を何と見極めるかは、どのような企業にあっても経営が担うべき使命であり続けるだろう。不易と流行、その2つをあわせ持って初めて「質のよい変化」「本質的な要因を備えたＣｈａｎｇｅ」「真に力のあるＣｈａｎｇｅ」になる。あなたが向き合う社会、業界、組織にとっての不易流行は、どのような形をとるだろうか。

序章のまとめ

社会・経営環境の変化

Changeとは、古きを廃して新しきへと交換する営みである。生物も企業もこれまでの自身を維持しようという作用が自然と働くが、それを乗り越えて交換していくことが生き残りのために必要である

Changeの要諦

メガトレンド（長期的で大きな潮流）と、ボラティリティ（突発的かつ不確実性の高い短期的変化）の両方を観察したうえで、外部環境の変化を受けて変わる「適応的変革」だけでなく、みずから外部環境にも働きかけて変わっていく「形成的変革」に挑むことが重要である

方法論

さまざまなステークホルダーとともにChangeする際には、信頼（トラスト）が軸になり、自社らしい立地と到達状態を定めることが信頼を得る価値になる

第 1 章

“Change”をとらえる力

「現実思考」で世界と向き合う情報戦

情報戦のアップデート

	これまで	これから
経営資源	ヒト・モノ・カネが中心	前提そのものが変わる。経営資源としての情報の重要性が高まる。アンテナを張るためにはコミュニティも重要
情報	「情報」は難しく、大量で、高コスト	「情報」は難しくない。大量よりも偏重がポイント。情報のコストパフォーマンスは高い
情報力	情報の認識・理解が歪んでおり、「知らない（無知である）」ことを自覚していない	無知を自覚し、見方による違いやバイアスを前提とする

激変する環境、氾濫する情報

「思うようにいかない現実」への解決策

●前提が変化する時代をいかに生き抜くか

「経営に求められる前提」が変化している。だからこそ、その前提と変化を知らなければならない。認識できていないのであれば、「知らないことを知らない」と認めることが出発点になる。「ヒト・モノ・カネ」の経営資源がそろっていても、前提が変わってしまっては元も子もない。我々が生きているいまは、そういう時代である。経営戦略の前提が変わるかもしれない中、情報戦の重要性が飛躍的に高まっているのだ。例を挙げて説明しよう。

国際情勢は不確実であり、本質をとらえるのが難しい。加えて、2年半以上に及ぶCOVID-19(新型コロナウイルス感染症)による世界の混乱や、情報革命の急速な進展など、いずれの変化においても日本は周回遅れとされ、ただ立ちすくんでいるように見える。

政治に目を移せば、イギリスのEU離脱(ブレグジット)、トランプ政権誕生、強権・専制主義の台頭、ヨーロッパ諸国での極右派台頭など、わずか5~10年の間に数え上げればきりがないほどの変化があった。2022年は世界各地で注目すべき大統領選挙や首班候補選挙があり、ただでさえ政治・経済体制の変化が予想されていたが、想像を超えた大変化が起こった。ロシアのウクライナ侵攻は世界を震撼させた。ドイツでは長く続いたメルケル政権が幕を閉じ、新たにショルツ政権が誕生したが、安定からはほど遠い状況だ。フランス大統領のエマニュエル・マクロン氏も、かろうじて第2期の政権をつかんだが、大統領選やその後の議会選挙は右派、左派ともに圧倒的多数を占めるまでには至らず、世論が何を期待しているのかも不透明だ。

イギリスでは、ボリス・ジョンソン首相の辞任があった。その後を継いだリズ・トラス首相は史上最短の44日で辞任表明である。経済的な失政を犯し、金融市場は混乱、財務大臣が3カ月も経たないうちに更迭された挙句の辞任となった。新首相のリシ・スナク氏の船出も厳しい舵取りを迫られている。

他方、強権・専制国家といわれた中国が圧倒的なリーダーシップで自国を牽引したかといえば、ゼロコロナ政策の固執をはじめとする政治的判断や経済的な停滞などを巡り、疑問符が残るだろう。中国の経済成長率は天安門事件（1989年）以来の3・2％（22年第3四半期時点）という低成長で、世界平均と同じ。[*1] また、ヨーロッパに目を向ければ、22年6月時点でウクライナの再建には3490億ドルの費用が必要になり、再建費用は同国のGDPの約1・6倍で経済復興の道のりは険しい。[*2]

このような「読めない状況」はヨーロッパに限らない。アメリカでも同様である。もともと競争社会であり、各州の政策が異なる連邦国家とはいえ、国内の分断は拡大している。[*3] 新興国といわれる国でも同様に不安定さは残る。都市部と地方の格差は政治的な分断を生み、まとまる様子も見えない。

経済に目を向けると、COVID-19後の世界は〝モノが足りない〟〝ヒトが足りない〟という「足

1 IMF, World Economic Outlook Report October 2022

2 東洋経済オンライン「ロシアが払う莫大な戦費『戦争とお金』の深い関係」(2022年3月9日)、ロイター「ウクライナ再建費用3500億ドル、ロシア侵攻の影響何世代も継続＝報告書」(2022年9月10日)

3 一例として、中絶に関する考え方が二極化している状況が挙げられる。多くの州で中絶が制限または禁止されている一方、一部の州では中絶の権利の保護に向けた措置が講じられている

図表**1-1**｜**原油価格の推移**

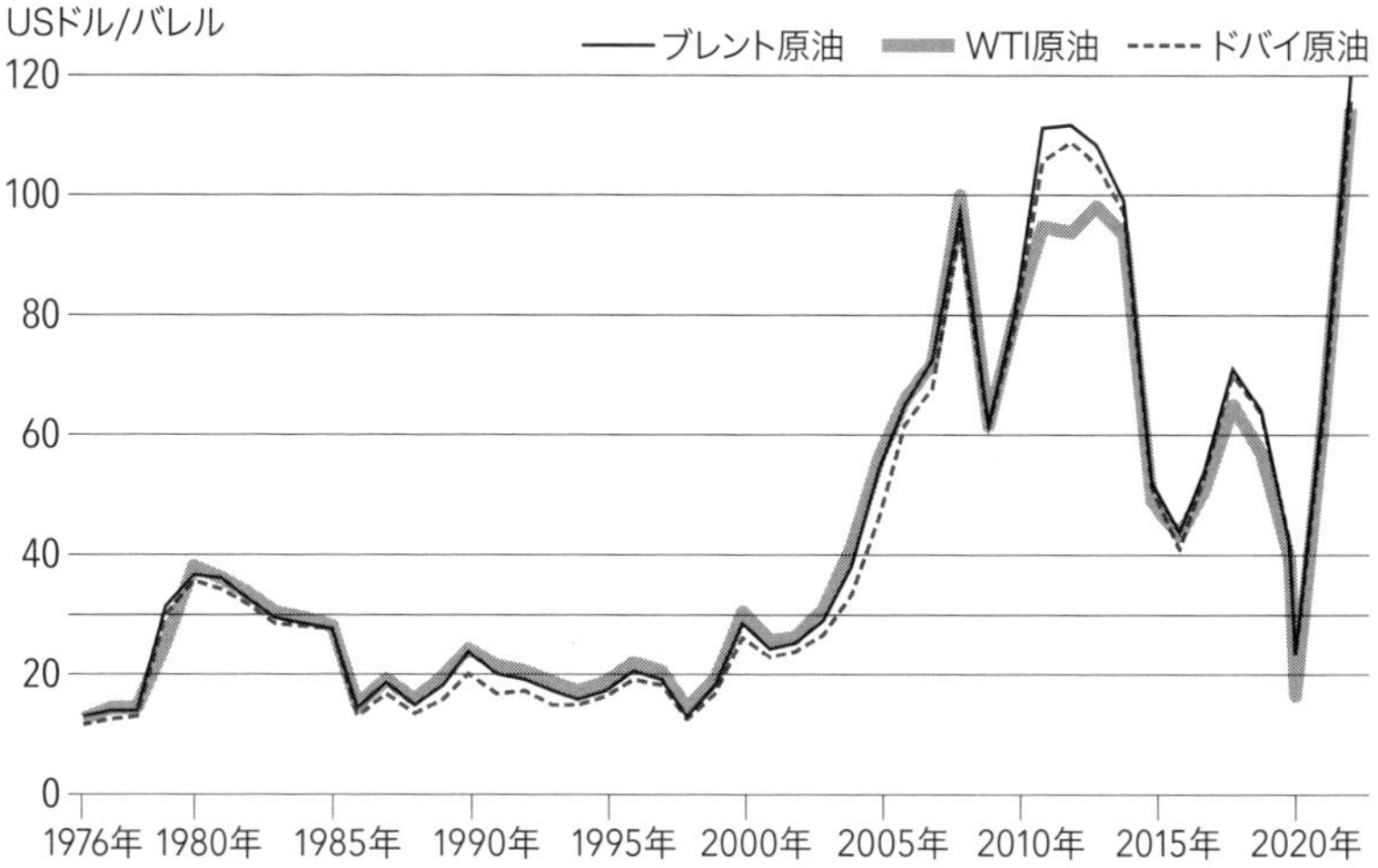

出所：経済産業省資源エネルギー庁「令和3年度エネルギーに関する年次報告（エネルギー白書2022）」、BP「Statistical Review of World Energy 2021」などを基に作成

りない経済（Shortage Economy）」[4]に直面した。コロナ規制を真っ先に撤廃した英米では空港が大混乱し、各航空会社も運航停止に追い込まれていた。たとえば、ロンドン・ヒースロー空港は職員の不足により、1日当たり10万人に旅客数を制限し、[5]英国航空も22年8月から10月までの間で1万便の削減を決定した（いずれも22年7月時点）。[6]

また、コロナ禍がようやく明けようかという先に待っていたのは、資源不足や、既存化石燃料からの逆襲ともいえる需給ギャップだった。実際に市況では原油価格は1バレル当たり20ドル近くまで値下がりした後、120ドル近辺に値上がりするなど、ジェットコースターのようであった（**図表1-1**「原油価格の推移」参照）。

そして現在（22年末時点）は、世界で猛烈

4 The Economist, The world economy's shortage problem, October 9, 2021

5 CNBC, London's Heathrow airport caps departing passengers at 100,000 a day, July 12, 2022

6 BBC NEWS JAPAN「英ブリティッシュ・エアウェイズ、さらに1万便を欠航へ　8～10月」(2022年7月7日)

なインフレが起きている。各国中央銀行はインフレ退治に追われ、傷んだ経済を財政でどう回復させるか、判断を迫られている。判断を一歩間違えれば、トラス首相のようにリーダーはあっという間に辞任に追い込まれるだろう。大規模な景気後退が確実視されるなか、いまだ明快な処方が打ち出されているとは言い難い。しばらく混乱は続くだろう。

著名エコノミストの間でも、インフレ対策の意見は分かれている。前IMF（国際通貨基金）チーフエコノミストで現ハーバード大学教授のギータ・ゴピナート氏は「インフレが続くなかでFRB（アメリカ連邦準備制度理事会）が計画通りに金融引き締めを行わなかった場合、信頼性が大きく失われることになる」という見解を示し、元アメリカ財務長官のローレンス・サマーズ氏も「アメリカ金融当局がインフレに過剰なスピードで対応し、大きな代償を払った主な例はいっさいない（金融引き締めを強めるべき）」と主張している。一方で、コロンビア大学教授のジョセフE・スティグリッツ氏は「過度に急激な利上げはインフレを悪化させる可能性がある（供給サイドのボトルネックの投資を増やすべき）」と主張し、サマーズ氏とは反する見解である。

ソ連崩壊に伴う冷戦終了以降続く、グローバリゼーションという大きな流れがあるが、そんな中、今回のパンデミックを踏まえ、「グレートリセット（Great Reset＝大きなやり直し）」[*7]が議論された。まさに次の秩序をどう構築するか、ということだが、リセットよりも「グレートトランジション（Great Transition＝大転換ないしは大移行）」[*8]の最中にいると考えたほうがよいかもしれない。それは、思うようにいかない現実と向き合うことでもある。

7 現在の社会のさまざまなシステムをすべてリセットし、再構築すること。世界経済フォーラム（WEF）が2021年5月に開催したダボス会議のテーマとして設定したことで注目を集めた

8 DHBRオンライン「グレート・トランジションの時代をどう生き抜くか」船橋洋一、逼見伸弘（2022年4月8日）

●VUCAという言葉で物事を片づけていないか

COVID-19は社会の在り方を強制的に変えた。グレートリセットに代表される考え方や構想は、社会の在り方を転換する契機とされた。そして、人類が英知を結集させ、いままで先送りにしてきた地球課題、社会課題、経営課題に本気で取り組み、新たな世界をつくっていこうという期待があった。

しかし、待っていたのはバラ色の世界ではなかった。トンネルの先に待っていたのは光明ではなく、新たな試練だった。変化が一夜にして起きるはずもなく、目の前に現れたのは、さらに長い時間を要する新たなトンネル、すなわちグレートトランジションだったのである。

現在の社会状況をVUCAという言葉で表すこともある。ただ、いつの時代でも、先が見通せたことはないし、明確であったことなどないのではないか。VUCAという言葉で物事を片づけてよいのか、逃げ口上にならないようにすることも重要ではないだろうか。

なぜなら、シナリオの中ではすでに予期されていたものも少なくないからだ。その一例がエネルギー問題である。グリーンブーム一辺倒であった2021年までにおいても、経済的な実現可能性は疑問視されていた。積極的であったドイツでは、洋上風力発電を大幅に加速させる動きを見せたが、コスト増は免れないという議論があったし、[*9]アメリカでもトランプ政権発足時から絶えずグリーンへの懸念が挙げられていた。また米中は競争相手とされるが、その当事者である中国においても米独と同様の言論が展開されていた。中国では50年までに破棄される太陽光発電パネルが2000万トンに達し、エッフェル塔の重量(1万トン)の2000倍に達するといわれているが、一体そのような負の側面やコストに

9 東洋経済オンライン「中国の再エネは稼働率が課題、主力電源化には時間」(2019年5月10日)

どう向き合うのか。

翻って日本はどうか。グリーンでないと肩身が狭い論調ではなかったか。肩身が狭いから、懸念も考えずとりあえず対応する風潮があったのではないか。たとえば、朝日新聞・読売新聞・毎日新聞の3大全国紙で「グリーン」を検索すると、過去15年の間(07年~22年10月)で、1972件の特集が組まれていた。その大半が賛同の論調であり、反対は約1・5%であった。朝日新聞は427件の記事に対し12件、読売新聞は1097件の記事に対し8件、毎日新聞は448件の記事に対して10件が反対的論調といった形である(各紙よりデロイト試算)。

これらの中で、現実に向き合い、採算が合うのかまで踏み込んだ提起をした記事はたった1件に過ぎなかった。太陽光発電パネルを活用した場合のグリーン経済への影響に関連する毎日新聞の記事である。しかし範囲は限定的な議論であった。これは、日本の経営における流行病、現実思考軽視といえないだろうか。試算も検証もなく、文字が躍ることの代表例であろう。

世界は、どこかで犠牲を払い、現実に向き合い、理想の世界に向けて、ジグザグと蛇行しながら進んでいくものである。歴史を振り返れば、一直線かつロジカルに物事が進んだことなどなかった。

この現象の受け止め方の主語を、海外企業に限らず日本企業といった法人、あるいはビジネスパーソンという個人としてもよい。企業経営者や政策当事者が経営計画を立てる際には、メインシナリオはほぼロジカルに設計されている。不確実要素を決裁書や経営計画に表現するケースは稀である。皮肉ではあるが、物事がロジカルに進むことはほとんどない。どちらにせよ、外部環境において、何かが変わったのは明らかに認識しているが、一体何がどう変わったのか、きちんと消化できていない現実がある。

●デジタル世界で現れた「ついていけない現実」

情報交流や収集の場として、フェイスブックやツイッターだけをカバーしていると、ティックトックやフォートナイトのユーザーを取り込むことができなくなってしまう。ついこの前までは「インスタ映《ば》え」がブームであったが、このブームも、果たしていつまで続くだろうか。アメリカでは、インスタ映えしない・絶対に盛れない・すぐ消える、「ビーリアル（BeReal）」というフランス発の写真投稿ＳＮＳが大流行しているという。[*10] また、ティックトックは世界中で広がりを見せているが、その特徴はランダム性（物事に法則性や規則性がなく予測不可能な状態）だ。[*11] グーグルなどはアルゴリズム系（解が定まっている計算可能な問題に対して、早く正しく取り組むこと）と呼ぶそうだが、ロジカルへのアンチテーゼが人々の共感を生んでいるとも考えられる。不確実というが、確実なだけでは読み解けない世界への変化がここにもある。

いままでの戦略どころか、前提としていた条件が変わる時代を我々は生きている。

身近なデジタルだけではない。企業や政府間のデジタル化でも遅れが目立つ。現場はＩＴ化の延長線上で「効率化」の話ばかり。Ｗｅｂ１・０を抜けてＷｅｂ２・０の背中がやっと見えてきたというのが、現在の日本の状況だろう。そんな中、世界では「Ｗｅｂ３」の時代だという。この差は大きい。

Ｗｅｂ１・０は一方通行である。企業や個人がそれまで紙で発信していた情報をオンライン化した初

10 Social Media Today, Rising Social App BeReal is Gaining Momentum, with Downloads Up 315% This Year, April 11, 2022

11 レバテックラボ「TikTokの爆発的な拡散力はどこから?AIアルゴリズムと『階層型ユーザープール』で生み出した大ヒットの裏側」（2022年1月13日）

期のステージであり、ホームページを使ってやり取りをしましょう、といったレベルの話である。ネット上の発信者は5％、見るだけの人が95％といわれた時代であるから、メディアが変わっても一方通行のコミュニケーションとなっていた。

これが、Web2・0になると双方向のやり取りとなる。まさにいまの時代はここだ。最初はPC、そしてスマートフォンへと端末は変化したが、その上で動いているアプリケーションは急速に変化を遂げていく。SNSの台頭もこの文脈に沿って起きてきた。媒体はPCでもスマートフォンでも同じだ。日常生活も変わった。アマゾンや楽天を含むECサイトを通じた買い物は当たり前になった。コロナ禍の生活でオンラインでの買い物やデリバリーは相当日常的になった。BtoCのEC市場規模は19・3兆円にまで上り、物流系分野では2019年から20年のわずか1年で21・7％も伸びた。[12]

しかし、ライブコマース（動画のSNSにおいて双方向でやり取り・商取引をする）は日本ではそれほど普及していないので、まだまだWeb2・0の渦中にいることになる。中国や東南アジアでは、ティックトックを使っての教育サービスや企業と個人、企業と企業がビジネスを行うことはとうに始まっている。この流れはコロナ禍で加速したが、日本ではまだまだである。たとえば、フォークリフトの販売過程で、耐久実験を買い手がリクエストし、売り手が製品を改善させて販売をするというケースは、中国・東南アジア間ではすでに起きているが、日本でそのような話は聞いたことがないだろう。

Web3は非中央集権的な仕組みとなる。代表的なものが、ブロックチェーンやそれに基づいたNFT（Non-Fungible Token：非代替性トークン）であり、一度は耳にしたことがあるかもしれない。N

12 経済産業省「令和2年度産業経済研究委託事業（電子商取引に関する市場調査）報告書」（2021年7月）

FTでは、国家や大企業が独占していた仕組みを超えて、デジタル資産を売買するということになるが、その他の在り方も変わっていくとされる。「仮想空間で何かをすれば稼げる」という世界だが、「学ぶ、寝る、食べる、運転する」というあらゆる世界にも応用が可能とされる。大企業や国家の力を借りずとも、世界と普通につながり、既存の枠組みが瓦解すること必至の世界観である。デジタルの世界で「ついていけない現実」が現れている。

●「何かが噛み合わない世界」に向き合う

企業経営の世界も、思った通りには進まないという点ではデジタル世界と同様である。残念ながら魔法の杖は存在しない。

超優良企業は成功体験ばかりが強調されるが、ある日突然の凋落を迎えることは珍しくない。エンロン、日本やアメリカの大手電機メーカー然りである。凋落後に「失敗の本質」[*13]が分析されることはほとんどない。成功企業のベンチマークは数多くある。一方で「失敗の科学」[*14]のような科学的分析は（数は少ないが）存在しても、失敗そのものを分析し、そこから学ぶという習慣はなかなか定着していない。

皮肉なことに、かつての超優良企業はビジネススクールのケースとしてさんざん議論され、スター経営者が有名ビジネススクールでスペシャルゲストとして登壇してきた。

一方、地道な百年企業やグローバルトップニッチといわれる企業は、猛烈な変化やVUCAといわれる時代においても着実に成長を遂げているケースが多い。これらの企業は華々しく取り上げられること

13 戸部良一、寺本義也、鎌田伸一、杉之尾孝生、村井友秀、野中郁次郎『失敗の本質』（ダイヤモンド社、1984年）

14 マシュー・サイド『失敗の科学』（ディスカヴァー・トゥエンティワン、2016年）

もなければ、分析されることも少ない。しかしコロナ禍において成功をしていたのは、このような地道な企業である。

独立系資産運用会社レオス・キャピタルワークス会長兼社長、最高投資責任者の藤野英人氏によると、TOPIX Core30の構成銘柄の企業を除くと、日本の企業は成長しているという驚くべき結果が出た。[*15] つまり、全体として停滞ということはなかった。総合的ないし一般的に語られる日本株式会社の停滞論というのはあまり意味がない議論かもしれない。優勝劣敗がきちんとついていたからだ。

「日本だからダメ、厳しい」というのはビジネスの世界では必ずしも当てはまらない。専業でキラリと光る事業や製品・サービスを持ち、オーナーシップを有している企業は成長した。その半面、総合的に事業を持ってはいるものの実態は中小企業や中小事業の集合体であり、スピード感に欠けていた企業は厳しい局面に晒された。その傾向は、2010年代からも進んでいた、ということだった。

新たな経済の盟主としてデジタル産業が語られるが、必ずしもデジタル産業だけが繁栄を謳歌したわけではない。伝統的な製造業でも、上述した条件を満たした企業は、きちんと成長していた。

もちろん、デジタルの進展は決定的に重要な要素である。しかし、デジタル化を推進するかどうか、ではなく、「起こっている情勢を適切にとらえられるか」「自分自身が情報を血肉とできているか」が重要な時代となっている。

そして、新たな視点を取り込む、物事を斜めから読むという点において、他者の視点をあえて取り込むことが重要だと考える。これはみずからと異なるコミュニティ（共同体）との連携にヒントがありそ

15 NIKKEI STYLE「投資するなら　地方の元気企業がいい」（2017年4月4日）

うだ。我々はこれを「コミュニティキャピタル」と呼び、他のコミュニティとの連携をどれだけ多様かつ深く持っているか、その有無や多寡が競争優位の違いになってくるのではないかと考えている。

特にデジタル産業やデジタル時代においては、なおさらである。たとえば、フェイスブックやツイッターといったメディアはコミュニティの集合体であるが、それだけに固執していると、あるコミュニティに縛られ他の視点が入ってこないということが起きてしまう。気づいたら古いメディアに囲まれていた、ということになる。いわゆるガラパゴス化である。

デジタルコミュニティというと、「またGAFAか」[*16]となるかもしれないので、他の例でも説明したい。東南アジアを代表する配車アプリのGrabやGoToという企業がある。国際的な仕事をしているビジネスパーソンは耳にしたことがあるだろう。Grabはシンガポールを中心に発展してきたスーパーアプリといわれるが、もともとはタクシーの配車アプリである。日本でもようやく馴染みが出てきた。GoToはインドネシア発の配車サービスも含む生活アプリGojekと旅行アプリのTokopediaが合併して生まれた会社である。ネイルサービスからフードデリバリーなどまで生活に必要なものが一つにまとめられ、スーパーアプリと呼ばれている。

これらの企業はGAFAや中国のBATJ[*17]に代表されるプラットフォーマーではない。背後に莫大な資金や人口があるわけでもない。もともとあったコミュニティを再編しているものである[*18]。

日本企業の認識として、スーパー企業にキャッチアップすれば何とかなる、デジタルもステージを上げていけばレベルアップできる、という思い込みがあるかもしれない。しかし、そうはならない。先進

16 アメリカの主要IT企業であるGoogle、Amazon.com、Facebook（現Meta）、Appleの4社 の頭文字。Microsoftを加えて「GAFAM」と呼称することもある

17 中国の大手IT系企業である、Baidu（百度、バイドゥ）、Alibaba（阿里巴巴集団、アリババ）、Tencent（騰訊、テンセント）、JDドットコム（京東集団）の4社の頭文字

18 デロイト トーマツ グループ「新たなアジアビジネスの台頭に、金融業はいかに学び・変化するか（邉見伸弘著）」（2019年7月）

国やその社会から解決の妙案が出てくるはずが、実際にはなぜか新興国で新しいイノベーションが生まれている。「何かが噛み合わない」、こんな経営環境が現実に起こっている。

しかし、自社が直面する変化において、あるいはビジネスパーソンにとっても、外部で起こっている情勢と認識にズレが出てきて、どうも噛み合わないというところに、実はヒントがある。

その前にどうして噛み合わないのか、そのギャップは何に起因するのか、次節の「リテラシーギャップの議論」で触れていきたい。

「知らないことを知らない」状況はなぜ生まれるのか

●コロナ禍への対応に象徴されるリテラシーギャップ

コロナ禍を乗り越え、世界中が開国しているタイミングで、日本とゼロコロナ政策を掲げていた中国は、行きにくいアジアの二大国の代表例であった。日本は2022年10月にようやく入国者制限の上限を撤廃したものの、他国との差は歴然であった。今後、数周遅れによる手痛いしっぺ返しを受けることになるかもしれない。「まさか、これだけ差がつくとは想像もしなかった」という言葉も出てくると推察する。

さわやかな初夏の5、6月はヨーロッパにおいては最高の観光シーズンだ。同時期のロンドンでは故エリザベス女王の即位70周年に沸いていた。アメリカ人のみならず、東南アジアや韓国を中心にアジアからの観光客で溢れ、市内中心部の活気が戻っていたのは明らかだった。若者や高齢者は観光モードであり、市内バスツアーやミュージカルも満席。日本入国には入国72時間前以内のＰＣＲ検査が義務づけられていたが、検査を実施する会場はガラガラ。日本人ばかりが目につき、「まだやっているの？」と現地の施設のスタッフに呆れられていた。

ロンドンのヒースロー空港や鉄道のターミナル駅（ヴィクトリア駅やセント・パンクラス駅など）に設置されたエクスプレステストのＰＣＲ検査サービス（24時間以内）は99ポンド（日本円で約1万5０００円。現在は数時間で結果が判明するＬＡＭＰ法検査に。価格は13ポンド）。ロンドン市内では検査キットが無料配布されていたとされるなか、唾液を中心としたＰＣＲ検査でこの値段はぼろ儲けだっただろう。正直、高いお金を払わされ、カモにされていたことは否めない。

市内の高級ブランドのブティックでは、以前は中国系と見られる客が大半だったが、22年はオイルマネーの影響だったのか、中東系の人々が大行列をなしていた。まさか、これほどの活況となっているとは思わなかった。「ハロッズに来ていないのは中国人と日本人くらいだよ」とタクシー運転手が語っていた。「COVID was over（コロナで日常生活や経済が止まる時代は終わった）」。これも当時繰り返し聞かされた。厳密にはリスクは残っていたが、「マスクをすることは、『私はコロナですよ』とアピールするだけで、外したほうがよい」と幾度も助言をされた。

いま我が国ではインバウンド需要に期待が寄せられているが、状況はまだまだである。円安の影響による「安いニッポン」が後押しとなれば、いずれ多くの外国人観光客が日本の観光地に殺到するだろう。ただ、以前のインバウンドの顧客層とは異なる。多くの人にただ来てもらうだけの考え方から卒業し、しっかりお金を落としてもらう必要がある。円安がさらに進めば、「ようこそニッポン」と称して値下げを行っている場合ではない。むしろプレミアムを取るチャンスが到来しているのだ。

そもそも、米ドルで払う人から見れば、10ドルも9ドルもほとんど変わらない。ただでさえお得感があり安いところを値引くというのは、こちらが思うほどのお得感にはなっていないことになかなか気がつかない。「カードやデジタルで払うのが普通だから、いちいち円換算しない。それよりも、いまだに現金を持ち歩かないといけないのが理解できない」というのは外国人からはよく聞く話だ。価格を下げてサービスが落ちるほうがマイナスでありリスクだろう。

中国がゼロコロナ政策を転換したとはいえ、ヨーロッパや東南アジアの富裕層はまだまだ日本にやってくる。経済効果を上げるためには、お金を多く使ってくれる外国人に来てもらったほうがよい。しかし、ハイエンドな観光客を受け入れる体制は整っているだろうか。コロナ禍の最中からその準備をしていたかが問われてくるだろう。

なお、ロンドンでは、公共交通機関で使用できる非接触ICカードであるオイスターカード（日本のSuicaやPASMOに相当）はもはやほとんど使われておらず、スマートフォンやクレジットカードによるタッチ決済へと進んでいる。「安いがサービスは昔と同じでがっかり」ということにならないようサービスを総点検する必要があるだろう。もちろんプレミアをつけ、日本の従業員に還元する仕組みも早急に整備しなくてはいけない。

アジアの観光立国タイのバンコクへの玄関口スワンナプーム国際空港に目を向けてみよう。バンコクは5つ星ホテルの数がアジアで4番目に多く、ホスピタリティに定評がある。世界で見れば12位だが、東京は28位と後塵を拝している。[*19] いつまでも「おもてなし」で乗り切れると思ったら、その感覚はすでにズレているのではないか。それはコロナ禍前の話だ。

タイへの入国は、PCRなどの検査がほとんどないにもかかわらず、入国に1時間近くかかった（22年10月時点）。信じられないほどの大行列である。世界中から観光客が殺到していたのだ。免税店もかつての賑わいを取り戻しつつあった。

「世界はこんなに開かれ始めたのか」「世界中の人々が海外旅行にこれだけ関心を持っているのか」と実感した。ホテルのスタッフに聞いたところ、「まだまだコロナ前の80％程度、来月からがようやく本格化だよ」と期待を滲ませながら将来の見通しを語っていた。同時期に〝開国〟を控えていた日本では考えられない光景であった。

これこそ、「知らないことを知らない」状況である。本章で触れるエピソードは国際政治経済（地政学・地経学を含む）関連のものを多く取り上げているが、日本では経済界を含め国際情勢そのものへの関心は、皮肉なことに下がっているように見える。筆者は、「日本は絶好のチャンスがあるのに、それを活かそうとしているようには見えない。本気なのか？」と外国人に何度も聞かれている。

また、国際交流という観点でも、コロナ禍はもう理由にならない。

日本人の海外留学生数はコロナ前から年々低下していた。また、国際共同研究の比率はもとより低かった。GDP比で見た際、対外直接投資は一定数（25％）となっているが、対内直接投資はわずか5％

19 都市メモ「世界・5つ星ホテルの多い都市ランキング」（2022年11月現在）

台である。ＯＥＣＤ各国はすべて2桁以上なので最下位。[20] 新興国を含め、世界から見ても下から数えたほうが早いというレベルである。

人が出ていかない、外からは入れない、投資はするが受け入れないという実態がある。資本の流れが滞ると、人流も鈍る。情報は人についてくる。その情報が行き来しないと、「知らないことを知らない」＝リテラシーギャップが発生する。

エネルギーや食糧などの資源自給が難しく、ビジネスでは世界のバリューチェーンに組み込まれている日本のビジネスパーソンにとって、国際情勢リテラシーを持つことは非常に重要だが、実態は停滞しているといえよう。このようなリテラシーギャップは日本にとって死活問題である。

●リテラシーギャップを考える

リテラシーギャップには2つの観点がある。

第1は、国際情勢的な観点だ。アジア・パシフィック・イニシアティブ前理事長で国際文化会館のグローバル・カウンシル チェアマンの船橋洋一氏によると、ＡＩの研究論文の発表数、被引用回数ともいまや中国が世界トップだという。[21] 実際に調べてみると、中国のＡＩに関する論文数の世界シェアは18％（アメリカ12・3％）、被引用回数は20・7％（同19・8％）であった。[22] 中国は英語の論文に関し、ＡＩを活用しながら徹底的に読み込み、研究力を急速に高めている。量子コンピューティングの分野でも同じようなことが起きている。

20 IMF, World Economic Outlook Database, 2021

21 DHBRオンライン「グレート・トランジションの時代をどう生き抜くか」船橋洋一、邉見伸弘（2022年4月8日）

22 Stanford University, Artificial Intelligence Index Report 2021, March 2021

それに対し、日本を含む民主主義国は中国語の文献を十分に把握できていない。最近、中国では、科学技術の中でも自分たちが進んでいる分野ほど、研究者が中国語の論文しか発表しないという動きがあるという。これは外国人に知らせてよい情報と知らせてはいけない情報を明確に区分する中国政府の方針と合致し、意図的にリテラシーギャップを広げていると同氏は見る。

他方で、中国は官僚国家の特質として、非常に多くの文書を作成している。たとえば、「対外投資協力国（地域）別指針」（対外投資報告書）という1000ページに及ぶ文書を毎年発行しているが、EUやASEANといった地域単位、それぞれの国単位でとても細かく分析しており、投資リスクなどを懇切丁寧に説明している。すべてを隠しているわけではないのだ。

仮にベトナムに進出しようと思えば、この報告書を読めばリスクを軽減できるばかりか、競争相手の考え方も理解できる。リテラシーギャップによって競争優位性に差がつくとすればもったいない話である。わざわざコンサルティング会社に高額な料金を支払わなくてもわかることは結構ある。

次に言語の差という観点からの話をしたい。マクロやリベラルアーツに関する力の差の話だけではない。もう少し身近な言語の差の例からも、このリテラシーギャップの話がある。単に英語ができないといったレベルの話ではない。

学歴格差という言葉があるが、各国の大学卒業者に占める博士号取得者の比率はご存じだろうか。単年度では、アメリカが4・51％（9・2万人）、中国が1・61％（7・2万人）、日本が2・68％（1・5万人）である。[*23] 日本が健闘しているように見えるが、そもそも母数の人口が圧倒的に少ないことを忘れて

23 文部科学省「科学技術指標2022」のデータよりデロイト試算。アメリカは2019年、日本は2020年、中国は2021年のデータ

はならない。

また、語学力の弱さという観点で、日本の英語力ランキングは先進国最下位。世界112カ国中で78位[*24]とベトナムやアルジェリアより下で、マダガスカル、モンゴルと並ぶ。しかも年々下降している。なお、EUでは3カ国語を習得することが推奨されているが、オランダでは多言語を操る比率が、4カ国語以上が37%、3カ国語が77%である。[*25]筆者がフランスのグランゼコールに留学していた際、プログラムの参加者は平均で6カ国語が話せるということであった。

言語能力の差は情報アンテナの差に直結する。語学力に差があると、読める論文の数に差が出てくるというのはもちろんある。それ以上に、そもそもソースが多様だという事実に気がつけない。ここがポイントである。

言語に関しては、生活圏などのコミュニティにもリテラシーギャップの原因があるようだ。海外に出ると日本人同士の〝日本人村〟に籠ってしまいがち、とかつていわれたが、いまだにその傾向はあるという。イギリスにおいても日本人駐在員が多く住む地域は決まっている。アメリカのボストンやニューヨークでもそうである。情報収集拠点として、各企業のエース人材が送り込まれるワシントンでもそのような傾向がある。情報ソースを辿っていくと、特定のシンクタンクやアメリカ人に行き着くという笑えない話がある。

世界の情報の90%以上は英語で発信されているという。実際、2010～19年の10年間のSCI論文総数における英語の論文数比率は96・19%であった。[*26]日本語（11位）は0・05%である。日本語の論文

24 ETS, TOEIC L&R 2021 Report on Test Takers Worldwide
25 European Commission,“Europeans and their Languages”, June 2012
26 SCIは、Science Citation Indexという学術データベースのこと。世界的に評価の高いジャーナルが収録されたデータベースとして知られている

やデータベースだけを頼りにするとなると、世界で受発信されている情報の1%以下の世界に生きるというのとほとんど同じである。さらに新興国となるとこれ以下の情報量だ。これが何を意味するのか、「知っていること」「知らないこと」についてリテラシーギャップが生じるということなのだ。

後述するが、リテラシーギャップがもたらすものは、狭量な（Narrow）世界に生きてしまうということだ。問題はここなのである。

●狭量な見方からは狭量なアウトプットしか生まれない

以上から得られる示唆は、「世界との間で想像以上にリテラシーギャップが広がっている」「その結果として狭量な見方で物事を理解してしまう」ということだ。ここでのポイントは、リテラシーギャップは語学力の問題というよりは、「知らないことを知らない」「世の中の変化に気づかない」「仕組みを知らない」ことが問題なのである。

カードゲームの代表格であるポーカーの名言に「誰がカモかわからない時は、自分がカモられている」というものがある。これは言い方を変えると、「知らないことを知らない」世界に身を置いていると身ぐるみはがされるということだ。

経営に当てはめると、狭いリテラシーで判断を下してしまうことになる。世の中では、D&I[27]やSDGsなどの経営ワードが溢れかえっているが（コンサルティング会社がそれらを助長している面も否めないが）、日本なりのD&IやSDGsを語っていると、「化石」や「ガラパゴス」な状態になってしまう

27 Diversity & Inclusion。それぞれ「多様性」「受容」を意味し、ビジネスにおいては企業や組織で働く人材が、性別、国籍、人種といった属性にかかわらず尊重され、それぞれの能力を発揮できるような環境づくりを目指すこと

可能性がある。変化を語っても、狭量な世界に生きているようでは、出てくるものも狭量なのである。

その結果、何が起きるか。手持ちの情報や自己都合で物事を見て、判断が先鋭化してしまう。ここでのポイントは、当事者は一生懸命頑張っているのに、考え方が硬直化してしまうことだ。当事者は、信じ切っている道を、悪気もなく邁進している。思考はロジカルになり戦略の精度が高まるにもかかわらず、何かがズレてしまうのである。ロジカルかつ戦略的な思考に則っているはずだが、世界の「常識」からは乖離してしまう。そしてガラパゴス化とズレは加速する。

このような状況下でできることは何か。まずは大それたことではなく、リテラシーギャップの認知から始めることである。それは不都合な真実と向き合うことになるかもしれない。仕組みや会社組織、戦略論も大事だが、まずは情報収集を堅実に進めることが近道だ。

次節以降、リテラシーギャップに向き合えない理由として挙げられる「情報戦[*28]は難しい、大変だ」という前提が本当にそうなのか考えてみる。

◉──よくある思い込みと現実との乖離

●情報戦は決して難しくない

「世界的コンサルティング会社のネットワークに期待したい」

コンサルティング会社に勤務していると何度も耳にする相談である。我々が何か特別な情報源を持っているとの期待があるのだろう。

28 情報戦とは、主に軍事用語として知られる言葉である。軍事的には、「戦いに関連するすべての必要な情報を収集・処理・提供・使用する能力における相手との競争と、これをめぐる攻防である」とされている。ビジネスにおいては、自社ビジネスに関連する情報をいかに集め、分析し、活用するか、自社の重要な情報や情報システムを守るかといったことを意味する（参考：藤本晶士「最近における情報戦の重要要因について」『国際安全保障』2001年6月29巻1号）

実は特別な情報源はそうそうあるものではない。もちろん、その道で経験数十年の大ベテランというケースもあるし、そのようなプロフェッショナルも在籍している。しかし、すべての期待に応えられるようなプロフェッショナルが、顧客の依頼するプロジェクトに100％投入される、ということはないはずだ。

コンサルティングの多くの業務は、一般紙、業界紙、専門誌、国内外の論文を数年分徹底的に調べ上げることから始まる。作業を実際に行うのは、もとはその道の素人というケースがほとんどである。1年目の新人も、10年、20年のベテランコンサルタントもまずは地道な「集める」調査から始めるのだ。

このような例は、シンクタンクや金融・投資機関、政府機関でも同様である。筆者はいずれの組織にも勤務したが、基本動作は同じである。

さらに言えば、世界三大投資家の一人であるウォーレン・バフェット氏は風呂につかりながら「ウォール・ストリート・ジャーナル」をくまなく読むことを日課にし、それを楽しみにしているという。[29]もう一人の世界三大投資家であるジム・ロジャーズ氏も、情報源について「特別なことはしていない」と語っている。[30]実際にそうであろう。ハーバードビジネススクール在籍時に世界的企業のCEOや経営幹部にインタビューをした際も、同様の回答が返ってきた。「自分だからこその特別な情報などない」と。

ここから得られる教訓は何か。「知らないことを知らない」を乗り越えるための情勢の理解、すなわち情報戦の重要性である。しかも、「情報戦は、特別な人がやることではない。そして、決して難しいものではない」ということから出発することだ。

29 ローレンス・A・カニンガム『バフェットからの手紙』（パンローリング、2000年）

30 ジム・ロジャーズ『冒険投資家ジム・ロジャーズのストリート・スマート』（SBクリエイティブ、2013年）

●情報戦はすぐに始められる

なぜ情報戦が難しくないのか、ここでは簡単に触れておきたい。なお、エピソードやメソッドは、情報の専門家といわれるコンサルタントに限らず、ジャーナリスト、投資銀行、政府関係機関、シンクタンクにも話を聞いたが、おおむね同様であった。リサーチの教科書でも同様のことが指摘されている。[*31]

まずコンサルティング会社で実施されているケースを例に取ろう。たとえば、「我が社に関係しそうな最新の国際経済動向（マクロ／ミクロ）を調べよ」というお題が出た際の対応だ。抽象度が高いお題であるが、まず実施するのは、図表1－2のような各メディアの見出しを集めた表の作成である（**図表1－2**「最初に作成する表の例（2022年10月22日の場合）」参照）。

与えられる時間は長くて3日、通常は1～2日で一定のアウトプットが求められるため、すべての情報ソースを読むことはできない。見出しだけでもよいから、まず素早く集める。その後はあたりをつけて掘り下げていく。その際は、まずまとまった量の情報を読み、関連する機関が何をしているかの情報を集めるのである。この時に1次／2次情報か、定量／定性情報かは問わない。とにかく知らないのだから片っ端から集めるのだ。書店に行って関連しそうな分野の書籍はとにかく全部買って（現在ではアマゾンでクリックして）目次だけでも目を通すのである。

これを2～3日続けるだけで傾向がわかってくる。論点や調査に必要な道筋をつかむ概要レベルまでは、思ったより難しくない。この作業をやるか、やらないかの差が重要だ。作業は簡単だが、効果は想像以上に大きい。見出しを見て書いてあることを予想していくように読めば、1時間もかからない。5

31 ウェイン・C・ブースほか『リサーチの技法』（ソシム、2018年）

図表1-2｜最初に作成する表の例（2022年10月22日の場合）

	フィナンシャル・タイムズ	ブルームバーグ	BBCニュース	日本経済新聞
見出し①	US Navy chief warns China could invade Taiwan before 2024	中国当局、入国者のコロナ隔離期間短縮を議論	Liz Truss resigns as PM, with new leader by next Friday	9月の自動車生産、28％増の18万台
見出し②	Germany urged to back gas cap plan at EU energy summit	サマーズ氏、ターミナルレートの5％超えは「一種の節目」	Tory leadership race: Who could replace Liz Truss as prime minister?	上海汽車、電池交換式EV事業に本腰
見出し③	Fuel poverty warning for 11mn UK homes after energy support shake-up	中国当局、国内半導体企業と緊急会合ーアメリカの半導体輸出規制受け	Hong Kong shares hit lowest level since 2009	遠景が米に電池工場新設へ、BMWに供給

出所：各社2022年10月22日発刊の紙面を参照し作成

〜10分で新聞のチェックは可能である。

なお筆者は、業務外でも同様の情報収集を日課にしている。ただこれにはコツがある。特に最初の段階は、〝何となくダラダラやる〟のはダメだ。自分が「世界あるいは社会で何が起こっているのか」や「起こっている事象がいまの生活にどう影響しそうなのか」「大人になったらどんな時代が待っていそうなのか」などを中学生や高校生に話し聞かせる（つまりアウトプット）レベルになるという目標を決め、最低3時間はぶっ通しで調べることだ。できればぶっ通しで3日間ほどの作業を複数人以上で実施する。1日の終わりに何がわかったか、次の作業は何か、何がわかっていないか、何を掘り下げるべきなのかを全員で照らし合わせ、備忘録を簡単に残しておくのだ。これを数日続けるだけである。以後、かかる時間は劇的に減っていく。筆者は習慣で二十数年毎日実施している。「つらくないですか?」と聞かれることもあるのだが、もはや筋トレや朝のストレッチと同じである。

この手法はマクロの政治・経済、企業の経営戦略、ミクロの社会動向を分析する際でも同様だ。ソースに使うのは新聞や専門誌、あるいはティックトックやユーチューブ、はたまた『3時間でわかる○○業界』といった書籍や、就職活動で使う業界動向本であっても構わない。「動いて調べる」ことに意味がある。

この最初のステップは、実はやっているようでやっていないケースがほとんどである。エグゼクティブになればなおさらで、丸投げという実態が散見される。

「自分で一度は調べる」からこそ、指示の勘所がわかるというものだ。何となく思い込みでわかった気になり、仮説や主張を立てるのがいちばんのご法度である。わからないことはわからない、と素直な目線を持ち続けることが簡単なようで難しい。繰り返すが、まずは「自分で動いて調べる」。ここから変化の第一歩が始まるのだ。

たとえば、チャイナプラスワンとしてのASEANの重要性についてちょっと調べてみると、ベトナムの経済規模(3620億ドル)は中国全土(17・7兆ドル)どころか広東省の経済規模(1・9兆ドル)の5分の1の大きさしかないことがわかる。[*32] タイやインドネシアの経済を足しても中国にはとうてい及ばない。これは中学校や高校の授業で出てくる参考資料『世界国勢図会』にもしっかり載っているデー

32 IMF, World Economic Outlook Database, April 2021

タだ。都市ごとに調べるのは手間がかかっても、国別の情報であれば、中学受験を控えた小学生でも調べられる内容だ。

また、ASEAN各国の港はほぼフル稼働である。規模も小さい。中国から移管するにも場所が空いていない。現実的に不可能ではないか、という推察が働くはずだ。これは各国の物流統計を見れば載っている。港の積載数も国勢図会に記載されており、誰でも確認できる。*33

ASEANでなければインドを目指すのでも構わないが、州ごとの経済格差が著しいことに目が向いているか。日系企業のインド進出数は4790社で、中国の3万1047社のわずか6分の1。ASEAN10カ国の1万4836社とも大きく乖離があり、投資残高も中国の約16兆3372億円、ASEAN5カ国の18兆9620億円に対し、インド向けは3兆5507億円である。また世界知的所有権機関（WIPO）によればインドのインフラ指数ランキングは132カ国中78位である。*34

チャイナプラスワンが本当に現実的か、定義も改めて考える必要が出てくる。これが現実だ。これらを調べるのに特別な情報源はいらない。

それ以外の例では、米中競争における、中国事業のリスクシナリオを考えるなら、なぜアメリカの拠点強化の議論をしないのか、日本に拠点をもっと戻すというシナリオはないのか、というバリエーションもあってよいはずだが、このような議論は驚くほど少ない。これらの話は俎上に載せられてさえいないケースが多い。

ここでも、新聞をはじめとする報道の一部の主張を一方的に取り上げ、そこから想像するリスクを論

33 各国物流統計（世界銀行資料）
34 外務省「海外進出日系企業拠点数調査（2021年調査結果）（2021年10月1日）」

じるだけになってしまってはいないだろうか。時間軸、経済的状況の大きさの違い、歴史的文脈の違い、対象国以外のオプションくらいは検討されてもよかろう。

このように情報の前提を考慮せず、「知らないことを知らない」という現実から出発しないと、議論が空中戦のままとなり、最後は「リスクはゼロなのですか？　地震や台風が起きないというのですか？」というレアケースを過大評価した非論理的な議論に発展する。実際にそのようなケースに直面することもある。地震や台風というのは不可抗力（フォースマジュール）の部類であるのだが、この調子では建設的な戦略論を語ることは難しい。しかし、いかにも日常で見られそうな場面である。

先述の通り、「まずは自分で動いて、調べる」ことが経営戦略の立案、実行にあたっての基本であるのだ。しかし、企業経営の世界では、残念なことに部下や外部に丸投げというケースが珍しくない。「知らないことを知らない」という現実から目を背けず、自分で少しでも手を動かせば「あれ？　何かが噛み合わないぞ？」となるはずである。それが変化への第一歩につながっていくのだ。

●天才とされる人の情報術に奇策はない

国際政治経済の例を語ってきたが、これはビジネスの世界にも当てはまる。

ビジネス界の巨人、世界的な経営者、大学などの研究者はよく質問をする。松下幸之助氏の有名な言葉に「衆知を集める」というものがある。[*35]「何をするにも皆に相談し、皆の知恵を集めてやっていくことになった面もある。いわば必要に迫られてやったことだといえなくもない」と語ったという。さらに

35 松下幸之助『実践経営哲学』（PHP研究所、2001年）

くだけた表現で、「話を聞くというのは、経営者としてこんな得な、ええやり方はないわな、早い話」と言ったそうである。しかも、話を聞く際は、足を組むことも、腕を組むこともなく膝に手を置いて熱心に聞いたそうである。この聞く力は、松下幸之助氏なりの情報戦だと考える。

また、ソクラテスの「無知の知」という言葉があるが、これは「自分に知識がないことに気づいた者は、それに気がつかない者よりも賢い」ということだ。現代の組織経営やビジネスパーソンにも当てはまると思う。

「知らないことを知らない」を自覚するという無知の知が成否を分ける。それは、「みずから手を動かしているか」によって、よりわかってくる。自分で調べていれば、いかに知らないことが多いか、次々と知らないことが出てくるか、前提条件によって物事が変わってくるかに気がつく。その思考過程が、洞察力の差をつけるのだ。

しかし、この思考の前にそもそも情報戦は難しいと思い込みがちなのも問題だ。実際には高度な技術が求められるわけではない。そもそも何が問題なのかを認識していないケースが散見される。何を知りたいのか、を考えることが重要なのだ。

つまるところ、「情報戦が難しい」のではなく、「そもそも自分からまともに情報を集めていない」というのが実態ではなかろうか。もう少し言い方を変えると、「知らないのにわかったふりをする」「みずから調べることをせず外に丸投げする」という姿勢に問題がある。そうしたことを少しでも減らし、「10分でも時間を取って手を動かし、考える」ことから始めることだ。

難しいのではなく、単に手を抜いている、汗をかいていない、という現実があるのではないだろうか。

一方で、本節で語ってきたエピソードや考察に関し、「現代は事情が違う。情報洪水の中でそんなことは不可能だ」「進化が早くて難しい」「専門分化が著しく、素人が手を出すべきではない」という意見もあるだろう。

NHKが2018年に行った世論調査によると、「自分が知りたいと思ったことだけ知っておけばいい」と回答した人は20代で45％に上り、「今の社会は情報が多すぎる」と回答したのは全体で84％にも及んだ。[*36]

しかし、本当に情報洪水は問題だろうか。次節以降で検証したい。

情報戦でよく見られる誤解

大量の情報という幻想

●情報オーバーロードとさまざまなバイアス

未来学者であるアルビン・トフラー氏は『未来の衝撃』で情報オーバーロード（Information Overload）の問題に触れている。[*37] 情報量があまりに多いと全量が解釈できなくなり、状況のあまりの複雑さにより、思考が混乱、意思決定の質が低下するというのである。50年前の著作での洞察である。

36 保髙隆之「情報過多時代の人々のメディア選択」（『放送研究と調査』2018年12月号）

37 アルビン・トフラー『未来の衝撃』（実業之日本社、1970年）

現在でも当てはまるだろう。

インターネットが普及した現在では、安価に取得できるオンライン情報が急増したことで、情報を処理できず、思い込みによって無意識に合理的でない判断（認知バイアス）に陥ってしまう傾向があるという指摘がされている。しかし実際のところは、情報量が多すぎて処理できないのではなく、受け手のバイアス（偏見、モノを見る時の歪み）が促進され判断が偏ってしまうということではないだろうか。

そのことを間接的に示す日本企業への調査結果がある。データを活用することによる具体的な変化・影響を尋ねた設問で、「何らかの変化・影響を感じる」とした企業は88・8%に上る一方で、個別の効果を見ていくと影響の認識がかなり異なっているのだ。「業務効率の向上」(54・8%)、「意思決定の向上（迅速化、正当化）」(45・4%)はまだしも、「顧客満足度の向上」や「生産プロセスの高度化」に至っては20%台と非常に低い。データ活用による変化を感じながらも、実際の影響となると実感値が下がっているのである。[*38]

前節で触れた「情報が多くて大変」というのは必ずしも適切な認識ではなく、受け手側の情報の扱い方に問題があるのではないだろうか。それはトフラー氏が言うところの、あまりに多くて処理がまともにできない、といった趣旨ではないように思う。

もう少し説明しよう。人間は信頼できる集団の情報を好むが、それによって結果的に情報の偏りが発生してしまう。たとえばＳＮＳでは、ユーザーの検索履歴などの膨大なデータを基に、そもそも考え方や好みが近い人同士が結びつけられる仕組みが構築されている。その過程で、偏見が増幅される現象が

38 総務省『情報通信白書令和2年版』付注2「デジタルデータの経済的価値の計測と活用の現状に関する調査研究」

起きてしまうのだ。レコメンドや仲間うちの情報を頼りにしていると、気づかないうちに情報のアンテナが偏ってしまうというのは、指摘されれば「そうかもしれない」と思うが、意識するのはなかなか難しい。

もう少し具体的な例を挙げて説明しよう。コロナ禍の巣ごもり需要で韓国ドラマが大ヒットした。動画配信サービスのトップ画面に韓国ドラマがオススメ欄にずらりと並び、「韓ドラブーム再来！　やばいね」と感じた人は少なくないだろう。しかしこれは、世の中におけるコンテンツの全体像ではなく、あくまで自分の好みに沿って提示された偏った情報であることを理解する必要がある。こうした提示によって幅広いコンテンツを選択する機会を奪われ、アルゴリズムに支配されてしまったと言っては言いすぎだろうか。

このような現象を「フィルターバブル現象」と呼ぶが、それがもたらす悪い効果は、フェイクニュースの拡散である。「え？　そうなの？　フェイクニュースはディープステートみたいな陰謀論のことだと思っていた」という方もいるかもしれないので、説明したい。

共有される情報の傾向が偏ると、情報の質も低下する。その結果、意図せずともフェイクニュースを拡散してしまうのだ。フェイクニュースというと、誰かが意図的に情報を歪める、偏向報道のような印象を持つかもしれないが、実態はこのような仲よしクラブがもたらす偏重にも大きな原因がある。情報化の時代で、いろいろ選べて便利になると思いきや、洪水の中で埋もれてしまうのはこのような背景がある。

「正しいと信じたい」「効率よく情報を集めたい」と思っているうちに、自分にとって都合のよい情報だけが集められ、気がついたら裸の王様になっていた、という何とも皮肉な話である。とはいえ、情報オーバーロードの中で、多くのバイアスに囲まれるのを避けることはなかなか難しい。むしろゼロにするほうが難しく、バイアスがある前提で物事を見る、そのような情報に囲まれているという前提で臨む、というのが世界を生き抜くうえで大切な視点だろう。

バイアスにはさまざまな種類がある（**図表1－3**「陥りがちなバイアスの類型と、個人・企業での影響例」参照）。ここでは、自分に被害が及ぶことが予想される状況であっても「自分は大丈夫だ」「今回は大丈夫だ」と変化を嫌うために事態を過小評価する「正常性バイアス」など5つを紹介しているが、挙げれば切りがなく、どれかは「もしかしたら、自分に当てはまるかも」「我が社の最近の傾向と同じではないか」と思った方も多いかもしれない。経営において当てはまることだらけだろう。

●バイアスに取り囲まれているという認識を持つ

「情報過多の時代」を生きているといわれるが、実際は「偏在（偏重）する情報の時代」を生きているということだ。もう少し言い方を変えると、知らず知らずのうちにバイアスに取り囲まれていると、認識を変えることが大事だ。

量の問題よりも、極端化や偏重化が問題であるのだ。だとすれば、いかに中立かつ冷静な視点で情報を選別していくかが重要になってくるのではないか。または、「入ってくる情報もバイアスがかかって

図表1-3｜陥りがちなバイアスの類型と、個人・企業での影響例

バイアス例	解説	日常（あるある）	経営での場面
正常性バイアス（自信過剰）	変化を嫌うため事態を過小評価する	「自分は大丈夫だ」「今回は大丈夫だ」	我が社は大丈夫
確証バイアス	先入観に基づき都合のよい情報を集め先入観を補強する	「前回もうまくいったから、今回もうまくいくはず」	人口ボリュームが多い国は成長するので、中国の次はインド市場を攻めるべき
生存者バイアス	何らかの選択過程を通過したヒト・モノ・コトのみを判断基準とし、それ以外は排除する	「**先生の言っていることだから、従っておけば間違いない」	世界的経営者や**の実践方法は我が社にも当てはまる
アンカリング	比較する対象によって同一のものの価値判断がぶれること	同じ280円の商品でも、300円から値引きされるか、500円から値引きされているかでお得感の感じ方が変化	A事業部のエースである**さんがダメだったら、B事業部ではうまくいかないはずだ
後知恵バイアス	過去の出来事に対して予想できたと思うこと	「私があの時言った通りになったでしょ」	やっぱりあの社長じゃダメだ

出所：情報文化研究所『情報を正しく選択するための認知バイアス事典』（フォレスト出版、2021年）、情報文化研究所『情報を正しく選択するための認知バイアス事典 行動経済学・統計学・情報学編』（フォレスト出版、2022年）を基に作成

いるのが普通なのだから、何かの補正をしなければ判断を間違うかもしれない」と気に止めることが、基本的ではあるが重要な姿勢だろう。

●情報には「手垢」がついている

コンサルティング会社では仮説思考という考え方が徹底的に推奨される。しかし、一歩間違えば、仮説は思い込みに過ぎないということになりかねない。仮説を補強する論拠も確証バイアスの一種といえなくもない。見えていない世界があるかもしれないし、前提が違ったら仮説も変わってくる。インプットがない状態での仮説思考はありえない。コンサルタントも肝に銘ずる必要がある観点だ。

これはコンサルティング会社に限ったことではない。偉い人が言ったから、有名だから、という理由で伝記本が売れ、講演が大盛況というケースがある。しかし数年経ったら誰も覚えていない、もてはやされた企業が見る影もないというのはよくある話だ。

このようなケースは他の企業や著名人にも当てはまることだろう。もちろん、日本についても例外ではない。〝プリンス〟や〝次代のエース〟と目された人物が、短期間で華やかな舞台を去っていくケースは枚挙にいとまがない。そして、過度に〝盛られた〟情報があったことに対しての分析がなされることは少ない。

実は、こうしたことは最近になって始まったわけではない。デジタル時代や情報過多の時代に限らず、本質的に人や企業が発信する情報というものは変わっていない。必ず偏りというものがある。かつては大メディアによる報道や大企業によるアドボカシーも偏向や偏重があったかもしれない。ただ、誰が書いたのか、主張したのかを時系列で追いやすかったので、傾向を知ることは比較的容易であった。

現在と昔で何が違うかといえば、匿名性である。「空気」といってもいい。たとえば、アマゾンの書評では投稿者の多くが匿名だ。言いたい放題なので過激化し、議論が先鋭化しがちである。このような中で、いかに中立的な目線を保つか。少なくとも情報には手垢がついているという認識から始めることは、経営においても、ビジネスパーソン個人にとっても重要なことではないだろうか。

このようなバイアスによるものの見方とその代償について、「自己都合によるモノの見方（正常性バイアス）」を代表例に、次項で触れていきたい。

自分の都合でモノを見るということ

●手段の目的化で消えていった企業

筋トレでも美ボディでもよい。ベンチプレスの重さや回数、食事制限といった細かいルールを決めるとする。しかし、そのルールを守ろうとするあまり、健康や美しい身体という本来の目的からズレてしまうことがある。まさに「手段の目的化」である。大きな目標を定めたら、時には小さな目標やルールを微修正していかないと肝心なことを忘れてしまう。企業経営も実は同じではないか。

自社のミッションに固執したあまり倒産した企業は意外と多い。小売業を例に取ると、かつては海外進出や新たな販売手法の模索などを積極的に行う革新企業として知られながらも、その後に経営不振に陥り、消えていった企業をいくつか思い出せるだろう。

これらの企業に共通する点がある。自社の方針やミッションに固執したということだ。自社方針の呪縛によって、情勢変化を踏まえた対応を見誤り新興市場へいち早く乗り出したが、その成功体験そのものが海外市場への進出をはじめとする大失敗の一因となっていく。トップやオーナーのみならず、いまでいう周辺幹部の「情報忖度」も一因だろう。いずれにしても、精度の高い情報に基づく意思決定が行われなかった結果であることは事実である。

●認知バイアスを排して変化に対応する

これらの企業の事例から得られる示唆は何か。自社目線でモノを見ていくことの恐ろしさだ。自社の論理が不文律のようなものになると、現状からズレてしまう。ミッションやパーパスが大事なことは否定しないが、諸刃の剣である点は言及しておきたい。パーパスは、一度定めて終わりではなく、不断に市場をモニタリングし、事業へ落とし込みつつ、パーパス自体も柔軟に変化させていくものである。それをせずに自社目線のパーパスが先行すると方向性を誤る。関係者と共有する、対話・協創の礎とすることが重要だ。

もう少し説明の仕方を変えてみよう。資本主義社会において、価値を決めるのは市場である。もっとわかりやすく言えば、買い手が価値を決めるのである。しかし市場や買い手はうつろいやすい。戦略を精緻化しても、前提が変わってしまえば、よくて振り出し、最悪は市場から見放されるリスクがある。

自社の想いが届かなかった、では済まされない。これは国家運営でも同様である。

共通しているのは「自分の想いややり方」に対するこだわりが強すぎた結果、それに固執し、認知バイアスがかかかったということではないか。

「自分たちのことは誰かがわかってくれる」という視点は、他責にもつながっていく。自分たちがうまくいかないのは誰々のせいだ、となる。企業でも国家でも、そういった視点の中には甘えがあるのかもしれない。

伝わらなければそれまでだ。一生懸命やりました、は通用しない。最後は誰かが助けてくれる、と期待しても、残念ながらそんな助けはやってこない。自分のこと、自分の企業、自分の国家を自分で守ろうとしない者に対し他者は手を差し伸べてくれない。普通の人付き合いでも、外交の世界でも、もちろんビジネスの世界でも同様だ。破綻企業にはそういった傾向がとても多い。最後は国に頼り、債権者に泣きつく。そして呆れられ、市場から撤退・破綻を余儀なくされる。これが現実である。

倒産の会見でよく耳にするのは、「認識が甘かった」である。現在では「想定外」という言葉も加わってこようか。本音は、〝自分たちの見立て通りに世の中が動かなかった〟ということだろう。その通りである。自分の都合通りに世の中は動かないものだ。あるべき論や正論を語ってみても仕方がない。価値を決めるのはあくまで市場である。

これらの自社目線や自己都合という視点が積もっていくと何が起きるか。不都合な真実から目をそらすということが起こる。これは企業だけではなく、国家でも、自分たちの身の回りでも起きる事象であ

図表1-4｜情報戦の進め方

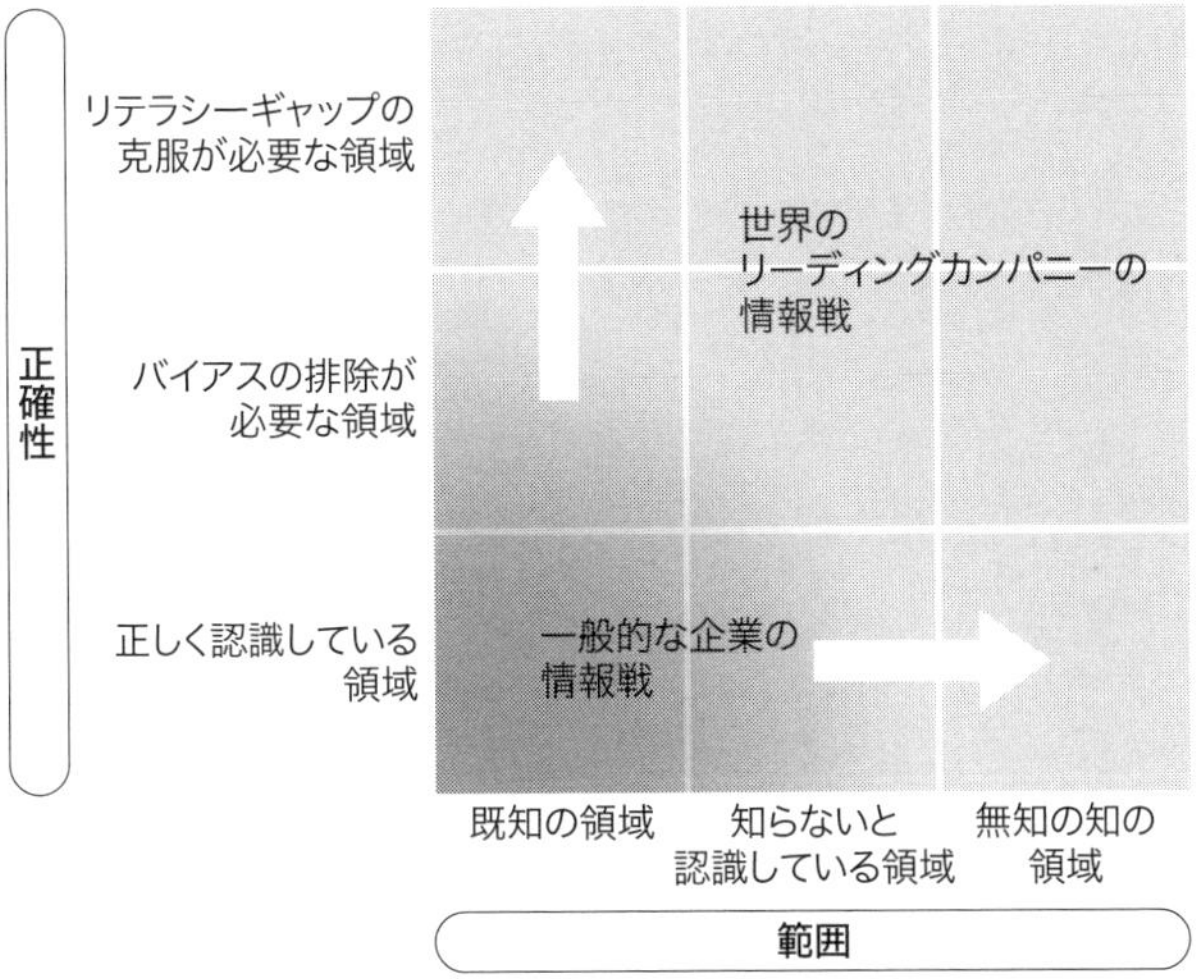

る。

ズレに気がついていても目を背ける、いったん脇に置いてロジックを組み立てる、観察の対象から外す、というのは知らず知らずのうちにやっていることだ。それが悪いというよりは、誰しもがやってしまうということを伝えておきたい。

ここまで、リテラシーギャップに気づくこと、バイアスを前提として物事をとらえることを説明してきた。また、無知の知についても触れてきた。これらを合わせた場合の情報戦のイメージ図は図表1－4のようなものとなろう（**図表1－4**「情報戦の進め方」参照）。すべてを実現している企業はないかもしれないが、どの段階にいるのかを意識することは意味があるだろう。経営を考えていくうえで変化を遂げていくためには、情報戦も正確性や範囲という観点から見直しを進めていく必要があろう。

◉──不都合な真実を直視するには

●数字で見る日本の経済社会とメディアの実情

債務比率260%(2021年)、平均年齢48・6歳(世界第2位の高さ)、PBR(Price Book-value Ratio:株価純資産倍率)が1を下回る上場企業率46%(アメリカ、ドイツは25%程度)。この手の数字を何度も見てきたことだろう。日本の数字である。[*39]

しかも、海外からの直接投資(対内直接投資)がGDPのわずか5%程度。イギリス(87%)やアメリカ(51%)とは比べるべくもないが、海外からの投資受け入れに閉鎖的(ないしは選択的)と指摘される中国ですら約13%であり、中国をさらに下回る国というのはなかなか目にしないかもしれない(**図表1−5**「世界主要国の対内・対外直接投資」参照)。

輸出の増大、海外直接投資の増加といった成長目標はよく目にする。翻って、輸入や対内直接投資はどうか。「INVEST JAPAN」のかけ声とは裏腹に、実態は驚くほどに鎖国的である。インバウンドだけでなく、海外企業に国内で長く経済活動をしてもらってこそ、ダイナミクスが生まれる。当然そこでは競争が生まれる。それが経済活動であり、変化の源泉となる。そこにあるのはバラ色の世界ではない。特定企業や団体が規制などで優遇されている実態など、不都合な真実が明らかになることもあるだろう。シンドイ世界が待っている。みずからも競争に晒され、場合によっては「用済みです」と言

39 IMF「World Economic Outlook Database, April 2021」、Capital IQ、World Fact Bookよりデロイト試算

図表1-5｜世界主要国の対内・対外直接投資

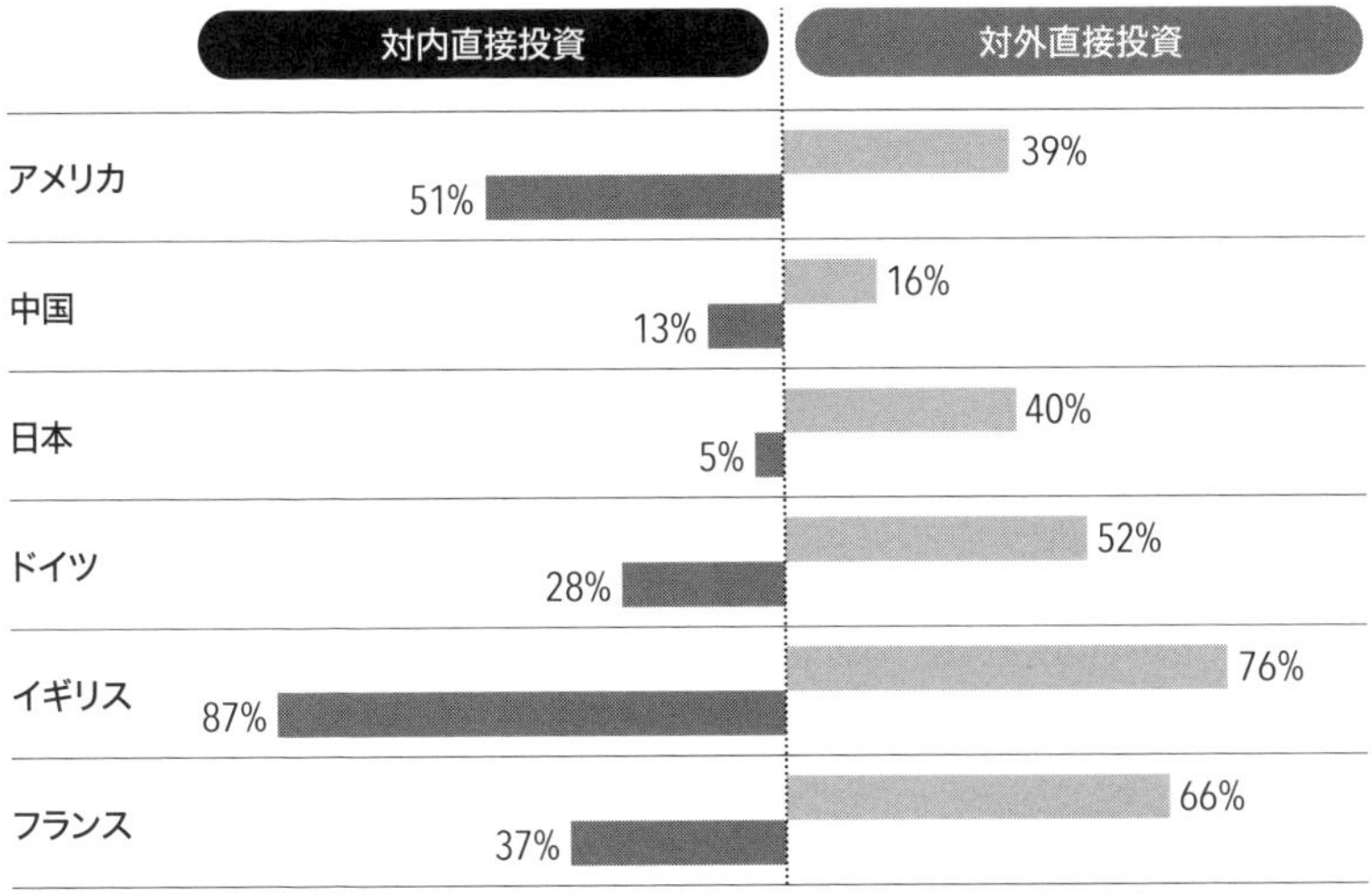

出所：UNCTAD、IMFのデータを基に作成

われるかもしれない。しかし、次世代に先送りをすればもっとシンドイ世界のツケを払うことになる。

これらの実態を伝えるメディアの構成比はどうなっているか。ビジネスパーソンの情報ソースを見ていくと、実はこの30年間でほぼ変わっていない。王道の日本経済新聞やNHKが上位に来る。40代以上はほとんど変化がない。もちろん、20代や30代ではNewsPicksなどの新興メディアや、グノシー、スマートニュース、LINE NEWSといった無料で読めるメディアへのアクセスが増えている。

ビジネスパーソンに限定していないが、日本人のオンラインメディアに関する調査結果もある（**図表1－6**「週当たりのオンラインメディアの利用率」参照）。これを見ると、Y

図表1-6｜週当たりのオンラインメディアの利用率

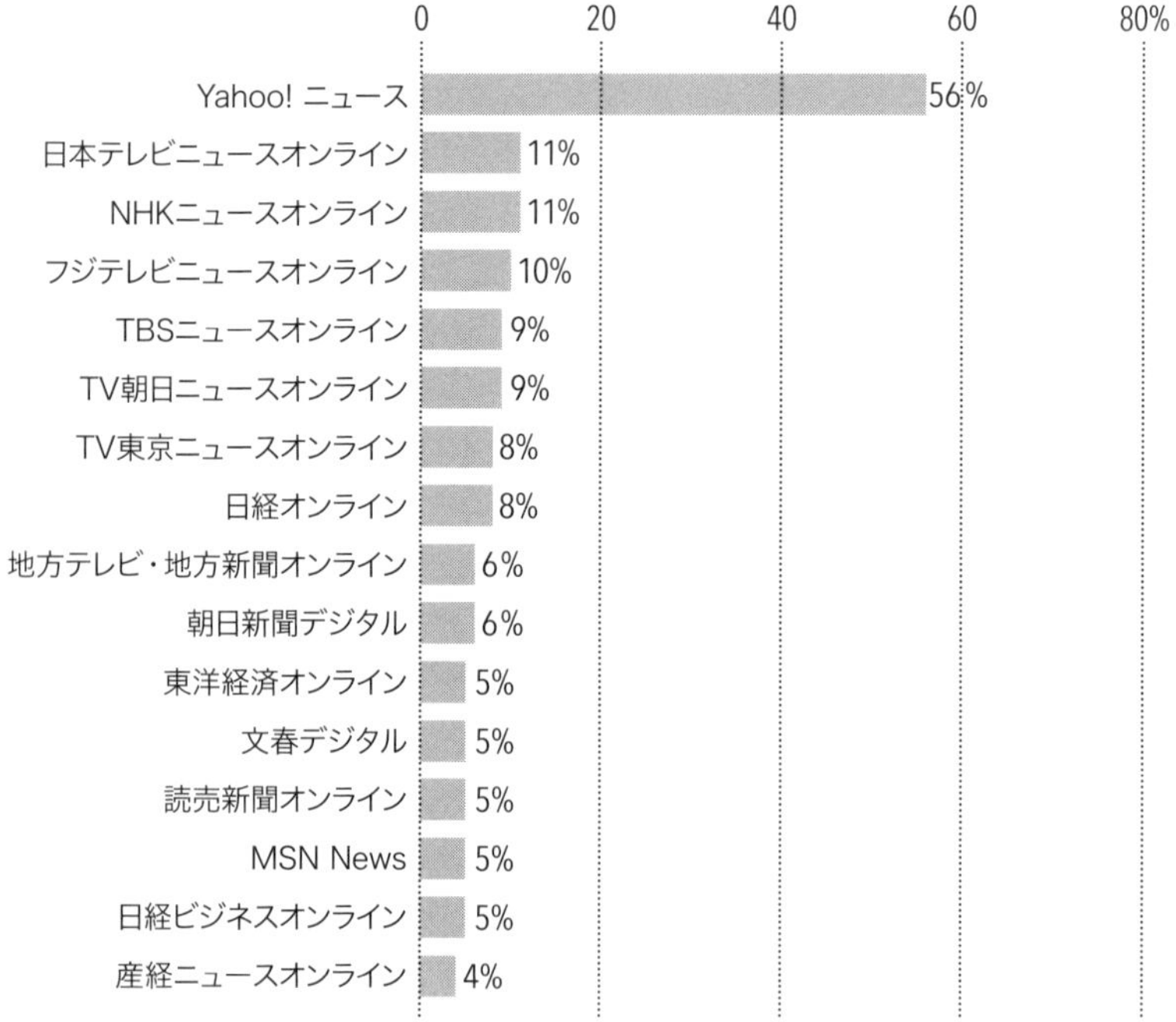

出所：Reutersの公表資料より作成
＊週に1回以上当該オンラインメディアを利用している割合

ａｈｏｏ！ニュースが圧倒的な利用率であることは一目瞭然である。

我々も直接のヒアリングを実施したが、驚いたことに、政府機関や一流商社でさえ「Ｙａｈｏｏ！ニュースです」と答える者が少なからずいた。情報ソースの固定化だけでなく、安くお手軽なものに流れている実態はエリートと呼ばれる層でも起こっている。

●「知らないことを知らない」が加速

これらはすべて事実である。

変わっている世の中の実態が、

変わらないメディアによって世間に伝わらない可能性がある。「知らないことを知らない」が加速しているかもしれない。これは認知バイアスだとも説明できるが、言い方を変えれば、「やるべきことをやっていない」「汗をかいていない」ということである。

自己都合という認知バイアスが働く結果、不都合な真実に目を向けなくなる。これが個人でも、企業でも、国家レベルでも起きる。重ねて言うが、誰しもがその状態にあるという前提で立場を理解することの重要性を説いている。個人も、企業も、国家も、それぞれが異なったレンズでモノを見ているのが自然だからだ。

最近特に焦点が当たっているD&Iは、そのような視点から見れば、やらされではなく、前向きなチャンスとしてとらえることができる。言い換えれば、それぞれにはそれぞれの立場があると認識しておくことから出発するだけで、正義や理想論、あるべき論に振り回されることが少なくなる。後述するが、「完璧は善の敵である」という言葉がある。「よい子」では生きてはいけない。「言われた通りにキチンとやる」だけの思考からの変化が重要だと考える。

しかし、なかなか現実は難しい。自己都合、不都合な真実へのフタが積もり重なっていくとどうなるか。当然、実態とズレてくる。ズレるだけではなく、狭い世界でモノを見ていくということになる。それがどのような結果をもたらしていくのか、説明していきたい。

◉——狭量な世界に生きることのリスク

「こんなはずではなかった」「VUCAの時代だから」「不確実性が見込まれ……」などの言葉が株主総会やアニュアルレポートに出てきたら要注意だ。曖昧さがあればあるほど、市場からそっぽを向かれる、という現実がある。公的な答弁では、周囲に配慮する必要もあるだろうから、仕方がない部分もあるにしても、ビジネスでは「ポジションを取っていない」と見捨てられてしまう。

しかし、いまだに一般的な質疑応答や説明を繰り返しているのも事実だ。「申し訳ありませんでした」と頭を下げる光景が変わらない一方で、「またか」「頭を下げればよいと思っていないか」と憤る側も変わらない状況だ。ビジネスでは得てして、狭量（Narrow）な社会の常識に沿って一生懸命伝えたつもりが、なぜかズレる、受け入れられないという現象が起きる。

少し、現実を見てみよう。[*40]

・日本企業は資産や事業の将来の厳しい面を開示することに出遅れてきたが、コロナ下における資金調達では、シナリオ設定などにより詳細な業績予測を開示した企業が、資金獲得に成功した可能性がある。

・日本IR協議会による2020年のIR優良企業賞の審査対象203社のうち、機関投資家やアナリストからIRについての評価が高い上位25％の企業の平均時価総額は、20年に1兆3400億円と08年から5割増えた。一方、下位25％の企業は2940億円と2割減った。

40 日本経済新聞「コロナ禍で進化したIR　株安和らげたリスク開示」（2021年1月19日）

マーケットは正直である。そして容赦なく手厳しい。胸襟を開き、日本に閉じず、開かれた説明を行った企業を、きちんと評価しているのである。言い換えれば、不確実性を言い訳にしたり、情報を曖昧にしている企業は沈む可能性が高いということである。

前半でも語ったフレーズの繰り返しになるが、「よくよく考えてみると、確実であった時代などあっただろうか」。

1980年から20年刻みで振り返り、その年の新聞や雑誌の年始の予測を調査してみた（3大全国紙、日本経済新聞、「週刊ダイヤモンド」「週刊東洋経済」「日経ビジネス」）。結果はどうか（**図表1-7**「1980年からの新聞、専門誌の年始予想」参照）。ほとんどすべてといってよいほどに外れている。朝日新聞が予測した「80年代の国際秩序の綻び」はなく、その後冷戦が崩壊し、新たな秩序が形成された。表にはないが、2010年に「世界多極化」とした予想も、むしろアメリカ独り勝ちのペースで進んだ。外れていないのは、20年に日経ビジネスが予測した「国家の分裂（ミニ独立国の誕生）」くらいである。誤解がないように書くと、予測の精度云々を言うつもりはない。そもそも予測すること自体が困難なのだ。

むしろ、各紙誌が論点として挙げているポイント自体は、いまから振り返ってもズレてはいない。重要なイベントが起きたことも事実である。80年代のプラザ合意や冷戦崩壊は秩序に関わる話であった。アメリカの在り方は現代でも世界の政治経済において重要なアジェンダになっている。

図書館に行けば新聞の縮刷版というものが配架されているはずなので、一度閲覧してみてはどうだろうか。歴史から学ぶことはあるはずだ。「過去に目を閉ざす者は結局のところ現在にも盲目となる」と

2000年	2020年
2000/1/3	2020/1/1
•中国は米とのせめぎあいが焦点に －単極化に向かう米国と多極化に導こうとする中国 •米国は世界の裁判官から国際機関をうまく活用した関わり方になる •中東・アフリカでは長期政権の高齢化により世代交代の波が起きる	•米国では失業率は過去50年で最低レベルで、大型減税政策もあり、好景気が続く模様
1999/12/31・燃料電池普及にゴー	2020/1/3
－「ミレニアム事業」始動へ	•北朝鮮の非核化は、米韓訓練再開が分岐点となる •トランプ再選は弾劾裁判の行方がカギを握る
2000/1/1	2020/1/3
•日本はゼロ金利終焉へ •携帯電話の多角利用で日本が世界をリード •英国、ユーロ加入を国民投票で否決	•トランプは再選に向け岩盤固めを進める
2000/1/3	2020/1/3
•中国は国有企業改革急ぐ、米頼みから自律成長へ •欧州は内需が回復し、成長加速 •米国は消費が好調、戦後最大の景気拡大か	•米中は互いに重要インフラを排除し、デカップリングが加速か •気候変動や格差に若者が怒り（デモ） •日米中欧は成長率が伸び悩み
2000/1/1-8	2019/12/28-2020/1/4
•インターネット －ブームから革命へ •雇用 －リストラ大失業時代の到来 失業率は5%を突破	•日本では五輪特需景気が期待 •米大統領選を控え、トランプは米中戦争を休戦か
2000/1/1-8	2019/12/28-2020/1/4
•米国選挙で世界秩序の管理能力が低下 •欧州はロシアの動向がカギ	•米大統領選、Brexit等で新たなゲームが始まる
2000/1/3	2019/12/29-30
•日本経済はすでに底入れ、「高度知識産業」が回復先導	•加速する国家の分裂 世界中で「ミニ独立国」が誕生

図表1-7｜1980年からの新聞、専門誌の年始予想

	1980年
朝日新聞	1980/1/1 • 綻ぶ国際秩序 同盟関係の過信は禁物 • 日本のアジア重視は本物か
読売新聞	1980/1/3 • 崩れる東西・南北軸 －多極・重層化が進行 • 米国は豊富な穀物生産能力を活かした食糧戦略で再び強国に
毎日新聞	1980/1/3 • 後退したアメリカの力 1980/1/4 • 石油情勢を踏まえた不確実な時代へ 1980/1/6 • ソ連は深刻な経済危機か －日常生活に必須な基礎物質さえ不足
日本経済新聞	1980/1/3 • 欧州では景気後退により2%成長さえ危ういか • 相次ぐ石油危機によりドル離れが加速
週刊ダイヤモンド	1980/1/1 • 緩衝地帯の崩壊・戦争の危機高まる －米ソ冷戦で緩和していた緩衝地帯の崩壊 • アメリカの崩落 －グローバルパワーとしてのソ連の台頭
週刊東洋経済	1979/12/29-1980/1/5 • OPECはあと20年で消滅する • 日本はインフレなき5%は成長可能だ
日経ビジネス	1979/12/17 • OPECの力は下り坂

はドイツの大統領ヴァイツゼッカーの名言である。いまの経営においてもこのメッセージが当てはまるのではないか。どこで間違えたのか、失敗からの教訓、実行中の戦略の見直しなど、振り返りによるヒントがあるはずだ。

繰り返しになるが、年初の予測ものに意味がないと言っているのではない。確実なものなどないと言っているのだ。挙げられた予測集には、ほぼすべて前提が書き込まれている。この前提を少し修正して読み直すと、結果は違って見える。

予測ではなく、シナリオの一例として読み直し、分岐点を変えれば結果が変わってくることがわかる。ちょっとした頭の体操と考えればよい。「後から振り返れば何とでも言える」との叱責が飛んできそうだが、それでもいいのだ。まったくやってもいない人の意見に耳を傾けるよりは、Better than nothing（何もしないよりずっとまし）だ。昔もいまも状況は同じであった。これを20年、30年という単位で見ても結果は同じである。ほとんど外れている。しかし、但し書きや前提を読み直し、シナリオの一部としてとらえると、読み方は大きく変わってくる。

常に情報収集し、仮説を修正し、経営判断に反映してきた企業は成長してきたということだ。リスク開示を行っている企業ほどマーケットの評価を受けている点は先述した通りだ。当たり前といえば当たり前だが、実際にそうであった。

その半面、不確実性を金科玉条のように語り、柔軟性を欠いた企業は思考停止に陥り、結果成長ができなかったということになる。自己都合でモノを見て、不都合な真実に目を向けなくなると、狭量な世界に生きることになる。しかし、企業であれば市場の目は厳しい。方向性がズレれば淘汰されていくことになる。国家はどうか。もしかすると形は残るかもしれないが、存在感を失っていくことになるかもしれない。

ただ、情報戦に立ち戻ると、ここに変化に向けたヒントがある。また情報戦は、実はコストパフォーマンスがよい。これは次項で触れたい。

◉——情報戦はコストパフォーマンスがよい

●ビジネススクールの授業料を別の視点でとらえる

日本の家電メーカーを駆逐したサムスンの情報戦の一つに、海外へ1年遊学させるという仕組みがあった。これは、仕事ではなく、留学でもなく、徹底的に遊び、とにかく現地に溶け込むように暮らし、社会の動向を吸収することが目的だった。[*41] これが主因とは限らないが、新興国市場における圧倒的なプレゼンスを築いた情報戦の一部であったことは確かだろう。

アメリカのビジネススクールも情報戦の最前線だ。「プログラム自体が古い」「MBAは役に立たない」などの議論は一部にあるが、「情報戦」ととらえると、少々的外れである。プログラムの参加者が必ず口にするネットワーク構築というのは、情報戦とほぼ同義である。そう考えればきわめてコストパフォーマンスがよいのである。

経営幹部向けに実施されるエグゼクティブプログラムは、教育と考えると費用は高い。ハーバードビ

41 プレジデントオンライン「日韓企業『人材力』対決! 逆襲のシナリオはあるか【3】マーケティング」(2013年1月8日)

ジネススクールを例に取ると、経営幹部を養成するＡＭＰ（Advanced Management Program）が7～8週間で約1０００万円、さらにオーナーを対象とするＯＭＰ（Owner/President Management Program）が2週間強で約7００万円を3モジュール履行するので計2０００万円以上だ。莫大な費用に思えるかもしれないが、情報投資と考えれば安い。ＯＭＰはオーナーのみが参加可能なプログラムだが、コース受講中に即断でビジネスが決まることも多いという。

アメリカやヨーロッパに出張すると、航空券や滞在費で1回1００万～2００万円かかるが、5回出張したとて、それで深い人間関係が築けるだろうか。ましてや商談を決めるとなると相当のコストがかかる。コンサルティング会社に調査レポートを発注すれば、その費用は数千万円となることはザラだ。短ければ1週間、長くても2～3週間でレポートは上がってくる。そこから社内で検討し、製品開発やマーケティング、戦略の見直しといった人件費や労力をかけても、意思決定に時間を要したり、決められずにいると勝率は限定的になってしまう。

コンサルティングファームに勤務する者が言うのも何だが、安易に外部にお金をかけるくらいなら、少しでもみずから汗をかき、できることから始めてはどうか。そのような自助の精神を持ち、Ｒ＆Ｄにコストをかけていくだけで、変革の端緒となるだろう。

●ＫＰＩだけでなく、トップのオーナーシップが重要

「情報戦」という目に見えにくいものは、コストセンターではなく価値の源泉（Value Center）である。

しかもコスパがよい。

残念ながら年別のＫＰＩで測れないケースも多いが、ＫＰＩの限界を説明しないとロジックとしては納得できないことが多いようだ。しかし、コスパをどういった期間や効能で考えるかにこそ経営の神髄があり、盲点なのかもしれない。数字（計数）の管理だけであれば、極端な話、ＡＩに任せれば十分だ。人間よりも正確で、24時間働いてくれる。単純な計数管理・経営管理だけを担当するＣｘＯ職はいずれ消滅していくだろう。

実はここに経営の変革のヒントも隠されている。

経営書選びでは、「流行書」よりも「古典」とよくいわれる。これは、「一見効果的なものよりも、永続的なもの」「派手なものよりも地道な作業」「デジタルツールよりも中身を扱う記事分析」「流行りものほどすぐに廃れる」という経営上の視点とも合致する。変革を実行するには、「目に見えるものより、目に見えにくいもの」に注目するということにもつながるが、言い方を変えれば、行間を読み取ったり、自分の頭で考えるということである。

たとえば、「新興国参入戦略」というテーマがあったとしよう（例はシナリオでもメガトレンドでもよい）。新興国は公式統計も限られているから、わからないことだらけだ。情報戦がすべての起点となる。この情報戦の精度とシナリオが成否を分けるといってもよいくらいだ。

ここでやりがちなのが、マクロな経済データや最近の政治イベントなどをとりあえずまとめるＰＥＳＴ分析[*42]への当てはめである。当てはめといえば聞こえがよいが、実際のところ、表にとりあえず事象を

42 Politics（政治）、Economy（経済）、Society（社会）、Technology（技術）に分類し、世の中で起きている状況を整理するフレームワーク

入れていくだけ、というケースが散見される。ついついこのようなことをやって、「一体それでなんだっけ?」と示唆ゼロのアウトプットとなるのだが、なぜかなくならない。

せっかく情報収集や分析にかけたコストが回収できないということになりかねない。

もちろん、最初は示唆ゼロでもいい。後段のアウトプットの効用でも述べるが、まずは出してみることが大事であることは伝えておきたい。出して、出して、出しまくる、一丁やってみようかという軽い気持ちがすべての始まりだからだ。

残念なのは、この分析フレームワークに入れられた情報を見て、「国際政治経済と我が社のビジネスとの関連性は低いのではないか」と語るエグゼクティブがいることだ。このような指摘はポイントがズレている。エグゼクティブがそう思ってしまう遠因は、投下した情報に対するコストの問題ではなく、目的や回収方法が不明瞭であったことがよくある。つまり、エグゼクティブ自身の問題意識の弱さやオーナーシップの欠如であることが多い。他人事だからこそ論点や質問も曖昧になるのだ。

「社長に言われたから」「役員会で議論されたから」という理由で丸投げし、幹部本人が現場さえ見ていないというケースが存在する。ある企業では、中南米の拠点に20年近くエグゼクティブが来ていないというケースがあった。北米の支社長が中南米を統括するという構造だが、北米支社長はアメリカ人であり、中南米の現地社員は英語でのコミュニケーションをほとんど取ることができず、結果、任せっぱなしということだった。誰もが知る超一流企業であったが、その末路は破綻という大変厳しい結果となった。

筆者も25年近くプロフェッショナル業務に携わり、100社以上と関わりを持ってきたが、経営トップから現場への依頼を聞いていると、「やっといてくれるかな」「まだできるでしょう?」という言葉を耳にすることがある。プロジェクトの総責任者であるにもかかわらず、ミーティングにはほとんど出席しない、部下や外部に丸投げ、ひどいケースでは白熱した議論の最中でも眠そうにしていて発言がゼロということもある。思いつきでものを言い、残念ながら発想の浅さが否めないこともある。「だから外部に頼んでいる」と言い訳するが本当にそうなのか。勉強不足なのか興味がないのか、問題はこのあたりにあると思う。つまりエリートやエグゼクティブの弱さに目を向けることも重要だ。

なぜなら、凄腕の経営者が率いるようなトップ企業では、エグゼクティブも部下も必死にメモを取り、質問の嵐だからだ。勢いを失っている衰退企業ではまったく逆であるのを何度も目にしている。これが実態である。

実はこれこそが情報戦における変革のポイントであり、基本的かつ根本的な課題である。変わるべきなのは、情報に対する効果測定だけではなく、どのような目的を持って収集し、修正し、組織へのインパクトを図っていくかという視点の転換である。またトップが現場に対してもオーナーシップの感覚を持つということだ。直接見られなかったとしても、数字や情報からリアルなイメージを持てるか否かだ。

これは専門家やデジタルツール云々の話ではない。昼夜を徹して情報を上げてきた、勇気を出して資料をまとめてきたメンバーの情報を活かすも殺すもマネジメント、上位層の力量というものだろう。

ツールやKPIの議論から、「そもそも何をするのか」「自分だったらどうするのか」という中身の議論やオーナーとしてのコミットをしていく変革なのである。できれば、みずから素案を作るくらいの能力が求められている。それができないCxOは不要である。

●情報のメッシュを合わせないと見えてこないもの

そもそも、新興国で参入する市場に関して、国全体で推計していてもあまり意味はない。なぜならば、たいていの新興国では都市部と地方の格差が著しく、平均値で示される国のデータは大きな温度計的な役割を果たしても、産業示唆としてメッシュ（分析単位）が合わないのだ。ほとんど意味をなさない場合さえある。ビジネスでは、10万～100万人の市場をターゲットにできれば御の字である。それらの単位は都市レベルの単位であることがほとんどだ。ビジネス上の示唆を得るという目的に対して、かけた情報収集および分析のメッシュが合ってくるというのはそういうことだ。

日本であれば人口が100万人以上の都市（多くは政令指定都市）は12あるが、この100万という単位が重要だ。東京23区が約970万人と圧倒的だが、あとは横浜市377万人、大阪市275万人と続く。次に名古屋の233万人がくるが、以降は札幌市が197万人で、広島市や仙台市は100万人をちょっと超えたあたりだ。[*43] ビジネスをする場合に、日本全国をにらんで展開をするのは、大企業の一部くらいであろう。

所得水準が高いとされる東京都港区の平均総所得は1185万円（約8万5000ドル）だが、[*44] 佐賀県（283万円）や北海道（285万円）は2万ドル程度と新興国と同レベルである。なお日本全体の

43 総務省、指定都市一覧

44 総務省「課税標準額段階別令和3年度分所得割額等に関する調査」

平均値は450万円（約3万5000ドル）である（2022年9月末時点での為替レート）。日本でさえこのような差があるのに、新興国の経済格差に至っては推して知るべしである。

したがって、情報の解像度を上げていくには、国家レベルの情報を前提としていては、おのずと限界がある。省（州）・市や区といったメッシュまで情報を落としていかないといけない。当たり前といえば当たり前なのだが、実務ではごっそり抜けているケースが多々ある。

もう少し別の観点では、国家と国家をつなぐ地域という視点が抜けることもある。たとえば、中国と東南アジアの経済的な結びつきは、アメリカでトランプ大統領誕生後に米中の経済競争が始まってからも、またCOVID-19で世界が大混乱に陥ってからも、強まっていた[45]。実際、統計を見てみると2桁の経済成長（年率換算）を続けていた（**図表1-8**「コロナ禍でも拡大する中国・ASEAN交易」参照）。

他方、日本企業の多くは、中国は中国部門、東南アジアはASEAN部門と別になっていることが多く、中国と東南アジアで起こる商機を見落としてしまう。これも国家レベルでモノを見続けていると見落としてしまう観点である。

具体的にどのような情報が省・市レベルの情報なのか。地方紙や、現地の不動産屋の情報などがリアルな情報網である。これらは、ほぼすべて公開されている。情報戦のコスパがよいというのは、そんな大げさなことをしなくても公開されている情報から取れるものがかなり多いということとも関連している。目的と手段のピントが合ってくれれば、十分に洞察が得られ、コスパはとてもよい。ビジネスの成功だけでなく、リスクのコントロールにもつながってくるのだ。

45 邉見伸弘『チャイナ・アセアンの衝撃』（日経BP、2021年）

図表1-8｜コロナ禍でも拡大する中国・ASEAN交易

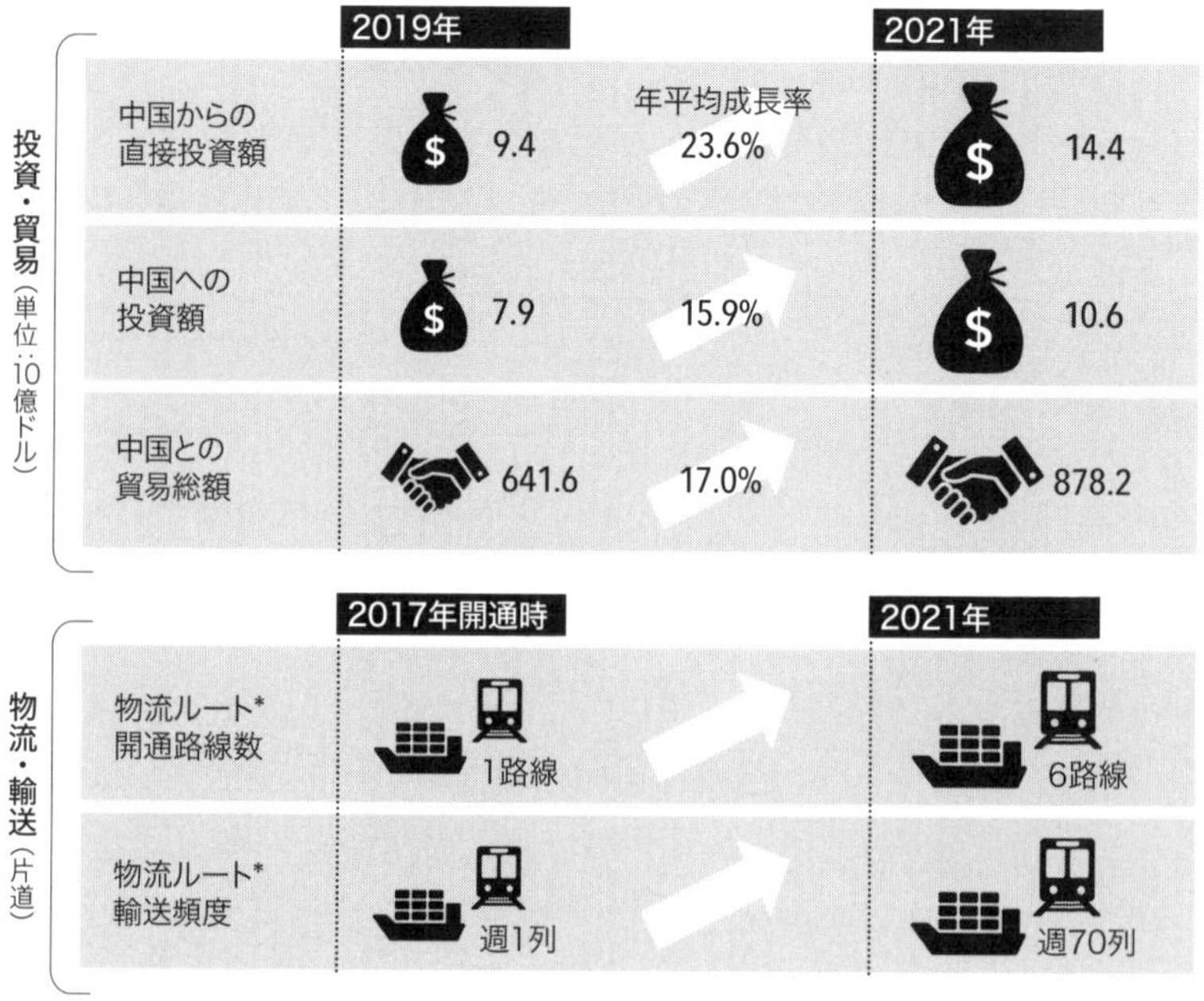

		2019年		2021年	
投資・貿易（単位：10億ドル）	中国からの直接投資額	$ 9.4	年平均成長率 23.6%	$ 14.4	
	中国への投資額	$ 7.9	15.9%	$ 10.6	
	中国との貿易総額	641.6	17.0%	878.2	
		2017年開通時		2021年	
物流・輸送（片道）	物流ルート*開通路線数	1路線		6路線	
	物流ルート*輸送頻度	週1列		週70列	

出所：各国外務省、商務部サイト、JETROを基に作成
＊物流ルートとは、西部陸海新通路を範囲とする
（中国西部のすべての省・区・市をカバーし、ASEANとユーラシア大陸を結ぶ貿易ルート）

このような情報を取りにいくためには、組織や戦略の見直しも必要になってくる。単位が国でないのだから、大きくとらえる時には地域部門、解像度を上げるには都市群などの目線で組織そのものも再編しないと、仕組みとして情報が入ってこない。組織や現場で情報を活かしていくためには変革が必要だが、大それたことを進める必要はない。目的と手段のメッシュを合わせていく、そのような視点の転換が重要

なのだ。
次節以降では、どのように個人や企業が情報を集められるかに触れたい。

情報戦に個人として備えられることとは

◉――MI6やCIAでも情報収集の基本原則は同じ

●現在のビジネスにも通じる諜報の世界

ジェームズ・ボンドがイギリスの危機を回避するため、危険を顧みず世界中の最前線でミッションにあたる。MI6と聞くと、そのようなことを連想する方も多いだろう。このMI6は、正式名称がSIS（Secret Intelligence Service：秘密情報部）というイギリスの諜報機関だ。国外の政治経済および秘密情報の収集をミッションとした組織である。設立は1909年であるが、94年までイギリス政府が公式に存在を認めなかったこともあり、活動は謎のベールに包まれていた。だからこそ話が盛られた部分もあるのだろう。

アメリカのCIA（Central Intelligence Agency：国家中央情報局）も同様の組織だが、映画で取り上げられるのは、トム・クランシーやマーク・グリーニー原作のジャック・ライアン[*46]のようなヒーローである。

46 トム・クランシーとマーク・グリーニーによる小説に登場する主人公で、CIAに所属したのち大統領に就任

情報戦・諜報戦はこのようなスーパーヒーローが代表的に担うように見える。しかし、情報収集の現場や実際はきわめて地味である。残念ながら、ジェームズ・ボンドのようにアストンマーティンに乗ることもなければ、軍用機からパラシュートで降りる、というようなこともない。劇中に出てくるＱという技術者が作るオメガの特殊な時計を身につけることもない。普通にスーツを着てロンドンの地下鉄やバス、自家用車で通勤し、ある時間になったら帰宅し、用事を済ませて寝るというごく普通のビジネスパーソンの日常と変わらない。誰も見分けがつかないだろう。

本章の前半で、コンサルティング会社やシンクタンク、金融・投資機関などが特別な情報にアクセスしているわけではないと書いたが、実はＭＩ６やＣＩＡでも同様だ。ただし、現場の情報収集部隊と分析部隊は別の機能として分けられている。

分析部隊は、情報収集部隊以上に普通のビジネスパーソンと同じような日常を送っており、上がってきた情報を丁寧かつ淡々と分析している。情報収集部隊も、切った張ったの派手な話はほぼ皆無である。ＭＩ６の予算は30億ドル、人員は４１００人である。予算は大きいものの、部隊の人員が高級車や高級時計、超高級ホテルで華麗な社交をするほどの額ではない。[*47]

司馬遼太郎の名著『坂の上の雲』には、日露戦争においてロシア国内で諜報活動にあたった明石元二郎大佐が登場する。[*48] 彼も、日常生活は市井の人々と交流し、新聞の社会面を丹念に読み込んでいたとの一節が出てくる（**図表1－9**「明石元二郎大佐の言葉」参照）。これがリアルな世界というものだ。明石大佐が残した領収書は報告とピタリと一致したという逸話をはじめ、情報戦における史実は多く語られ

47 National Security and Intelligence Committee of Parliamentariansの「Annual Report 2019–2021, Intelligence and Security Committee of Parliament, 10 December 2021.」ならびに「Security and Intelligence Agencies Financial Statement 2021-22, 3 November 2022」を参照した。

48 司馬遼太郎『坂の上の雲（一）～（六）』（文藝春秋、1969～72年）

図表1-9｜明石元二郎大佐の言葉

分類	言葉	解釈	現代へのヒント
情報収集	「ロシアは国内の出版物に対する検閲は厳しかったが、外国語の新聞に対してはほとんど検査がされていなかったので、秘密情報などが掲載されていることが多々あった」	①公開情報からの分析が可能である	経営環境を把握するうえで、特別な情報ではなく、公開情報から着手する
		②外国語の新聞を読むなど、視点を変えることで、得られる情報がある	第三者、できれば外国人や外国メディアの目線を活かすことで経営のヒント（時間差、文化差、流行差）をつかむ
分析	①「『ノボエウレミヤ』やその他の新聞は投書ならびに地方の記事で軍隊の動員や軍隊輸送の状況まで伝えることがある」「軍隊配置書にいたっては毎月に丁寧に極東派遣部隊と派遣予定部隊を告知するほどである」	①多面的な思考から、論理を組み立てていく	速報性やキャッチーなコンセプトよりも、現実を見る
	②「『エコー・ド・パリ』はロシアを支持する新聞であり、報道の迅速さ、正確においては群を抜いている。各国の新聞は争って同紙の記事を転載するほどだ」「不平党の機関紙としてはスイスの『イスクラ』『オスボ・ジュデニー』、フランスの『トリビュンヌリュス』『ウーロンペアン』なども購読した」	②事実を積み上げる	多面的な視点を重視し、思い込みを排除する
	③「『ターゲフラット』ならびに『ロカルアンツアイゲル』もロシア事情に詳しいが、もっともロシア軍に精通し、調査しているのは『ルシツシエアルメイ』だろう」	③情報がバイアスに基づいていることを理解	主義主張に固執せず、自身・自社の見方に偏りがあることを意識する
人脈	「金が目当てのスパイが一番いい」	①現実的な成果を重視	現実思考を重視した人脈形成
	「主義主張でやっているよりも、ひもじい思いをしているプロのスパイのほうがよく働いてくれる」	②バランス思考	奇をてらった人間関係よりも、誠意を重視した人間関係構築
	「命を惜しむな、恥を惜しめ」	③多様なネットワーク	

出所：前坂俊之『明石元二郎大佐』（2011年、新人物往来社）を基に作成

ているが、そのどれもが淡々としており、現実的だ。同氏の研究は数多く残されているが、現在のビジネスの世界にも有効なエッセンスがちりばめられており、読者各氏におかれてはぜひ参考にされたい。

●対立や競争に対しては中立な立場の情報に注目

ここから得られるヒントは何だろうか。本質は「公開情報を筋トレのように地道に読み込む」「情報戦は地道であり、王道はない」「情報戦が変化をもたらす基礎である」ということだ。これらの点は、現代にも通じる普遍性がある。

「筋トレのように読む」とは、ランダムに読めばよいのか、それとも深く読めばよいのかという質問を受けることがある。端的に言えば、同じ事象を、別の視点で淡々と時間をかけてフォローするということである。

仮に、米中の経済競争をテーマに取ったとしよう。視点としては、アメリカの言い分もあれば、中国の言い分もある。中立国としてシンガポールがどう考えているのか、というのも視点の切り替えになる。あるいは時間軸を伸ばしてみれば、米中が蜜月に見えた時代もあるし、緊張感を持った時代もある。いまに始まったことでないこともよくわかってくる。

また、経済ブロック化や分断が声高に語られることはあるが、公式の統計データを見れば貿易額は増えているという事実も明らかになってくる。そうすると、単純な対立軸で語れないことがわかってくる（図表1－10「米中の経済競争の実像」参照）。

図表1-10｜米中の経済競争の実像

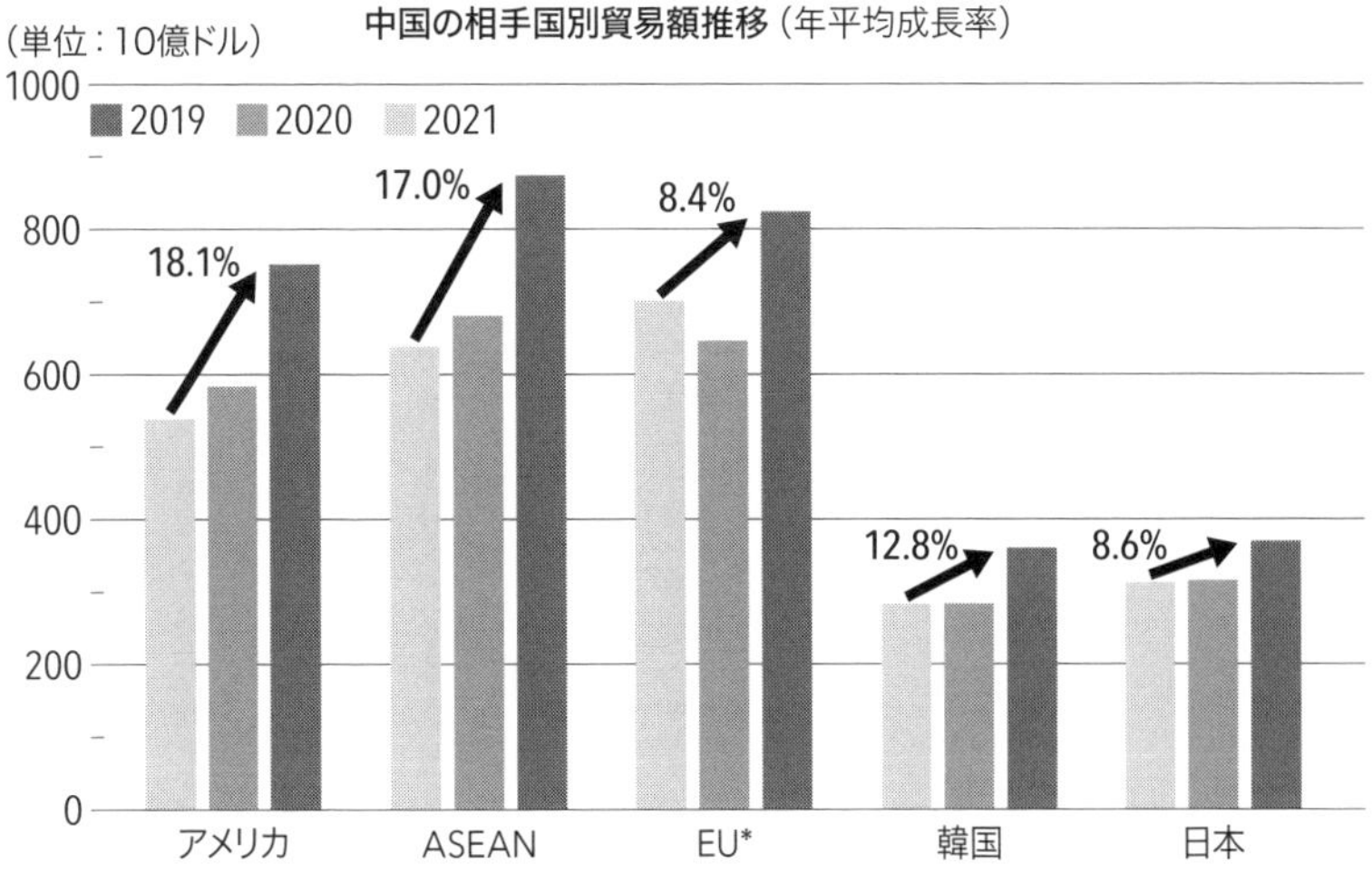

出所：各国外務省、商務部サイト、JETRO、ASEAN Secretariatを基に作成
＊経済体目線で、2020年からEUはイギリスを除いたデータで試算

もう少しかみ砕いて説明しよう。米中に限らず対立や競争という目立つ報道が出た時は情報収集のチャンスである。当事者よりも中立国の見方に目を向け、対立的な視点を持っていない報道を探しに行くのである。第三者ないし逆張りの情報をチェックする。対中競争が激しさを増すなら、日米貿易摩擦の時のような不買運動が起きてもおかしくない。ところがアメリカのベストバイなどの家電量販店に行けば中国製品が売られ、買い物をしている消費者がいる現実がある。

ここにギャップがある。技術覇権の競争をしていても全面対立でないことがわかってくる。アメリカに行かなくても、ネットでアマゾンのアメリカ版を見て、売られている品物の製造国をチェックすればよい。そのうえで公式統計をチェックして、トランプ政権以降も対中貿易が伸びていることなどを確認すれば、いわゆる米中経済戦争というのは局所的な部分が強調されていることもわかってくる。

これは日常生活でも同様である。何かのトラブルがあった場合、どちらかが全面的に悪いというケースは少ない。お互いそれなりの言い分がある。自分がどうしたいかも重要だが、相手がどう出るかを考えることに価値がある。

テスト問題でもそうである。一生懸命勉強するのも重要だが、試験官が何を問うてきそうかを分析することも重要だ。真面目に取り組みすぎると、このような視点が抜け落ちがちなのだ。自分で予想問題を作成すれば、何を考えればよいか焦点が定まってくる。学校の先生や上司の話を、背筋を伸ばしキチンと聞くのは「よい子」であり「模範」かもしれないが、それは先生や上司にとって都合がよいだけかもしれない。肝心なのは、成果を上げることである。

情報戦の世界でも同様である。交渉学[*49]という分野は日本であまり馴染みがないのだが、その2大キーワードに「BATNA（Best Alternative to Negotiated Agreement：代替案）」「ZOPA（Zone of Possible Agreement：妥協可能な範囲）」という視点がある。自分の見方より、要は相手が何を考えているか、代替オプションを検討するという視点であるが、情報戦でも当てはまる概念だ。心理学や社会学といった視点も実は大きな参考になるので、わかりやすい経営本を読むならむしろそのような著作に目を通すことを勧めたい。

49 交渉（Negotiation）をビジネススキルの一つとして研究する分野。特にハーバードロースクールでの研究が盛ん。ハーバードロースクールとビジネススクールの教授を兼任するグーハン・サブラマニアンの著述を参照

◉——個人の情報収集では、ギブ&ギブがカギ

●知らず知らずに飛び込むタダの世界

「情報収集は、持ちつ持たれつのギブ&テイクだが、できればタダでテイク（取得）したい」。このように思う方がいれば要注意だ。（最近は少なくなったが）ポストに投函されるチラシやソーシャルメディアで入ってくる広告記事、無料だが芸能やゴシップ中心のニュースなど、大量の情報に我々は囲まれている。「肝心の情報が入ってこない」とぼやきたくもなるが、このような環境に知らず知らずのうちにみずから飛び込んでいることも珍しくない。

チラシやワイドショーについては眉唾でチェックすることができるのに（できていないかもしれないが）、いざビジネスの情報や外部への依頼となると、安ければ安いほうがよいという心理がなぜか働いてしまう。

個人レベルであれば、（価値判断の前に）日本経済新聞を定期購読していなかったり、月額では1回の昼食代プラスコーヒー代程度なのにＮｅｗｓＰｉｃｋｓのプレミアム会員になるのを躊躇するといった話である。

思い当たる節はないだろうか。安くてよいものを、というのは経済合理性から見て当然の行動なのだが、同時に「タダほど高いものはない」という視点は忘れられがちである。

もう少し説明しよう。タダで得られる情報は、チラシやワイドショーではないが、当然提供者の意図

が組み込まれている。そういう情報にはバイアスがかかっている。提供者にとって不都合な内容が入っている可能性は低い。受け手にとっては肝心の話が入っていないということになる。なぜタダなのか、考えてみたほうがよい。値段だけでなく、読む手間もそうである。分厚い原書、統計の類い、また古典といわれる書物、教科書でもいい。読み込むのはそれなりにしんどい。

もちろん、高ければよい情報が手に入るとは限らないが、質が担保された情報はそれなりのお金がかかる。たとえば、世界でもクオリティペーパーと呼ばれるイギリスの「エコノミスト」や「フィナンシャル・タイムズ」の値段は高い。週刊紙である「エコノミスト」は週1200円と日本の週刊経済専門誌の倍近くだ。日刊紙の「フィナンシャル・タイムズ」は650円で、日本の新聞の約4倍の価格である。しかも読みこなすのに時間までかかるから余計にやっかいである。人間は楽で安易な方向に流されやすいというが、筆者も正直、ついつい、わかりやすい情報に目を奪われてしまうことがあることは認める。

本節の主要メッセージに戻ろう。情報収集の基本は原典に当たること。これに尽きる。原典に当たるというのは何も統計情報だけではない。コミュニティへのアクセスも同様である。そこで重要なのは、「ギブ&ギブ」という発想である。

ギブ&ギブとは、どういうことか。端的に言えば、「こちらから情報を出さなければ、よい情報は入ってこない」ということだ。タダでテイクしようとすると結局高くつく、ということである。情報自体は間違っていないかもしれないが、肝心なものが抜け落ちているということもある。二次情報、三次情報の内容が情報源であったり、どこか偏った中身となっている、または古い情報をつかまされるなどのリスクがあるということだ。

きちんとコスト（お金と時間）をかけるか、相手に対して付加価値をお腹一杯になるくらい与え切ってこそ、欲しい情報がポロッと落ちてくる。また、ギブをしようとするとそれなりの準備がいる。その過程で思ってもいなかった視点が得られるのだ。

情報は肝心な時に限ってすぐには取れないものである。人付き合いと同様だ。いきなり打ち解けるというケースもゼロではないが、時間とともに信頼が増していくものだ。たとえば、京都の懐石料理店の多くは一見さんお断りで知られたが、情報戦にも信頼というものが大事である。特に人から得る情報は信頼が大事であり、長期目線が重要だ。

筆者自身、コロナ禍の最中に突如世界中から電話がかかってきたことがあった。それも数十件単位である。相手は世界的に有名な投資家や事業家であった。「知りもしない相手からなぜ?」と思ったが、「国内外で書籍や論文投稿、講演を行っているのを見た」「人づてに聞いた」ということで、アジアの情勢についてリアルを知りたいという話だった。この人だからこそ、という点でつながっていくことを実感したのだが、情報戦における続けていくことの大切さを改めて思い知った。

筆者以外でも、知人の著述家兼経営者が「富裕層」をテーマに本を出版したところ、世界的に著名な経営コンサルタントである大前研一氏から真っ先に連絡があったという。忙しいはずの人物が必死になって情報収集をみずから行っていることの例だが、発信してこそ得られる価値というのは想像以上に大きい。

●アウトプットを通じて情報網を拡大する

ギブ&ギブを実践するにはどうすればよいのか、もう少し説明をしよう。一番わかりやすいのが文字や言葉で発信し、人前で考え方を披露することである。

「そんな機会はめったにない」と反発する若い読者もいるかもしれない。そんなことはない。社内会議で参考資料を作成して発表するのでもよいし、外部の勉強会に参加した時に手を挙げて発言するのでもよい。それができなくとも、気になった新聞記事をメモし、折を見て友人や家族と話をするのでもよい。

シニアなエグゼクティブもうかうかしていられない。大きな椅子に腰かけて部下から上がってくる情報に目を通し、「使えない」と評論したり、部下への〝かわいがり〟でマウンティングしたりしているようでは、自身のマネジメント能力と知見の低さを露呈しているのと同じである。世界的に活躍するエグゼクティブこそ、みずから情報を集めている。場合によっては頻繁に発信している。

名経営者といわれる人物が国際会議の場で発言するのも、アウトプットを通じた情報戦の重要性を知っているからである。単なる会社の宣伝でも自己顕示でもないのだ。情報戦で知られる商社だけでなく、生き馬の目を抜くビジネスパーソンは、自分の情報網を築こうと必死である。

著者は就職活動時に、証券会社のエースと目された方からアドバイスをもらった。それは、「どこに就職してもいい。ただ給料の10%、少なくとも5%は情報費に充てなさい。すぐ読まない本でも構わない。成功したいならそれだけは守りなさい」とのことであった。社会人となり、そのことを25年実践しているが、この習慣がどれだけ役に立ったかは言うまでもない。

「準備が大変そうで、自分にはとても難しい」という方は、新聞の見出しだけを読むのでもいい。電子版ならばスマホで10～15分もあれば読める。できれば、気になった見出しをノートに手書きでメモしておくことを勧めたい。スマホのメモ機能を使うのでもいい。書くことにより、後で見返すことができるからだ。また、書く行為は、たとえ写すだけでもアウトプットの一つである。小学校の時にやらされた記憶がある方もいるかもしれない。ノートやスマホにわずか数行である。意味を考えすぎなくてもよい。まず、「書く」ないし「打つ」「話す」のである。

ここにコツがあり、1週間、1カ月、3カ月と続けていくと、書くことがつらくなくなる。また、30分かかっていた新聞のチェックが、見出しだけでなく、中身の概要把握まで5～10分ほどでできるようになってくる。これは流し読みではない。大体こんなことが書いてあるだろう、と予測しながら読めるようになるのだ。新しい情報を吸収するというよりは、起こっていることをチェックしていく、という形に変化していくのである。

ここでのエッセンスは、アウトプットをすることの重要性である。アウトプットのメリットについては、注釈で紹介するかつての同僚が執筆したビジネス本などを参考にしていただきたい。ここで特に伝えたいのは、その意味である。ギブをするにも力が備わっていないとできない、ということだ。ここに一つのミソがある。[*50]

50 杉野幹人『超・箇条書き』(ダイヤモンド社、2016年)、野上英文『朝日新聞記者がMITのMBAで仕上げた戦略的ビジネス文章術』(BOW BOOKS、2022年)、山口周『外資系コンサルが教える 読書を仕事につなげる技術』(KADOKAWA、2015年)

また、アウトプットすると必ずと言っていいほど、批評をされる。ポジティブにとらえるとフィードバックがもらえるということだ。いわれのない誹謗中傷や根拠のないコメントもある。そのようなものを読むと確かに気持ちは凹む。しかし、スポーツではないが、フィールドでプレーをするのか、観客席にいるのか、はたまたテレビを横目で見ながら批評するのか、当事者と評論家は違う。当事者に情報が集まるに決まっている。これが情報源としてリアルでオリジナルソースとなっていくのだ。発信者がオーナーなので、もらえる情報の価値の判断のしやすさは言うまでもないだろう。

ただし、このアウトプットは世間に晒されるということであり、非常に勇気がいる。匿名での批評は簡単だが、自説を展開するのはハードルが高い。しかし、フィードバックや批評は発信者が得られる特権であり、これがもう一つのミソである。

そして、アウトプットに向けては、収集した情報を分析していく必要がある。順序からすれば、情報収集→分析→アウトプットとなるが、アウトプットすることが再度収集につながり、情報網が拡大していく。次項では、分析に当たってのヒントについて触れていきたい。

分析のヒントは「熟成」にある

●世界的なクオリティペーパーが評価される理由

旬の魚や鮮度の高い肉もおいしいが、熟成させた魚や熟成肉も味わい深い。寿司でも「腐り寿司」という熟成させたネタで握ったお寿司がトロけるほどおいしいと評判になり、数年の予約待ちというケースがある。ワインに至っては、旬のものよりも熟成させた年代物のほうが味わい深く価値も高いとされる傾向があるのはよく知られた話である。

チェンジをテーマとした書籍で、しかも情報戦の重要性を説いている本章で、なぜ食の話をし始めるのか、戸惑う読者もいるかもしれない。実は、情報の世界でも似たようなことがいえるのだ。「旬」のニュースだけでなく、「熟成させた」記事や情報に価値がある。ここに分析のヒントがあるのだ。

言い方を変えれば、定点観測で同じ情報の変化を辿ることで、分析や洞察が可能になる。これは、何を変え、何を変えるべきでないのかという変革のヒントになる。本質を見極め、文脈を理解することが効果的な変革を可能にするからだ。熟成された情報にいかに価値が置かれているのか、具体例を紹介しよう。

前項で紹介したイギリスの「エコノミスト」や「フィナンシャル・タイムズ」、そしてアメリカの「ウォール・ストリート・ジャーナル」は、デジタル時代においても成功したメディア企業として知られている。「エコノミスト」は2022年、20年比で収益を年率5％、「フィナンシャル・タイムズ」は18％増加させた。[*51]世界のどの国でも業界全体としてはマイナス成長の衰退産業であり、旧来型のメディアの多くが発行部数を減らし、経営危機や廃刊に追い込まれているなか、なぜ成長を続けているのか。

イギリスの「エコノミスト」を発刊しているのは1843年創業の老舗企業だが、トール・ラテ指数などのユニークな視点を提供している。また経済データベースサービスもいち早く市場に導入し、国際的な仕事に従事しているビジネスパーソンが一度は使ったことのあるメディアである。本紙は週に1回

51 Press Gazette, Financial Times profit up after 'strong rebound' from Covid-19 in 2021, October 11, 2022、The Economist, Results for the 12 months ended March 31, 2022

しか届かず、広告はほとんどゼロ。80ページ弱の中に最新の速報はまずない。これが成長を遂げている昔からあるメディアである。「フィナンシャル・タイムズ」も速報は少ない。ほとんどが調査報道か、じっくり調べ上げた分析記事やオピニオンのオンパレードである。

「ウォール・ストリート・ジャーナル」に至っては写真掲載さえ、07年になるまであまりなかった。[*52] ロングフォームと呼称される長い文章が続く。メディアの中核である日本の新聞のイメージとはまるで異なるが、これらがクオリティペーパーに見られる特徴である。速報性にほとんど価値を置いていないようにも見える。「エコノミスト」を除き、基本的に記者の署名が入っており、書いている記事で徹底勝負するという気迫が伝わってくる。ただ、読むほうはひと苦労である。さらに、前出の通り日本の雑誌や新聞と比べると格段に高い。このようなメディアに世界のエグゼクティブはしっかり目を通している。

なぜ価格がこんなにも違うのかの答えを、「品質が高いから」のひと言で片づけるのは少し乱暴だろう。記事というものは、数年後に見返すほど、その価値がわかってくるのだ。試しに、イギリスの「エコノミスト」や「フィナンシャル・タイムズ」のバックナンバーを読み返してみるとよい。テーマは、米中経済競争でもロシアがヨーロッパに与える影響でも、ビッグテックでも気候変動でもいい。現在にも通じるヒントが必ずと言っていいほど隠されている。

それでも大変であれば、「エコノミスト」の主な内容をわずか1ページでまとめた「Leaders」をじっくり読むのでもいい（といっても、これをきちんと読みこなすだけでも最初は1時間ほどかかるかもしれない）。また紙面の目次をまとめるだけでもいい。最初の10ページに目を通すだけでも世界の動

52 プレジデント・オンライン「ウォール・ストリート・ジャーナル陥落の内幕」（2011年7月6日）

向への洞察力がいやおうなしに磨かれる。

同紙には「（熟成し）後世に堪えうる記事しか出さない」「専門家の意見と厳密な分析を融合させ、社会を形付ける〝力〟に焦点を当てる」「今日の立ち位置を図示し、明日の方向を定める〝世界のガイド〟となる」という方針があるのである。[*53] このような良質な記事に触れ（考え方に同意するかどうかは別である）、ストックしていくことが、情報の質を見極める眼を鍛えることにもつながっていく。

●熟成させた情報は「洞察」へと変化する

情報というのは「旬」であればよいとは限らない。大事な点は価値であり、じっくり手間をかけ「熟成」したものにも価値がある。

時間をかけて保存し、見返してみるとつながりができる。単なる事象は「点」の情報である。時間軸で結ぶと「線」の情報になる。さらに地域比較や産業比較をしていくと「面」の情報になる。こうなったらしめたものである。文脈が理解できるので、質量的にも分厚い情報になってくる。ここまで至るにはやはり時間がかかる。これが、情報は熟成が重要だとする所以である。「旬」の情報も大事だが、熟成させた情報は「洞察」という価値に変わっていく。ここで磨かれた「洞察」が変革において力を発揮することになるのは言うまでもないだろう。

熟成にはもう一つコツがある。それは情報ソースを別の角度からとらえることだ。たとえば、マクロ経済で「李克強指数」という指標があった（命名はイギリスの「エコノミスト」[*54]）。これは、中国政府の

53 The Economist Group Annual report 2022

54 The Economist, Keqiang ker-ching: How China's next prime minister keeps tabs on its economy, December 9, 2010

統計が信用できないので、他の指標を用いて経済の動向を測っていたという話だ。中国政府のツートップの一人である前首相の李氏が、鉄道貨物の荷動き、電力消費、銀行融資残高から景気動向を読み取り、その上限を見ながら経済動向を把握したとされる情報の取り方から生まれた指標である。中国では、統計は各省・各市から上がってきた数字を統合しているとされるが、中央が発表する数字とは乖離していることが多い。時間差では説明できないとなると、誰かが数字をいじっている可能性がある。こうした中で、ごまかしようのないロジスティック情報（現実経済の動き）に目をつけたというわけだ。

その他では、「ビッグマック指数」が有名だ。世界のビッグマックの値段から適正な為替レートを測ろうというものだ。日本で税抜き390円のビッグマックがアメリカで5・15ドルだとすると、1ドルは80円程度で、実際の為替レートである1ドル145円（2022年10月現在）とは乖離があることになる。なお、世界で最も値段が高いビッグマックはスイスで、日本はベトナムと同水準であり、先進国で最も安い。

直近のコロナ禍では、「ロレックス指数」なるものも登場し、中古の高級時計市場が正価を大幅に上回り、金融緩和によってもたらされた景気過熱の度合いを測るものとされた。これらは、不透明な景気動向を見通す際の一定の目安となる。生活に目を移しても、家計をやりくりする主婦からすれば、ニンジンやタマネギ、モヤシの値段を指標にしているだろう。最近お弁当の値段は変わらないが、なぜかご飯の量が少なくなったとなれば、物価上昇などで原材料費が抑えられているのだな、と理解することができる。

次項では、この分析を昇華し、血肉として使えるものにするためのコツである、加工すなわちアウトプットの効用に触れたい。

◉ 加工（アウトプット）は模擬戦が有効

● 情報の洪水から本質を見抜く訓練とは

「情報力を鍛えるには、アウトプットが有効」と前節で述べた。その実践例を、具体的なエピソードを交えて説明したい。シミュレーションや模擬戦といわれるアプローチを通じたアウトプットの仕方を取り上げよう。

知日家と知られる著名な国際政治学者に、マサチューセッツ工科大学（ＭＩＴ）教授のリチャード・Ｊ・サミュエルズ氏がいる。同氏はシミュレーション（＝模擬戦）の話をよく語り[*55]、実践もしている。

同氏がシミュレーションを実施する際は、あらゆる業界のメンバーを集めて、応対している。彼が主宰するゼミでも同様である。博士号取得を目指す国際政治専攻の大学院生、外交官、ジャーナリスト、現役の軍人、民間のビジネスパーソンなどありとあらゆる多様なメンバーを集め、それぞれの視点から発言を求める。いかに異なる視点を持ち込めるかが、きわめて重要視される。

余談ではあるが、同氏のゼミに参加したところ、多い時は週に5～7冊の基本書に加え、参考文献・資料が10以上、分量にして４０００ページ近くの課題が課された。時には、参考文献を積み上げると腰の近くまでの高さになり、「数週間で5年分の勉強をさせられ、正直ついていくのがシンドイ」と現役

55 『日本防衛の大戦略』（日本経済新聞出版、2009年）

のエース軍人や若き学者たちが漏らすほどであった。しかし、乗り切るコツがある。それは、原典なり統計なりにきちんと目を通し、自分の考え方を整理しておくことだ。

ゼミでは、このような情報洪水を浴びせたうえで、毎週例外なく、コールドコール（無差別に指名され、発言を求められる）がやってくる。黙ってその場をやり過ごすことは許されない。ここでは、サミュエルズ氏はいつもニコニコ笑っている。少しでも集中力が途切れると、見透かしたかのように「それで君の意見はどうなんだ？　経験からでも説明をしてほしい」。ゼミの後は、抜け殻のようにふらふらになる。寒いボストンの日々が昨日のように思い出される。「原典に当たれ、徹底的に勉強しまくれ、終わらないかもしれないが、それが現実だ」というメッセージを伝えようとしていたのかもしれない。

この徹底したインプット／アウトプットの訓練は、プログラムの後半戦になればなるほど効いてきた。次に何を言おうか、他とは違う価値を出してみよう、となってくるのである。また、難しすぎて理解できなかった原書の意味が後になって理解できるということもあった。さらに、この効果は、数年後に生きてきた。日本の経済外交に関わる事象や有事が起きた際に、ビジネスにも影響が出てくる。これは、どの手順で考えるのか、相手はどう出てくるのか、シナリオのバリエーションが決定的に増えたのである。書き込みがなされた書籍にはヒントが残っており、米中競争、ウクライナ、台湾有事といったトピックに限らず、香港問題、東南アジアの動向、ＩＳＥＡＳ（シンガポールのシンクタンク）が発表する毎年恒例の調査を読む際も背景理解の参考書になっている。

これは経営学の世界においても同様である。ハーバードビジネススクールや同ロースクールはケースメソッド方式で有名であるが、これはシミュレーション、模擬戦と置き換えてもいい。ひたすら模擬戦のオンパレードである。サミュエルズ氏ほどではないにしても、読み切れないレベルの課題がここでも与えられる。そして、ひたすら議論を求められるのである。黙って1日を過ごすことはできない。

なぜ、こうも膨大な資料を読ませ、発言をさせるのか。同校の教授に聞いたところ、「いい質問だ。そうだ。終わらないのはわかっているが、あえてそうしている。なぜなら現実の世界は情報の洪水だからだ。本質を見抜くことが重要なのだ」「すべての情報にアクセスし、判断をすることなどできない。玉石混交の膨大な情報を前に、何を選び、文脈を考え、判断を下していくか。これが大事なのだ」「間違っても与えられた資料のどれが適切かなどの〇×思考に陥ってはならない。正解を求めるためのメソッドを教えているのではない。そんなものはない。膨大な情報は正解集を与えるものではないのだ。とにかく自分の頭で考えよ」「もちろん、参考資料を無視してよいということにもならない。宝の山だ。あらゆる情報をいったん集め、スキミングでもよいからあたりをつけ、自分の頭でシミュレーションしながら仮説を立て、判断していくのだ」と語っていた。これは実話であり、かつ実践されている。

この話を受け、「ご指摘はもっともだが、こんなことをしていては身体がもたないだろう」と伝えたところ、爆笑であった。「だから世界のリーダーは50代くらいが限界なのだ。身体を鍛え、思考がシャープであり、貪欲でなければ務まらないのだ」との反論が返ってきた。厳しいことこの上ないのだが、「ごもっともです」と、改めてため息をつく正論である。ただここでも乗り切るコツがある。統計や確たるファクトとにらめっこしながら、自分の意見を組み立てることだ。

これも余談ではあるが、リーダーに求められる要件として、心身ともにパワフルで鍛え抜き続けていること、というのはその通りかもしれない。アメリカ大統領の故ジョン・F・ケネディやバラク・オバマ氏は40代、フランス大統領マクロン氏に至っては30代での就任であった。2022年秋に就任したイギリスの前トラス首相や現スナク首相も40代である。では「トランプ氏やバイデン氏はどうなんだ?」と突っ込みたくなるが、大統領選挙を見ればわかる通り、1日に3回以上飛行機に乗って州を移動するのだ。その距離は、アジア各国を歴訪するような途方もない距離である。それを半年以上にわたって実施するのだから、体力のタフさという点では、確かにそのような人物がリーダーたる条件の一つといってもよいだろう。

●原典に当たり自分の頭で考える

ここで得られるエッセンスは何か。「アウトプットは情報戦を生き抜くうえで大きな効果がある。できれば模擬戦でもまれるとよい。リーダーのみならずビジネスパーソンにも有効」ということである。組織のリーダーとして、まず不確実を前提とすること、失敗はつきものであること、最高の解はないが最善はありうること、多様な視点を取り入れることの価値、である。そしてもう一つのエッセンスがある。模擬戦をやるにしても、原典に当たり自分の頭で考えることの重要さだ。

模擬戦をしていると否が応でも他の視点が入ってくる。ましてや自分が万能ではなく、スペシャリストや自分の専門外の知識・視点を持っている人の知恵を活用しながら試行錯誤していくプロセスそのものに価値があることがわかってくる。そこで、原典に当たり自分の頭で考えることが重要になる。他人の意見ではなく、その人自身の意見が周囲には求められている。借り物でない意見に人は耳を傾け、アドバイスをする。それが貴重な情報となるのである。

「模擬戦をする場などない」という方もいるかもしれない。その場合は家族との団らんで話す、SNSで発信するなどやりようはある。とにかく一歩を踏み出すことが大事なのである。手間をかける（時間を使う）、手を動かす、アウトプットする（その過程で頭も整理される）、コメントをもらう、というループを作ることである。

以上、個人が「いますぐにでも実践可能」な方法を述べてきた。では、これを組織に落とし込むにはどうすればよいのかを、次節で触れたい。

組織として情報戦に立ち向かう

◉サカタのタネにおける実践知の活用

組織の情報戦というと、どうしても機能論や仕組みの話にばかり目が行きがちだ。経済安保対策室、インテリジェンス機能強化などだ。聞くだけで難しそうで、「我が社には難しい」「自分には関係がない」と思ってしまう気持ちも理解できなくはない。情報戦はコンプライアンス部や法務部といった「守り」

の部隊が担うような誤解もある。実際はせめて経営企画室や社長室直下、できれば事業部に機能を置き、「攻め」の情報戦を組織として対応すべきだと筆者は考えるが、そのような機能論は別書で語ることとしたい。本書および本節では、あくまで情報戦そのものを組織がどう活かしているのか、「実践知」という点に焦点を当てたい。

実践知とは、わかりやすく言えば、「実際の経験・体験を踏まえた知恵」についての話である。たとえば、アルフレッド・ノーベルの「1000個のアイデアがあったとしたら1個実現したらよいほうだ」、トーマス・エジソンの「私は失敗したことはない。1万通りのうまくいかない方法を見つけただけだ」が好例であり、実践知とはまさにこの「うまくいかない」ことに伴うトライアル&エラーも含めた組織の情報戦をいう。

誤解がないように述べるが、実践知は単なる現地ニーズ調査ではない。市場を個性のある生き物として①解像度を高くとらえ、②実際に触れた経験・体験による市場目線のナレッジを蓄積し、③長期にミクロ/マクロの変化を前提とした対応、そして④望ましい姿にみずからを変えていく術を、トライアル&エラーを通じて獲得していくことを指している。

ケースを通じて説明したい。

サカタのタネ（本社：横浜市都筑区）という企業がある。花や野菜のタネの開発・販売を主事業としており、身近な食材であるブロッコリーでは世界市場で65%のシェアを占める、知る人ぞ知るガリバー企業だ。売り上げ730億円、経常利益120億円、従業員数約2600人弱の中堅企業（2022年

5月期の有価証券報告書より）だが、海外売上比率は約70％にも上る。総合商社やメガバンク、世界的製造企業ではないが、同社を情報戦という観点から見た場合、随所に知恵を垣間見ることができる。同社について報じた新聞、雑誌、Ｗｅｂ記事などを基に紹介しよう。[*56]

先に挙げたブロッコリーを例に取ると、世界的に20年までの20年間で作付面積が約3倍に拡大したという。普及が進んだ背景には、花蕾が大きく、収量が2倍にもなる画期的な品種の開発に加えて、ブロッコリーを食べなかった地域での消費増がある。スペインでは消費量が約10年で約8倍に伸びた。[*57]そうした背景にはどのような情報戦略があったのだろうか。

まず、「①解像度を高くとらえる」という視点だ。同社の海外事業戦略を報じた記事の中に、中国での例として「まずは富裕層が多く住む都市部向きの商品を開発し、それが地方に波及するのを狙う」というものがあった。所得に余裕ができれば、当然食品の嗜好も高級志向になる。トマトならば柔らかく味があるもの、ニンジンならば芯まで赤く甘いものというように変化する。そうした現地のニーズを把握して品種開発を行うとともに、その後の地域的な広がりまで追うという戦略なのだろう。どの国を攻めるかという視点だけでなく、省や市といったレベルまでターゲットを絞り込んでいるのがポイントだ。

次に、「②実際に触れた経験・体験による市場目線のナレッジとその蓄積」だ。野菜は国によって好まれる味が異なる。料理方法や合わせる調味料が違うのだから、当然といえば当然だ。トマトを例に取ると、日本では多くの場合そのまま生で食べられるが、中国では主に炒めたり、煮たりして食べられる。インドではカレーのように香辛料と一緒に煮て食されるため、甘いトマトよりも酸っぱいもの、しょっ

56 時事通信ニュース「〔アジア進出〕10年先を見据える＝サカタのタネ・中井海外営業本部長」（2022年3月22日）、日経ビジネス「特集　危機に強いぽっちゃり企業　戦略的“皮下脂肪”ランキング100社　PART1　効率経営に死角あり『筋肉質礼賛』を疑え」（2020年7月20日・27日合併号）

57 サカタのタネ2022年5月期決算説明資料

ぱいものが好まれるという。甘いトマトはよく聞くが、しょっぱいトマトとは思いもつかない視点である。そうした市場目線の情報が商品開発にも存分に活かされている。

また、組織として知見を貯める仕組みもユニークだ。同社では、研究開発の社員を採用する際に、筆記試験や面接だけでなく、農場での作業も課しているという。畑作業で植物の個性を観察する力が新品種の開発には欠かせないという考えからだ。また、営業担当者の重要な業務の一つとして、新品種開発につながるような顧客の潜在的なニーズを研究開発部門にフィードバックするというものがある。このように、日本企業の悪弊としてよく指摘される「サイロ型組織」では考えられない仕組みが工夫されている。

そしてもう一つが、「③長期にミクロ／マクロの変化を前提とした対応」である。中国市場を例に取れば、国民が全体的に豊かになるにつれて野菜の消費量も増えているが、今後は「健康」「ヘルシー」がキーワードになると同社では見込んでいる。また、冷蔵・冷凍技術の発達や輸送網の充実で、新鮮な状態で広範囲に届けることが可能となり、これまで栽培されたことのない地域で野菜の生産の動きがあることにも目を配る。

一方で、タネの開発には時間がかかり、10年近くかかる。そのため、１００種類くらいの試作品を1、2種類までに絞り込むと同時に、随時更新していくという長期でのトライアル＆エラーを繰り返している。ここには中国のマクロ情勢を取り入れながら、自社の事業領域の示唆を読み取りつつ、また技術的な進化を念頭に置き、取り組みを進めてきたことが読み取れる。

そして最後が「④望ましい姿にみずからを変えていく術」である。22年には収益認識会計基準の適用や円安など、さまざまな業界の業績に影響を与える変化があったものの、同社は増収増益であった。同社の動向について、ダイヤモンドオンラインの記事では、「高い財務的安全性の背後には、種苗業界特有のハイリスクな事業特性と創業期の苦い経験があった。加えて、サカタのタネは海外売上高比率が70%を超えるグローバル企業であり、円安の進行が増収増益効果をもたらしてもいた。こうした拠点を全世界に分散させるグローバルな事業体制も、自然環境変化などのリスクをできる限り軽減するための取り組みの一つであると捉えることができるのではないだろうか」と分析されている。[*58] このように、自社のビジネスの特性を理解しているからこそ外部環境の「変化」にも適切に対応しながら成長し続けることを可能にしているのである。また、わかりやすい結果をすぐに求めない姿勢も重要だ。言い換えればいかにバッファを持つか、という視点である。直近の決算資料を見ると、品目ごとの市場予測・戦略立案を自前で行っているとも推察される。

このような現場→開発→戦略という企業戦略だけでなく、先に紹介した①～④の情報戦の仕組みをつくり上げたこと、「実践知」による変化、進化が同社の競争優位につながっている。

◉——情報戦を組織に落とし込むには

組織の情報戦で必要なのは巨大な資本や特別な専門家ではない。ヒントは実践知にあるのだ。「実践知」をわかりやすく言えば「実際の経験、体験から得られた知恵」である。この過程には、頭で考えるだけ

58 ダイヤモンドオンライン「サカタのタネが高収益・ほぼ無借金経営の理由、創業期の『苦い経験』とは」(2022年8月17日)

でなく、失敗も含めたトライアル&エラーのエッセンスが入っている。

さらに実践知のエッセンスを分析してみよう。

下向きがちな日本産業界だが、この教訓から学べることがまだあると考える。そのカギがいままで見てきた情報戦の力である。これを組織に落とし込んだ実践知にそのエッセンスがあると考える。

もう少し説明しよう。そもそも情報戦を組織に落とし込む場合、大きく3パターンの形態がある。①内部専門家育成型、②外部専門家活用型、③ハイブリッド型である。また理想的には、機能の目的設計、モジュールごとのオペレーション設計、組織メンバーの設計という順序がある。

しかし、実際にはこのような形態がそろうことも、ステップ通りになることもほとんどない。とはいえ、できる仕組みがある。先述した「サカタのタネ」のケースがそうだ。

ここでのポイントは、実践知を組織に落とし込む知恵の重要性である。

また、組織の情報戦を語ると、必ず組織論や仕組みの議論が浮上する。確かに一定の意味があることは否定しないが、ハコ（組織や仕組み）を整えたからといって、情報力が上がるわけではない。もちろんハコを整えることで、コミットし、情報を貯めていくという意味はあるだろう。

しかし、組織いじりだけでは情報は高度化していかない。インテリジェンス（ある目的に対して、情報を取捨選別し、意思決定につなげる決定的情報）にたどり着くには遠い。

ただ、組織における情報部門の適切な配置は重要である。たとえば、地政学、地経学専門の部隊や、最近はやりの経済安全保障やインテリジェンス室、ルール形成室などがある。これらの部署が、コンプライアンス室や法務室といった「守り」のチームに組み込まれていることが少なくない。確かに複雑なルールは法文書であり、セキュリティチェックといえば、コンプライアンスになるのもわからなくはない。

ただ、「攻め」としての情報戦や渉外戦をしようと思えば、組織の在り方は、できれば事業本部(現場)、社長室(トップ)、経営企画部(戦略)直下とすべきだろう。

また、研究所や調査室を設置しても、個別の調査はできても、経営アジェンダを設定していくことからは遠ざかってしまうかもしれない。もちろんないよりあったほうがよいに決まっている。

かつての本田技研の研究所やケースで見たサカタのタネのようなR&D部隊が前線などとも連携する事例もある。また、旧日本興業銀行の凄みは調査部にあり、と言われたこともある。満州鉄道でもそうである。したがって、日本が情報戦で弱いかというとそうではないと思う。

実践知は英語でいえばPractical Wisdomである。日常生活でいえば、「生活の知恵」「主婦の知恵」とでも呼ぼうか。現場や顧客が気になっていた課題や持っているノウハウの集大成である。体系化されたマニュアルではなく、伝承されていくレシピのような柔軟性がある。

課題といっても、社会課題というほどの大げさなものではない。小さな困りごとや発見が大きな課題になっていくのだ。チリも積もれば、である。実はここに頭でっかちにならず、ビジネスの現場に役立てるヒントがあるのだ。

コンサルティング会社や投資銀行、大手企業で立案された新規事業がなぜか当たらない。M&Aの多くが失敗するといわれるが、その事前のビジネスデューデリジェンスの類いはとても論理的だ。しかしなぜか噛み合わない。理屈は通るが刺さらない、というのはこのような実践知への配慮が欠如している点もあるのではないか。

少し別の角度から語ってみよう。地球環境がおかしいのは誰の目にも明らかだが、デモをやるのに多くの時間を使うなら、海でプラスチックボトルの1本でも拾ったり、リサイクル可能な製品を考案することに頭を使うほうが建設的ではないか。そのためには「実践的な知恵（実践知）」が必要ではないかと考える。

成し遂げたいことがある時に、声をあげたり、一時的な対症療法にしかならない関与をして満足するのではなく、実際の課題を突き止め、どう解決するか考えていくことが実践知である。

そこで見つけた現実の課題は、ＳＤＧｓの文脈であっても必然的に収益になる。事実、現在、環境市場は国内だけでも１００兆円を超える。太陽光パネルは従来日本のシェアが1位だったが、増産に二の足を踏んでいる間に、世界に商機を見出した中国に圧倒されて衰退の一途である。[*59] サステナブルというのは、新たな経済的な潤い方と対立するものではなく、セットだろう。

しかしなぜ、実践知が磨かれないのだろうか。話は飛ぶが、もしかすると真面目であるがゆえに、素朴な問いかけができなくなっていることもあるのかもしれない。「なぜ英語を学ぶ授業なのに、試験は日本語で質問がされるのか」「学校の先生は校則を守れと言うが、自分はなぜジャージ姿で校門の前に立っているのか」「『自由な人材を採用したい』と言いながらいつまでも採用試験のシーズンは同じであ

59 日本経済新聞「太陽光パネル、衰退日本勢に『とどめの一撃』懸念」（2018年7月21日）

り、就職試験の服装も変わらないのはなぜか」。

普通に考えたら「何か変ではないか？」「何かがおかしいのでは？」というレベルの課題認識が重要なのである。それは決して特別なことではないと思う。誰しもが持つことができる認識である。灯台下暗し。ヒントは身近にあると思う。

アメリカの軍人はよく「愚者は戦略を語り、賢者はロジスティックスを語る」と言う（ナポレオンやドイツの戦略家クラウゼヴィッツという説もある）が、至言である。戦史家のマーチン・ファン・クレフェルトも「戦争という仕事の10分の9までは兵站（ロジスティックス）だ」と語っている。[*60] ビジネスも同様である。

国際情勢の世界では、正義や覇権争い、国際政治経済理論からの洞察もよいが、戦禍においてなぜ食糧やエネルギーが回るのか、誰がお金を出しているのか、という素朴な疑問こそ、事象をリアルに読み解くカギになりはしないか。

日常生活では、多忙な人が、週末に食材を買いだめし、下ごしらえをする。タッパーなどで食材を分類し、冷蔵庫や冷凍庫に保存、すぐに調理ができるようにしておく。そういった知恵は生活するうえで役に立つ。

ビジネスに目を向ければ、「雨が降ればなぜかコンビニの出口できちんとビニール傘を売っている」といった、当たり前のようだが、災難やピンチを機会ととらえる知恵が実践知である。

60 マーチン・ファン・クレフェルト『補給戦――何が勝敗を決定するのか』（中央公論新社、2006年）

不確実性を前提に価値を追求する

「完璧は善の敵である」（The perfection is the enemy of good. 〈仏〉Le mieux est l'ennemi du bien.）

これは、フランスの哲学者で、文学者、歴史家でもあったヴォルテールの言葉である。この格言は、国際政治・経済のリーダーたちに語り継がれてきた。

ヴォルテールが生きた18世紀中盤は、近代が始まる歴史の大転換点であった。彼は、イギリスで大きな影響力を持っていたジョン・ロックやアイザック・ニュートンの思想に触れ、自由思想を身につけるも、母国フランスでは国王ルイ15世に疎まれ国外へ追われた。隣国のドイツ（当時のプロイセン）国王フリードリヒ2世に乞われ侍従となるも、意見が対立し失業。人生そのものが波瀾万丈なのだが、後に近代を切り開く礎となる『百科全書』[*61]の編纂に携わった一人である。同書は現代の情報革命に匹敵するほどのインパクトがあったといえるかもしれない。

「私はあなたの意見には反対だ。だがあなたがそれを主張する権利は命をかけて守る」は彼の言葉とされており、民主主義における言論の自由に関する名言も多い。日本でいえば福沢諭吉、現代でいえば世界を渡り歩く経営コンサルタントといったところだろうか。地政学の変化、情報革命、不確実性など、変化の渦中にいる我々にとって、時代を超えて通じる至言がちりばめられている。[*62]

61 ディドロ、ダランベール編『百科全書―序論および代表項目』（岩波文庫、1971年）。ヴォルテールは第2〜8巻の緒言に関与したといわれ、彼のほかに啓蒙思想家のルソーらも執筆陣に加わっていた

62 保苅瑞穂『ヴォルテールの世紀』（岩波書店、2009年）、植田祐次『ヴォルテールを学ぶ人のために』（世界思想社、2012年）など

彼の言葉は、現在の組織にとっても、個人にとっても、参考になるのではないか。完璧ではないこと、言い換えれば不確実性を前提とするのは、簡単なようでいて、とてもやっかいで、勇気がいることだからだ。

我々コンサルタントも、企業や政府といった顧客の成功の支援に日々奮闘している。顧客の期待を超え、なるべく早く結果を出したいと日々の業務にあたっている。しかし、現実は甘くはない。試行錯誤の毎日であり、失敗を繰り返しながら進んでいる。クライアント企業とジグザグと伴走しながら日々葛藤しているのが現実だ。一歩間違えば我々の業界もあっという間に存亡の危機に立たされる。そんな危機感を日々感じている。

10年後のコンサルティングファームは、いまとはまったく違ったものとなっているだろう。現在は、戦略の策定支援、（人材を送り込むことも含めた）改革の実行支援、デジタル化に向けた実装支援といったところが経営コンサルティングの仕事の中核だが、このような役割は、専門性を移管し、時間を貸し、人を貸す、時間×人数をベースとしたビジネスモデルである。そう遠くない将来、このビジネスモデルも成立しなくなる可能性があるのではないかと考えている。

なぜか。そもそも専門性はデジタルにより高速で蓄積され、かつ進化している。一時期語られた、2045年に訪れるとされるシンギュラリティ*63（AIが人間を超えて文明の主役にとって代わるタイミング）も、いまから10年後の2033年には遠くない未来となっている。デジタルの進化は企業にも及び、企業自身でできることも多くなっているだろう。

63 技術的特異点。AIが人間の知能を大幅に凌駕する時点のことで、2045年に到来するといわれている。思想家、未来学者のレイ・カーツワイル氏が提唱

ワンストップショッピングが可能ということで、「知見を聞きに行く」というニーズから、総合商店としての大規模コンサルティングファームの価値があるという見方はある。ただ、インターネット上の基盤（プラットフォーム）が整い、個人のコンサルタントがアドバイスをする形態も加速度的に増加するだろう。それによって、大規模のコンサルティングファームの必要性は薄れていく。プラットフォームの質や量によっては、大規模コンサルティングファームを代替することも可能だろう。また、有識者も個人単位でつながりやすくなっており、深い質問はピンポイントで聞く、という形で、専門性がより分化・高度化していくことが予想されるからだ。

情報をあちこちから集め、きれいにデータを加工し、系統立てて、素早くレポートや提言をまとめてくれる存在自体に価値がなくなっていく。そうしたことはＡＩで代替可能になるだろうし、すでにサービス展開の兆候もある。クライアントに最善のサービスを提供するために、我々自身も変わっていかないといけないという思いから本書の構想が生まれた。

最先端の情報をセンシング（探索）するだけではなく、視点そのものを変えて、情報をビジネスの価値に転換するといった点が重視されていくだろう。政策立案についても、定量分析はもちろん、エビデンスベースでの政策や経営分析[*64]（証拠に裏づけられた分析）や提言は進むだろう。そのアプローチもＳＮＳなど、数字に表れない行動や細分化した情報の吸い上げ方をどのように考えるか、定性的な情報分析も重要になってくる。

つまり、情報に対する向き合い方、企業との連携の仕方が決定的に変わってしまう可能性が高いので

64 エビデンスベース分析は科学的根拠を基にした分析。エビデンスド・ベースド・マネジメント（EBM）はカーネギーメロン大学教授のデニス・ルソー氏が2006年に発表した

ある。情報処理という効率化の視点よりも、情報を比較分析し、また他の角度から検証することで、より価値のある見解や見方に昇華させていくことが、これからの時代に求められていく。また、人間の価値としてもそのような考える力が問われてくる。情報量の処理の問題より、「質」の提供こそが残された価値になってくる。

「知識量」や「ロジックの精緻さ」を売り物としたプロフェッショナルファームであるより、「質」や「変化」を重視し、「異端的視点・斜めからの目線」を持ち込み、本質的価値の追求に伴走できるかが問われるようになるだろう。

価値がシビアに問われるだけでなく、再定義されていくことはほぼ間違いない。戦略の前提そのものを見直す、戦略を実行する際のフォーメーションが変わっていくなかで、どのように伴走するかが重要なのだ。プロフェッショナルファーム（専門家集団）から、バリューファーム（価値伴走者）への変化である。

そして、こうした状況の変化とそれに対応して求められる変化というのは、コンサルティング業界に限らず、すべての企業に必然なのである。

第1章のまとめ

社会・経営環境の変化

- 前提としている対象が変化していることで経営におけるズレや変化が発生している
- VUCAと情報過多（Information Overloaded）という思い込みよりも、リテラシーギャップの拡大に目を向ける

Changeの要諦

- 無知の知を自覚して前提を疑い、情報を感知する力を磨く
- 情報戦では原理原則や現実思考に立ち戻り、原典に戻ったり、情報を見る視点をずらすことも重要

方法論

- 個人が可能な方法は、中立的な立場の情報に目を向けること。ギブ＆ギブの精神で情報収集を行い、アウトプットを通じた情報網の拡大に努める
- 組織が可能な方法は、実践知に目を向けること。自己都合目線から脱却し、コミュニティによる斜めからの目線や多様性を通じたランダム思考を醸成する

第 2 章

“Change”を駆動する力

ダイナミックケイパビリティのさらに深層へ

組織能力のアップデート

	これまで		これから
競争優位	競争優位を構築し、その持続性を高めていくことが漸進的成長の原動力	▶	競争優位は短期化・陳腐化する。常に再構築して新陳代謝することが成功の原動力
組織を駆動する力	**適応的変革を駆動する思考の軸** 第1階層（企業戦略）： ポジショニングや保有資源の強みに基づく短期志向の勝ち筋 第2階層（経営資源）： ヒト・モノ・カネ＋情報 第3階層（組織能力）： 漸進的な組織能力の向上（オーディナリーケイパビリティ）	▶	**形成的変革を駆動する思考の軸** 第1階層（企業戦略）： 外的変化と組織内部のギャップを超えるイノベーションの探求と習熟 第2階層（経営資源）： ヒト・モノ・カネ・情報＋コミュニティ 第3階層（組織能力）： ダイナミックケイパビリティ（動的な組織能力） 第4階層（カルチャー・行動様式）： 群れとして変わり続けるカルチャー

第2章では、企業・組織の進化について語る。

世界が変化するスピードも、変化の頻度と複雑性も増大し、変化という波が常態化するＶＵＣＡの時代において、既存の企業・組織もみずから変わることと向き合う必要がある。

多くの企業が持続的な成長を目指して変革に取り組み、そのうちの多くは挫折を繰り返し、一部の企業はイノベーションに成功して、みずから変化を繰り返している。

手段としての「変革」を問う方法論は世にたくさん出回っているが、私たちは、既存の企業・組織が「変化」し続ける存在であるために、〝群れ〟の深層部にこれまでとは異なる能力（ケイパビリティ）や行動様式（カルチャー）を育む必要があるのではないかと考えている。それは、これからの時代に人が群れる意味にも通ずるものであり、これからの組織、そして企業が、生命体として、有機体としてその持続可能性を広げる力にもなるはずだ。

ピーター・Ｍ・センゲ氏は著書『学習する組織』の中で、「生きているシステム」としての組織を理解することは、チームや組織が学んだり進化したりする能力を認識する助けになると述べている。[*1]

本章では、変化し続ける環境に適応して、既存の企業・組織もみずから変わり続ける群れへと進化する姿（≒これからの変革とは何か）について考えてみたい。

1 ピーター・M・センゲ『学習する組織』（英治出版、2011年）

混沌の時代を生きる意味

大転換の時代に問い直される「群れる意味」

いま人類がグレートトランジション（大転換）の時代（Great Transition Period）に直面していることに異論を唱える人は少ないはずだ。

私たちが生きてきた20世紀は、19世紀後半に始まった第1次産業革命から第2次産業革命を経て100年以上に及ぶ近代（工業化）社会である。それは、大量生産・大量消費によるモノの豊かさを追求する時代であった。21世紀に入って、情報革命とともに付加価値の源泉がモノから情報や知識へと移り、人々の価値観やライフスタイルから経済・社会まで、さまざまなレベルでパラダイムシフトが進行している。現在は、次世代の社会・経済・産業システムが形成されるまでの移行期間にあるといえる。

一方、足元では温暖化による地球規模の自然災害の増加や、世界規模のパンデミック、時代錯誤ともいえる覇権主義による戦争、ナショナリズムや格差拡大による分断の加速などが起きている。不安定で不確実で複雑な〝いま〟を象徴する事象を挙げればきりがない。世界の経済や政策の不確実性を示す指数である「世界不確実性指数（World Uncertainty Index）」[*2]は、増減を繰り返しながらも確実に右肩上がりのグラフを描いている（**図表2－1「1990年以降の世界不確実性指数」参照**）。

2 イギリスの専門紙「エコノミスト」の調査部門エコノミスト・インテリジェンス・ユニットによる国別報告書で「不確実」あるいはそれに類似する用語が登場する頻度を算出して指数化されたもので、数値が高いほど不確実性が高いことを示している

図表**2-1**｜1990年以降の世界不確実性指数

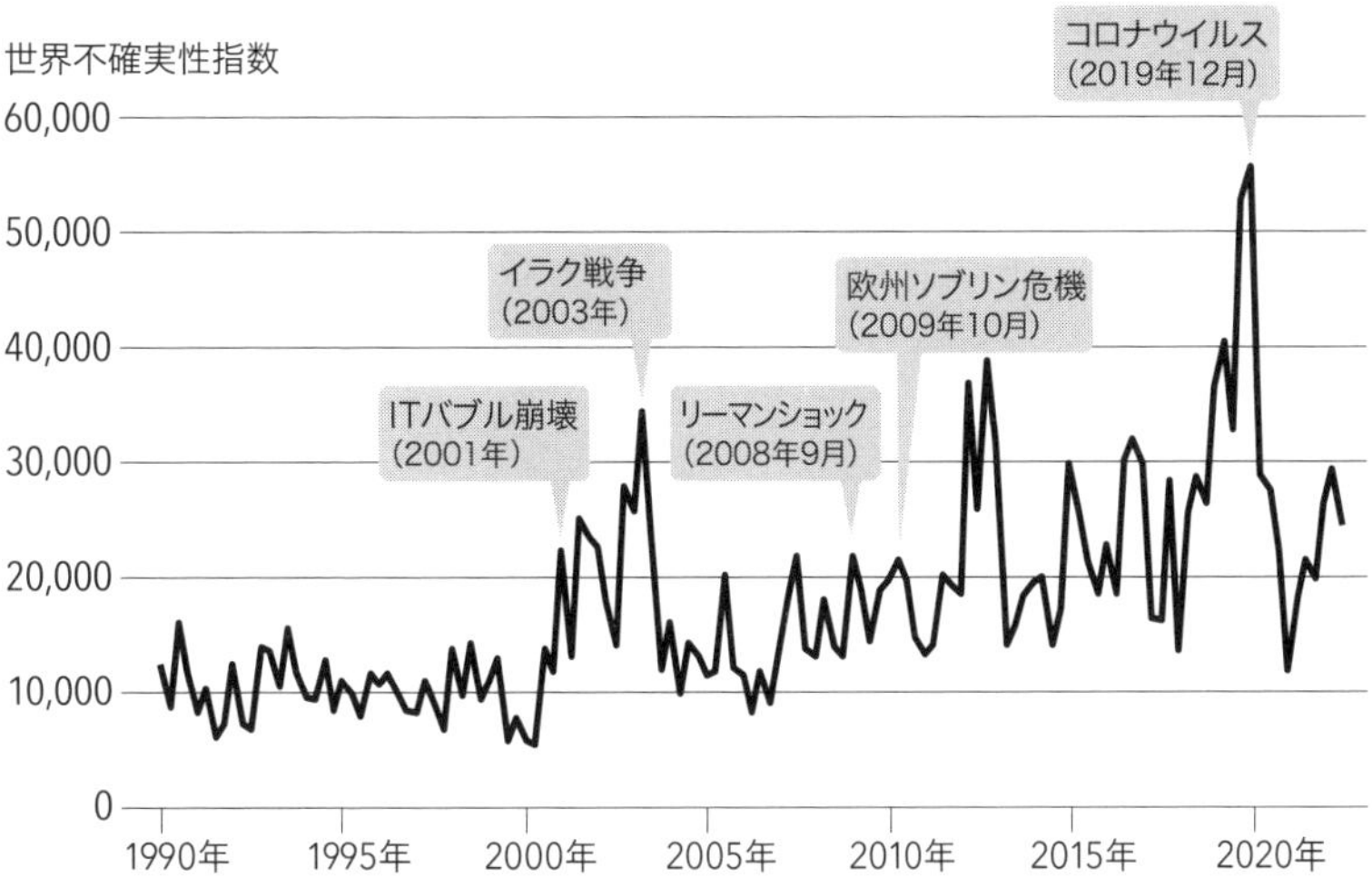

出所：World Uncertainty Indexを基に作成
＊世界不確実性指数とは、エコノミスト・インテリジェンス・ユニット（EIU）の国別報告書に含まれる「不確実」という用語の使用比率から算出したもの。GDP加重平均

現代とは、近代文明からポスト近代へ、工業化社会から情報化社会への移行期間であり、私たちは、VUCAな時代＝ポスト近代に向けた混沌と試行錯誤の時代を生きているのである。世界が変化するスピードも、変化の頻度と複雑性もさらに増大している。

そして、この潮流は、ポスト近代に向けてさらに大きな変化をもたらすであろう。

また、近代社会を形成してきた経済・社会インフラは、中央集権型、トップダウン型、独自開発型、垂直統合型で設計されてきた。現在進行中の第3次（もしくは第4次）産業革命のインフラは、分散型で協調的で、オープンな水平方向にスケールアップすることでより機能していく。

その結果として、既存の企業・組織には、群れとして大きな遠心力が加わる。これまでの価値観ややり方では、群れの外と内のステークホルダーを惹きつけることが難しくなるばかりか、既存の企業や組織がそのまま存在し続けることが、個の存在を脅かすかもしれないのである。

私たちはいま、「群れる意味」を再発見する必要性に迫られている。

◉――新たな経済パラダイムへのシフトで求められる行動様式

文明評論家のジェレミー・リフキン氏は著書『第三次産業革命』『限界費用ゼロ社会』[*3]において、経済パラダイムが転換するポスト近代の世界観を提示している。

その原動力は彼が言うところのIoT（モノのインターネット）であり、それによって3つの経済インフラが接続・統合されると説く。3つの経済インフラとは、コミュニケーションインフラ、エネルギーインフラ、輸送（移動）インフラであり、IoTによってそれらが緊密に連携した協働型のプラットフォームが出現するというものである。

19世紀には蒸気印刷機と電信と蒸気機関車が新たな文明を牽引し、20世紀になると電話、石油、自動車が新たなコミュニケーション／エネルギー／輸送の経済インフラとして台頭して、産業革命を引き起こした。

現在まさに進行中の変化（第3次産業革命）も、この3つの経済インフラのイノベーション（情報革命／エネルギー革命／モビリティ革命）が相互に作用することは同じだが、それまでの産業革命と大きく異なるのは、コストに関する概念だと彼は述べている。デジタルテクノロジーによって情報の接続や

3 ジェレミー・リフキン『第三次産業革命』（インターシフト、2012年）、『限界費用ゼロ社会』（NHK出版、2015年）

価値の変換のためのコストが限りなくゼロに近づいていく（限界費用がゼロに向かっていく）のだ。全人類が共同し、それぞれがコモンズ（新たな共同体）を通じて、情報にアクセスしたり、価値をシェアしたりする姿が、彼の描く近未来図である。

限界費用ゼロ社会では、協働型コモンズという新たな社会システムが機能し始め、多くの人々が関与し、民主的に運営され、自主管理組織から成り立ち、社会関係資本を生み出す共同体として機能する。協働型コモンズとは、言うなれば新たな群れ（コミュニティ）の姿であり、それは、いま勃興期にあるWeb3の世界、「DAO（分散型自律組織）」にも通じる世界観かもしれない。

元マサチューセッツ工科大学（MIT）メディアラボ所長の伊藤穰一氏はDAOについて、「経営者→従業員」といった上意下達ではなく、何事もメンバー全員参加の下で直接民主主義的に決められるようになることで、ガバナンス、仕事、働き方の形も根底から変わる可能性があると指摘している。[*4]

リフキン氏は、蒸気機関によって人間が封建時代の農奴制から解き放たれ、資本主義市場で物質的な豊かさを追求できるようになったとすれば、人間はIoTによって旧来型の資本主義経済から解放され、協働型コモンズという新たなコミュニティで、非物質的で、シェアされた価値を追求できるようになる未来を予想する。

リフキン氏の描くこの未来図は、ポスト近代に向けた一つの世界観といえよう。その成否は別として、このような広範囲に及ぶ経済的、文明的変化が、人間の意識により深い進化をもたらす可能性は高い。新たな経済パラダイムへのシフトは、人間の生き方に見直しを迫る可能性があり、それは、私たちが、

4 伊藤穰一『テクノロジーが予測する未来』（SBクリエイティブ、2022年）

地球、社会、そして企業や組織とどのように関係し、どのように接続していくかという認識を大きく変える可能性を内包する。

このような大転換の時代は、次の社会システムや経済システムの在り方、あるいは人々の幸福の追求において、新たな発明(イノベーション)への渇望がこれまで以上に高まる時代といえるのかもしれない。そして、私たちは、新たなコミュニティとして群れる意味と、これまでとは異なる行動様式(カルチャー)の発明が求められる時代を生きようとしているのである。

ビジネスで変わるもの、変わらないもの

◉繁栄企業の短命化というパラダイムシフト

大転換の時代の環境変化によって、既存の企業経営のパラダイムも大きく変化している。その一つに、繁栄企業の短命化が挙げられるのではないだろうか。

図表2－2は、アメリカのS&P500[*5]に選定された企業の平均在籍期間を示している(**図表2－2**「S&P500に選定された企業の平均在籍期間」参照)。1970年代後半に平均在籍期間が30年から35年だったものが、2020年代には約20年にまで縮まっている。その背景には、イノベーションのサイクルが加速度的に速くなり、次から次へと押し寄せるように非連続的な変化が続いていることが想起

5 S&P Dow Jones Indicesが公表するアメリカ市場の大型株セグメントのパフォーマンス測定指標。ニューヨーク証券取引所やNASDAQに上場する約500社で構成され、アメリカ株式市場の時価総額の約80%をカバーする代表的な指標である。500社の選定基準は「本拠地がアメリカ」「時価総額が131億ドル以上」「評価日までの各半期における売買高が最低25万株」など多岐にわたり、そうした採用基準の1項目以上を著しく逸脱した場合は除外される

図表2-2 | S&P500に選定された企業の平均在籍期間

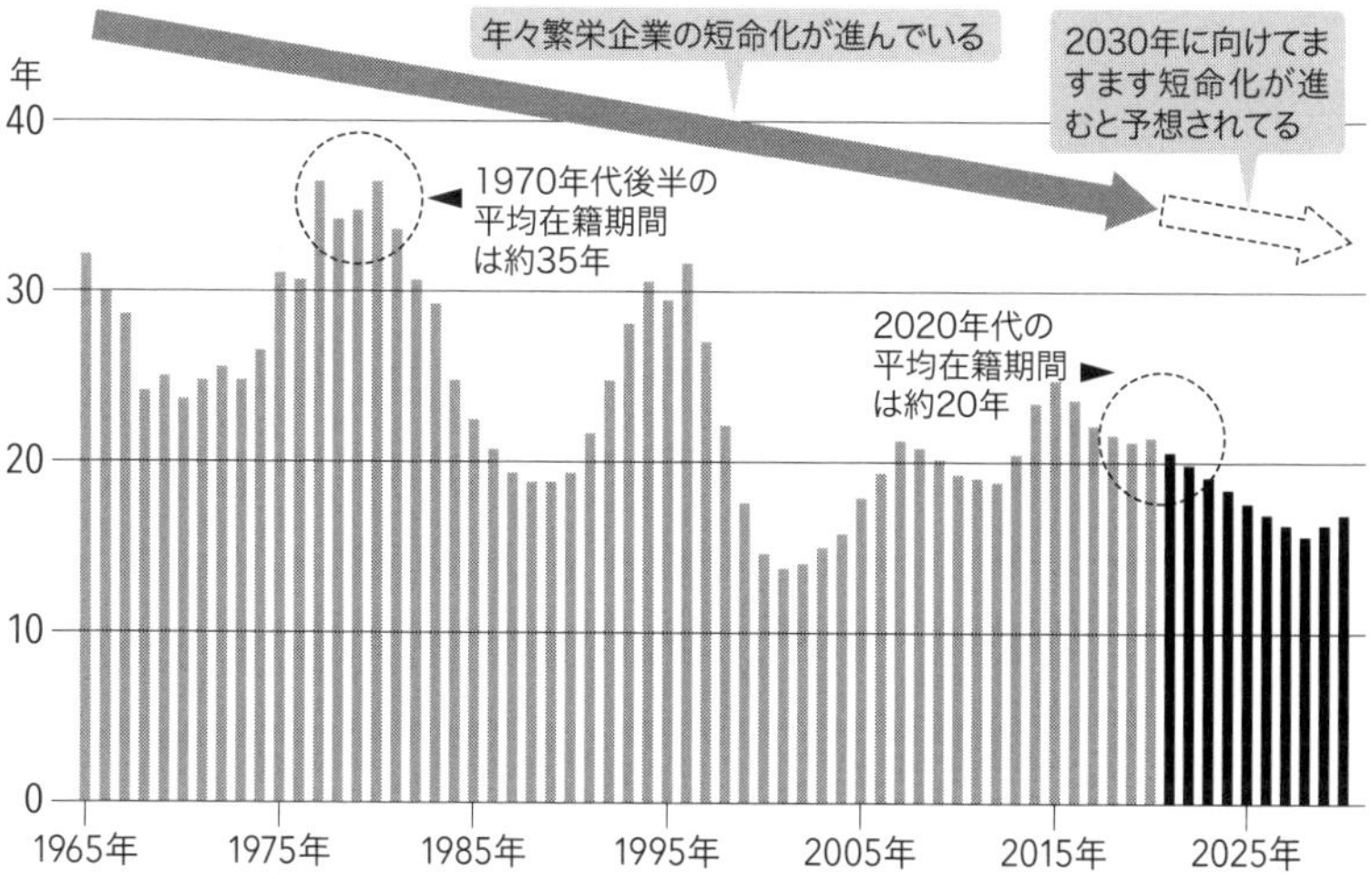

S&P500の銘柄に選ばれ続ける期間（≒時価総額を維持できている期間）の平均年数

出所：Innosight "2021 Corporate Longevity Forecast" を基に作成

される。このパラダイムシフトは、２０３０年に向けてさらに加速することが予想されている。

Ｓ＆Ｐ５００の選定企業の在籍年数に象徴される繁栄企業の短命化は、既存の企業が一度創出した価値や優位性が長続きしなくなっていることを示唆している。先進国市場では、製品・サービスの供給が需要を上回る供給過剰が常態化することで市場そのものの成熟化が進んでいる。それに伴って製品ライフサイクルの短期化も進み、結果として、企業はみずからが生み出す付加価値を高い水準で維持し続けることが難しくなっている。人間の寿命が１００歳に迫る勢いで延びる一方で、既存の企業・組織の繁栄は短命化が進む時代を迎えているのである。

このパラダイムシフトの裏返しとして、マ

クロ的には成熟した経済システムや産業システムの新陳代謝が進むという好意的な見方もあるだろう。しかし、個別企業の経営においては、外部環境の変化（大転換）と組織内部の変化の間にギャップが生まれていることは確かである。

ここでいう組織内部の変化とは、外部環境の変化に素早く対応し続ける組織内部の新陳代謝を意味する。ハーバードビジネススクール名誉教授のジョン・P・コッター氏は、著書『CHANGE 組織はなぜ変われないのか』の中で、次のように述べている。

「〝破壊的変化〟という言葉で表現されるように、世界が複雑化し、変化の速度が増している状況は、今日の組織と個人が直面している試練の一要因というより、最大の要因と言っても過言ではない」

「今の変化のスピードについていけないのに、我々はそれを先取りすることなどできるわけがない。経済的、社会的、政治的な掛け金は上がる一方だ。企業を経営し、成長させるために我々がこの何十年も使ってきた組織や組織のプロセスは、これだけのスピードで変わり続ける世界で勝ち抜くという仕事を成し遂げるには、時代遅れになってしまったのだ」[*6]

さらにコッター氏はその要因として、人間の性質と現代型組織の標準的な在り方は、このような激しい変化に対処するようにできていないと指摘する。外部の変化への対処よりも、安定性、効率性、信頼性、脅威の迅速な除去、そして何よりも目先の生き残りを最優先に行動する性質が根を張っているというのである。

その結果、世界で起きる変化のスピード、規模、激しさと、企業および人間の対応力の間には、大き

6 ジョン・P・コッター、バネッサ・アクタル、ガウラブ・グプタ『CHANGE 組織はなぜ変われないのか』（ダイヤモンド社、2022年）

図表2-3｜変化という課題

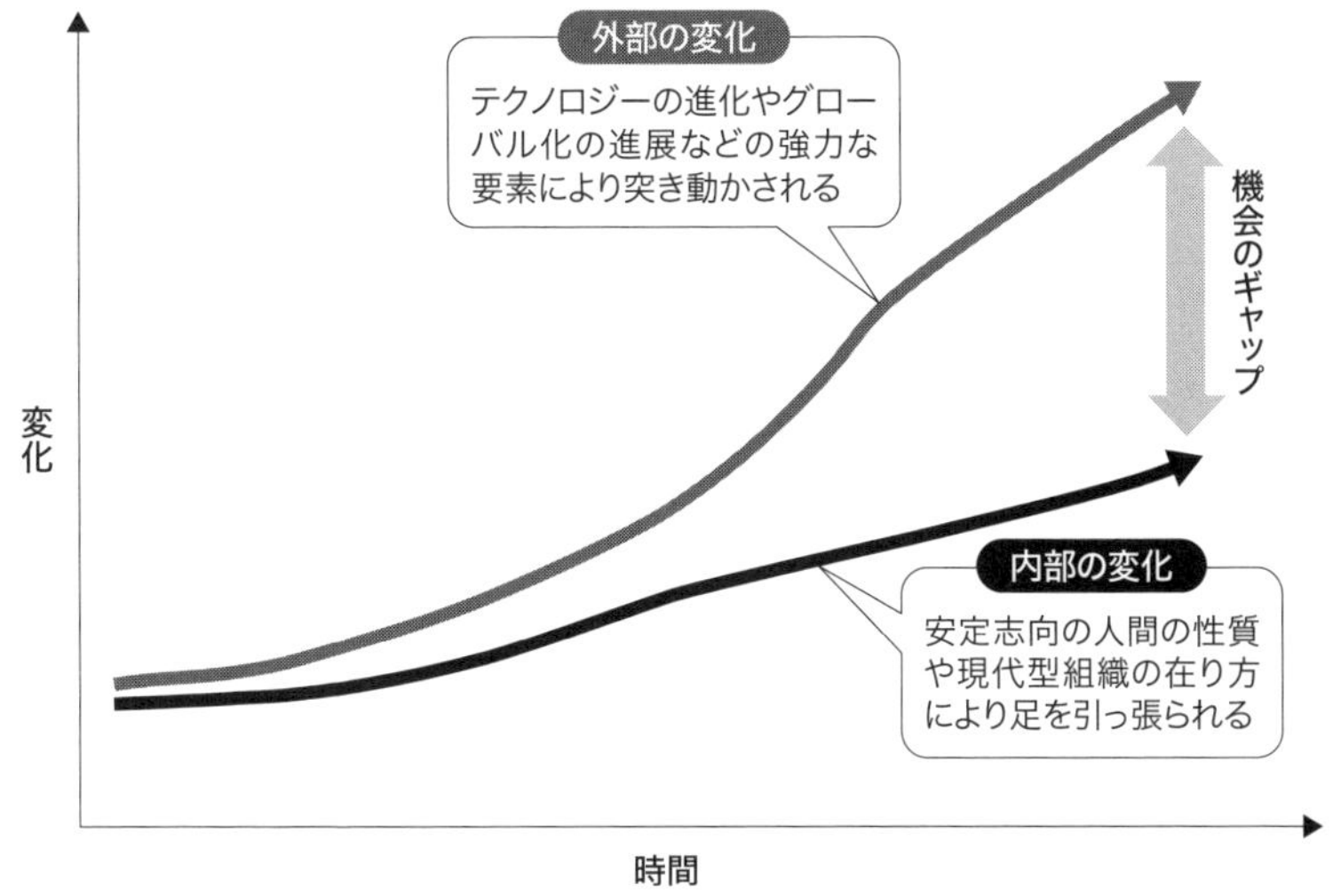
外部の変化
テクノロジーの進化やグローバル化の進展などの強力な要素により突き動かされる
機会のギャップ
変化
内部の変化
安定志向の人間の性質や現代型組織の在り方により足を引っ張られる
時間

出所：ジョン・P・コッターほか『CHANGE 組織はなぜ変われないのか』（ダイヤモンド社、2022年）を基に作成

なギャップが生じる。その中で既存の組織が変化に対して迅速に調整と適応を行い、変化に乗り遅れないように努める過程では、リスクとチャンスの両方がもたらされるのである（**図表2－3**「変化という課題」参照）。

繁栄企業の短命化というパラダイムシフトは、既存の企業・組織が継続的に価値を創出する装置として機能不全に陥っている証左としてとらえることができるだろう。それは、人間の生存本能に起因するだけでなく、既存の企業・組織がこれまでに最適化してきた現代型組織の壁に起因するともいえる。

成熟化が進む先進国の経済・社会システムという観点に立てば、産業の新陳代謝が加速するための主体は新興企業であっても、伝統的なエンタープライズ企業であっても構わないはずだ。ただ、既存の企業・組織が価値を生み続ける存在であり続けるためには、「変化」という問いに正面から向き合い、その課題を克服するためにみずから変化する術を再発明する必要があるのではないだろうか。

●――それでもビジネスの本質は変わらない

「変化」という現実（多くの場合、それは試練といえるかもしれない）が、企業経営に連続的な自己変容（トランスフォーメーション）を迫る一方で、変わらないこともある。序章では「信頼」の重要性は不変であると述べたが、「ビジネスの本質」も不変であろう。

ビジネスは、解決すべきお題を見つけ、その解決方法を創造して価値を生み出し、その創出価値を増幅するものであるというのが、私たちが考えるビジネスの本質である。繁栄企業の短命化が進むなかでも、成熟期や衰退期を迎えた企業が、みずからが解決すべきお題を再発見・再定義して、新たな価値を生み出し、再び創出価値を増幅した事例も多く存在する。

それらの企業は、新たな問いを立て、デザインシンキングやデジタルテクノロジーを活用して新たな解決手法を生み出し、2度目、あるいは3度目の創出価値の増幅を実現しているのである。かつて世界一の小売業といわれたアメリカの老舗企業は、破壊的成長を加速する巨大EC企業に対抗するため、ミッションやバリューを再定義して、デジタルを統合したオムニチャネル企業として再成長を実現している。シンガポールの政府系開発銀行も、世界一のデジタル銀行を目指すことによって、新たな成長の道を歩み始めている。また、日本企業でも、衰退する写真フィルム事業からの事業再構築に成功した例があり、また長くエレクトロニクス事業の低迷に苦戦していた総合電機企業も、「感動」と「安心」を提供し続けるという新たなパーパスを定義して、クリエイティブエンタテインメントカンパニーとして再成長への歩みを進めている。

大手IT企業としてGAFAに加えてGAFAMと称されることもあるマイクロソフトも、そうした1社だ。2014年にCEOに就任したサティア・ナデラ氏は、まず同社のミッションの再定義から着手した。創業者のビル・ゲイツ氏が定めた「すべてのデスクと、すべての家庭に1台のコンピューターを」というミッションを、「地球上のすべての個人とすべての組織が、より多くのことを達成できるようにする」に変更した。これは、企業や個人の生産性向上を強力に支援する宣言であり、ソフトウェア企業として同社が解決すべきお題を再定義したのである。そのうえで、「モバイルファースト、クラウドファースト」というコンセプトを掲げて事業変革を推進している。

それと同時にナデラ氏は、当時のマイクロソフトの停滞の原因の一つが、社員の「固定マインドセット」にあるのではないかと考え、「成長マインドセット」へのアップデートに着手した。固定マインドセットとは、「能力や資質は何をしても変わらない」という姿勢や考え方である。ベンチャー企業からスタートした同社だが、大企業の仲間入りを果たしたことで、いつの間にか現状維持の志向が強まり、変化や挑戦を恐れるようになってしまっているのではないかと考えたわけだ。

成長マインドセットとは、「努力すれば能力は成長する」という考え方で、学びの姿勢が基本にある。そこから生まれるのは、「ミスから学ぶ」「リスクを取って、よい結果につながらなかった場合、それを責めることなく教訓にする」といった行動だ。絶対的な正しさを求めるのではなく、常にオープンでさまざまな考え方に対して前向きに取り組む姿勢にもつながる。

マイクロソフトのこうした変革は、この項の最初で述べたビジネスの本質に対して繰り返し向き合うことの重要性と同時に、ビジネスの本質を体現するためにみずから変わる術を再発明すること（＝自己変容）の重要性を示唆しているのではないだろうか。

◉──ビジネスに求められる「意味」や「価値」が変化している

「ビジネスの本質」は変わらない。では、ビジネスにおいて変化しているものとは何だろうか。それは、解決すべきお題、価値創造のやり方、そして、ビジネスに期待される価値そのものではないかと私たちは考えている。

ビジネスは、規定演技ではなく、（本来は創造的な）自由演技である。

たとえば、価値の増幅には力点を置かず、解決すべきお題の意味（社会課題の解決など）や創出価値の意義（社会的価値と経済的価値の両立など）に着目して、ベネフィットコーポレーション[*7]を選択することも可能であろう。その実現手段として、より社会的な存在意義に根差した課題解決を志向する公的機関や非営利組織、あるいは自律分散型のコミュニティを起点に、個人が新たな価値創出を志向する世界などもこれからさらに広がるだろう。

こうした潮流は、既存の企業・組織に対して、間違いなく構造的な変革を求めるはずだ。そして、群

7 従来のような自社の経済的利益だけでなく、社会や環境など公的利益の実現を目標に掲げる企業。株式会社などとは異なる新たな法人格として、アメリカの複数の州やフランスではすでに法制化されている

れる意味や価値を問い直すきっかけにもなるだろう。

持続可能なビジネス戦略について多くの発言を行っているアンドリュー S・ウィンストン氏は著書『ビック・ピボット』[*8]の中で、世界を取り巻くアジェンダとして3つのメガチャレンジを挙げている。①気候変動、②資源の逼迫とコモディティ価格の上昇、③テクノロジーの進化に後押しされたさらなる透明性への要求で、それを「暑い・足りない・隠せない」と表現した。ここで言う①と②は、交渉の余地のないシステム要件である。

「私たちは、まさに私たち自身の生き残りと繁栄のために、それをコントロールしなければならない」と彼は述べている。すなわち、新たな解決すべきお題の発見である。それと同時に彼は、このメガチャレンジは、メガチャンスを内包していると主張する。これは、マイケル・ポーター氏が提唱したCSV(Creating Shared Value:共通価値の創造)[*9]にも通ずる考え方である。①気候変動との戦いは、クリーン経済を牽引する、②資源の逼迫は、よい暮らし、より多くのモノやサービスを求める新たな需要と市場の創出を意味する、③つながることや透明性は、オープンなイノベーション、新たなアイデアや創造性を喚起する、のである。

とはいえ、残念ながら既存の組織は、このように変化にうまく対処し、そこから利益を生み出していけるような体制になっていないとウィンストン氏は述べる。

彼の論に限らず、「デジタル」「グリーン」「エクイティ(公平性)」など、混迷の時代だからこそ、地球も社会も経済も、解決すべきアジェンダで溢れている。そう、ビジネスの本質を体現するために解決

8 アンドリュー・S・ウィンストン『ビック・ピボット』(英治出版、2016年)
9 環境問題などの社会課題の解決に取り組むことを通して社会的価値を創造し、それと同時に経済的な価値も創出する戦略

すべきお題は溢れているのである。そのアジェンダを解決するために、既存の企業・組織は、群れる意味を問い直し、みずからの変化と向き合う必要があるということだ。

それは、企業や組織の一時的な、手段としての「変革プロジェクト」によって達成されるものではなく、人の群れがみずから変わり続けることを追い求めるという意味においての自己変容（トランスフォーメーション）によって解決への道筋が開かれるものといえるだろう。

変革のためのケイパビリティ

大転換時代の混沌の中で、既存の企業・組織は、継続的に価値を創出する装置として、機能不全に陥りつつあるのかもしれない。しかし、繰り返すがビジネスの本質は変わらない。前項で述べた通り、変わるのはビジネスに求められる「意味」や「価値」だと私たちは考えている。それらを生み出すために、既存の企業・組織には、これまでとは異なるケイパビリティ（組織的な能力）が求められる。

それは、企業・組織としての戦い方だけでなく、価値創出の手法や、新たな組織的な能力の獲得、さらには組織カルチャーの醸成にまで及ぶ。

◉――一時的な優位性の連鎖をつくり続ける

繁栄企業の短命化というパラダイムシフトに呼応するように、競争戦略論の世界では、持続的競争優

図表2-4｜新たな競争優位のイメージ

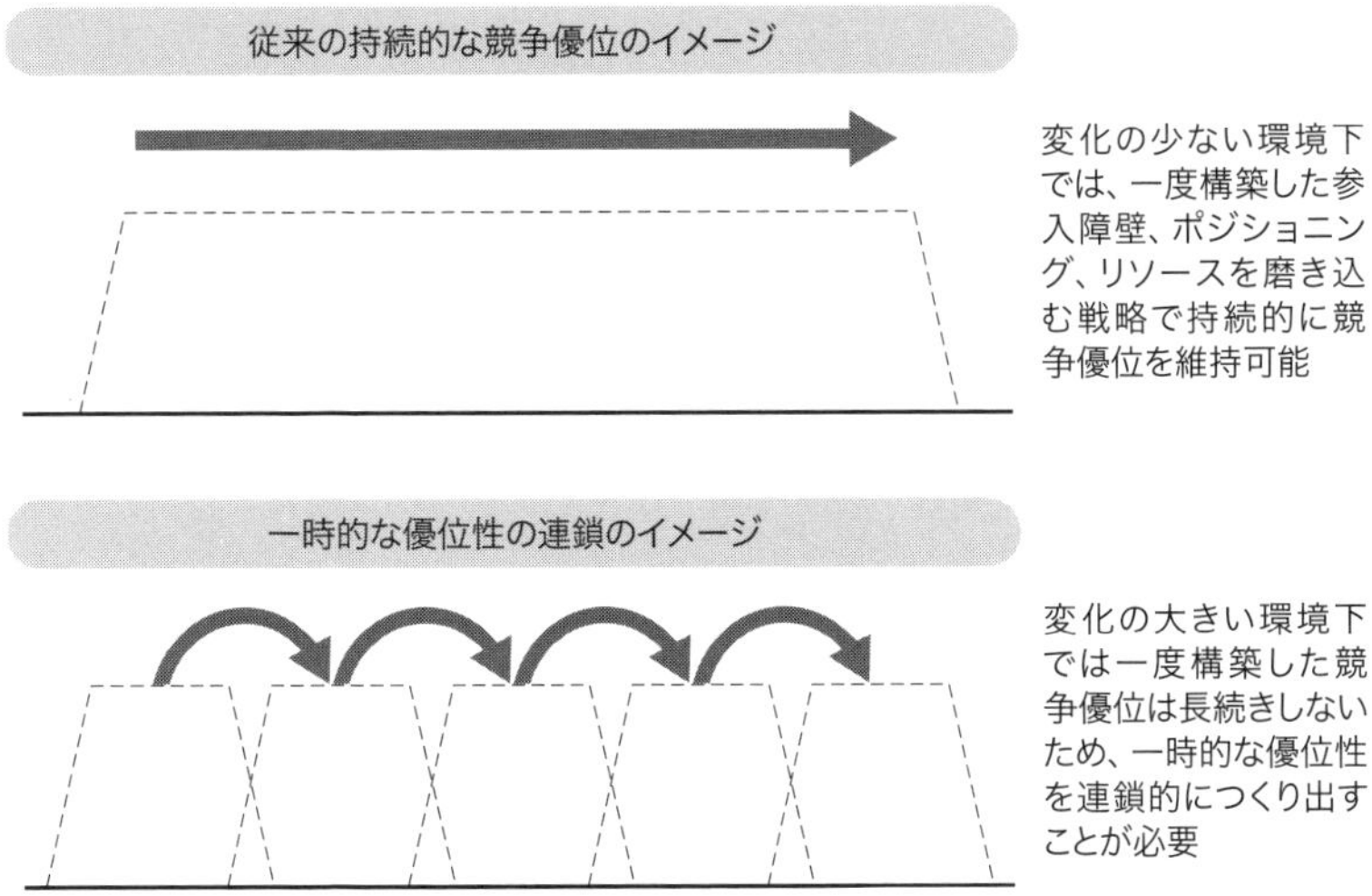
従来の持続的な競争優位のイメージ
変化の少ない環境下では、一度構築した参入障壁、ポジショニング、リソースを磨き込む戦略で持続的に競争優位を維持可能
一時的な優位性の連鎖のイメージ
変化の大きい環境下では一度構築した競争優位は長続きしないため、一時的な優位性を連鎖的につくり出すことが必要

出所：リタ G・マグレイス『競争優位の終焉』を基に作成

位の終焉というコンセプトが示された。

従来の競争戦略が、比較的変化の少ない外的環境を前提にした競争優位を、ポジショニングや参入障壁、あるいは保有する資源（ヒト・モノ・カネ・情報など）によって説明してきたのに対して、コロンビア大学ビジネススクール教授のリタG・マグレイス氏は『競争優位の終焉』[*10]の中で、「優位性はつかの間のものにすぎないから、既存のモデルは絶えずプレッシャーを受け、優位性の再構成、再構築や更新（新たな波を起こすこと）が必要になる」と主張した。

さらに「一時的な優位性の環境では、『再構成』のプロセスは成功への重要なカギだ、というのも、再構成を通じて、資産、人員、能力が、ある優位性から別の優位性へ移行するからである」と述べている。これは、変化

10 リタ G・マグレイス『競争優位の終焉』（日本経済新聞出版、2014年）

が激しいといわれる時代に勝っている企業は、「持続的な競争優位」ではなく、「一時的な優位性の連鎖」を生み出している企業であるという洞察に基づいている（図表2－4「新たな競争優位のイメージ」参照）。

また、彼女は同書の中で、継続的な再構成・再構築と資源配分を活用した柔軟性とイノベーションへの習熟の重要性を説くと同時に、健全な撤退についても、一時的な優位性の連鎖を実現するうえで、企業が備えるべき組織的な能力であると指摘する。

既存の企業・組織にとって、そもそも、変化が激しい時代に持続的な競争優位という前提は成立しない。むしろ企業・組織に求められるのは、「既存事業が成熟化してきても、すぐに新しい対応策を打って新たな成長事業（収益源）をつくり、業績を回復できる力」、すなわち「変化を繰り返す力」である。変化を繰り返すことで「一時的な優位性を連鎖して獲得する」という能力が、これからの企業戦略においてカギになるという考え方だ。

これは、昨今取り上げられる両利きの経営、すなわち新たな領域の探索と既存領域の深化を両立させる能力の必要性を説く組織行動理論の裏返しとして、探索領域から深化領域に素早く「移動する能力」がきわめて重要であることを示している。

◉―プロジェクトエコノミーの潮流～オペレーションからプロジェクトへ

競争戦略論の世界だけでなく、不確実で変化の激しい時代に呼応して、また情報化時代の到来を受けて、企業・組織の価値創出の手法も変化している。その一つの例として、プロジェクトエコノミーの潮流が挙げられる。

これまでは、機能別のルーティン業務を中心とするオペレーションの効率性や生産性の追求を通した短期的な業績改善が企業価値の主な源泉となっていた。それが、21世紀に入って、価値創出の源泉がイノベーションや改革を目的とするイニシアティブやプログラムを中心とするプロジェクトに移行している。

プロジェクトマネジメント協会元会長のアントニオ・ニエト・ロドリゲス氏は、同協会の推計を引用しながら、世界のプロジェクト指向の経済活動の規模は2027年までに20兆ドルに成長するという見込みを示している。*11

また、トロント大学ロットマン・スクール・オブ・マネジメント元学長で経営思想家のロジャー・マーティン氏は、プロジェクトについて、「平均的なオフィスワーカーは、自分には何らかの決まった仕事があって、そこにプロジェクトが割り込んでくると考えています。しかし本来、組織においては意思決定工場全体（ディシジョンファクトリー）を、プロジェクト以外の何物でもないととらえるべきです」と、ロドリゲス氏に述べている。*12

ロドリゲス氏は次のようにも述べている。

「過去1世紀にわたり主流であった1年サイクルのオペレーションは、もはや実情にそぐわない。いまや官民を問わずすべての組織が、絶え間のない、時には破壊的な変化の中で運営している。かつては、プロジェクトは一時的なもので、オペレーションは永続的なものだったが、いまではその逆が真である。

11 Antonio Nieto Rodriguez, Amy C. Edmondson, Ranjay Gulati, Bent Flyvbjerg, “Better Project Management,”Harvard Business Review, November 2021（邦訳「プロジェクトエコノミーの到来」『DIAMOND ハーバード・ビジネス・レビュー』2022年2月号）
12 同上

つまりオペレーションは一時的に生き延びるための手段であり、永続するのは変化である。そのため変化の予兆、管理、遂行が至上命令となる」

「企業幹部がしばしば理解できていない点がもう一つある。それは、プロジェクトは仕事に意味を与えるということだ。行動科学や社会科学によれば、プロジェクトは非常にチームメンバーのやる気を引き出し、鼓舞するものである。彼らが最も誇りを感じる瞬間は、必ずと言ってよいほどプロジェクトに携わる中で訪れる。これは成功したプロジェクトは仕事に意味を与えるということだ。成功したプロジェクトはもちろんのこと、失敗したプロジェクトの場合も珍しくない」

情報化時代における価値の源泉は、物理的な資本や労働ではなく知識（≒情報）に移行している。知識が簡単に普及する時代の経済成長に重要なのは、独創性と社会的なつながりの2つといわれる。

どんな人でもチームなしに独創的な知識やモノを生み出すのは難しい。現代の企業の多くは、大きな官僚的組織を必要としないが、少数の独創的な人材が生み出すビジョンを実現するためのチーム、すなわち新しい群れを数多く必要とするのである。

ダイナミックケイパビリティとは

ここまで見てきたように、変化のための新たなケイパビリティ（組織的な能力）として、競争戦略論の世界では、一時的な優位性の連鎖を繰り返す考え方が登場し、組織的な価値創生の手法としては、プロジェクトエコノミーが台頭している。

図表2-5｜ダイナミックケイパビリティとオーディナリーケイパビリティの違い

ダイナミックケイパビリティ		オーディナリーケイパビリティ
環境変化が激しい中でも、企業が恒常的に変化して、対応し続ける能力	定義	緩やかな競争環境・明確に規定された仕事の中で十分な成果を残し続ける能力
感知 センシング 捕捉 サイジング 変容 トランスフォーミング 移行 シフティング	構成要素	オペレーション 管理 ガバナンス
新しいビジネスモデルや他の変化に即応するための組織の価値観、文化、集団的な能力	会得上の要点	パフォーマンスを向上するベストプラクティス
正しいことを行う	優先事項	ものごとを正しく行う
▼		▼
変化の激しい環境での競争力維持、イノベーション	効果	コスト削減・効率性の向上

出所：入山章栄『世界標準の経営理論』（ダイヤモンド社、2019年）、経済産業省「2020年版ものづくり白書」を基に作成

加えて、組織行動理論の世界では、組織の「俊敏性（アジリティ）」が注目され、ダイナミックケイパビリティ（動的な組織能力）という研究領域に関心が集まっている。それは、ますます激しくなる環境の変化に着目して、既存の組織と経営者は急速な変化に対応するために、内外の知見を統合、構築し、再配置する能力＝ダイナミックケイパビリティが求められるというものである。

学術的には、「環境変化が激しい中でも、企業が恒常的に変化して、対応し続ける能力（デビッド・J・ティース氏）[13]」や、「急速に変化するビジネス環境の中で、変化に対応するために内外の様々なリソースを組み合わせ直し続ける、企業固有の能力・ルーティン（入山章栄氏）[14]」などと定義されている。

ティース氏は、企業の組織能力は、ダイナミックケイパビリティとオーディナリーケイパビリティに分類されると述べる（**図表2－5**「ダイナミックケイパビリティとオーディナリーケイパビリティの違い」参照）。

オーディナリーケイパビリティとは、穏やかな競争環境、明確に規定された仕事の中で十分な成果を成し遂げる能力であり、オペレーション志向のベストプラクティスの追求が中心になる。ティース氏はこれを「ものごとを正しく行う」組織能力と位置づけている。これに対してダイナミックケイパビリティは、環境変化が激しい中でも、企業が恒常的に変化して、対応し続ける能力であり、新しい価値の創造や変化に即応するための組織の価値観、文化、適応能力を意味する。外的変化に対して「正しいことを行う」組織能力として位置づけられる。

ダイナミックケイパビリティとは、前項で紹介したプロジェクトエコノミーにおいてプロジェクトが、

13 アメリカの経営学者。カリフォルニア大学バークレー校ハース・ビジネススクール教授。主著に『ダイナミック・ケイパビリティ戦略』（ダイヤモンド社、2013年）

14 入山章栄『世界標準の経営理論』（ダイヤモンド社、2019年）

すなわちチーム（群れ）が発揮する組織能力であり、オーディナリーケイパビリティとは、20世紀のオペレーションを中心とするエコノミーにおける組織能力を指しているといってもよいだろう。

なお、ダイナミックケイパビリティは「少数個人の経営に宿る」（ティース氏）という考え方と、「数を絞ったシンプルなルールだけを組織に（ルーティンのように）徹底させ、あとは状況に合わせて柔軟に意思決定すべきであり、組織に埋め込まれた繰り返される行動パターンとして、組織ルーティン化できるものである」（キャスリーン・アイゼンハート氏[*15]）とする2つの考え方が存在する。

私たちは、どちらの考え方が優勢かではなく、ダイナミックケイパビリティを経営能力（リーダーシップ）に軸足を置いてとらえるのか、組織そのものの自律的な変化力（学習する力）に着目して、その潜在的な力に軸足を置いてとらえるのかという視点の違いにあると考えている。

次項では、後者の、組織そのものの自律的な変化力に関する視点について考察してみたい。

生きているシステムとしての組織

ここでは、急速な変化に対して、群れ、すなわち組織の「生物学的な進化」によって変化に適応する力を高めるという視点を掘り下げてみたい。

生物進化論の世界では、進化の主因は環境変化よりも、むしろ種の行動にあるとする説が存在する。それは、ある種の生物はその独特な行動の結果、他種に比べて早く進化する（すなわち、変化に適応する）というものである。動物学と生化学の研究者でカリフォルニア大学バークレー校の教授を務めたアラン・

15 スタンフォード大学教授。主著に『SIMPLE RULES「仕事が速い人」はここまでシンプルに考える』（三笠書房、2017年）

ウィルソン氏[16]は、種の進化表では霊長類や一部の鳥類が最高の座を占めるが、その要因となる特性として次の3点を挙げている。[17]

①イノベーション

個人であれ、社会であれ、種には新しい行動を発明する能力、あるいは少なくとも潜在力がある。環境を新しい方法で開発する技能を伸ばすことができる。

②社会的な伝播

個人の技能を社会全体に伝播する既定のプロセスが見られる。遺伝的というのではなく、直接的なコミュニケーションを通じて伝播を図る。

③移動性

種の個体は移動能力を持ち、(最も重要なことだが)移動する。隔離された地域に個別に生息するのではなく、群れを形成して移動する。

これらの特性は、創造的で、社会的なつながりを強め、群れ、すなわちコミュニティとして動きまわることによって、種は環境変化により適応して進化することを示している。これを別の言葉で表現すれば、セレンディピティ(偶然を価値につなげる力)が高い群れは、進化する力を高めることができるということだろう。セレンディピティについては、本章の後半でさらに詳しく紹介する。

16 ニュージーランド出身の生物学者、分子生物学者。1967年にヴィンセント・サリッチと分子時計を発明し、ヒトとチンパンジーの分岐を400万年前から500万年前と推定した

17 Jeff S. Wyles, Joseph G. Kunkel, and Allen C. Wilson, "Birds, Behavior and Anatomical Evolution", Proceedings of the National Academy of Sciences, July 1983

この進化生物学的視点を企業に適用した調査も存在する。オランダのビジネス理論家アリー・デ・グース氏は、寿命の長い企業を特徴づける要素について調査している。[*18] その結果、企業を機械としてとらえることと、人のコミュニティとしてとらえることの違いを理解するようになったと述べている。寿命の長い企業は、みずからを利益を追求する機械としてよりも、人のコミュニティとして考える傾向があると結論づけている。

また、それらの企業は、「〝何をするか〟を超越した〝何者であるか〟という感覚をもち」、それによって、同時代の他の企業とは比べものにならないほど進化・適応し、つまり、学習することが可能になったと述べている。これらの研究結果は、組織の進化・適応を促進するためには、組織としての「Ｔｏ ｄｏ」を超えた「Ｔｏ ｂｅ」を群れとして備えていることが重要であるという示唆である。さらには、急速な変化に適応するために、群れとして、コミュニティとして、組織が生きているシステムのように継続的に学習するマインドセットや行動様式を備える必要があることを示しているのではないだろうか。

本章の冒頭で紹介したセンゲ氏は『学習する組織』の中で次のようにも述べている。「世界は相互の繋がりをより深め、ビジネスはより複雑で動的になっていくので、仕事はさらに『学習に満ちた』ものにならなければならない。いまや、ヘンリー・フォードやアルフレッド・スローン、トム・ワトソンジュニア、ビル・ゲイツのように、組織のために学習する人が一人いれば十分という時代ではない。どうすればよいかを経営トップが考え、ほかの人すべてをその『大戦略家』の命令に従わせることなど、もう不可能なのだ。将来、真に卓越した存在になる組織とは、組織内のあらゆるレベルで、

18 アリー・デ・グース『企業生命力』（日経BP、2002年）

図表2-6｜思考の軸を形成する4つの階層

		今後の変化
第1階層	企業戦略	イノベーションの探求と習熟へ軸足が移る
第2階層	経営資源	コミュニティがより重要な要素となる
第3階層	組織の能力	変化し続ける動的な組織能力（ダイナミックケイパビリティ）の発揮がより重要となる
第4階層	群れのカルチャー（行動様式）	第1階層～第3階層を駆動して変革するために埋め込んでいく

人々の決意や学習する能力を引き出す方法を見つける組織だろう」

センゲ氏は、群れ、すなわちコミュニティが継続的に学習して進化を加速するためには、より多くの人がそこに関与し、より多くのリーダーシップが育まれる必要性を説いている。

急速な変化に対応するために、企業・組織を「生きているシステム」ととらえ、みずから学習して進化する力を獲得することは、既存の企業・組織にとって、変化と混沌の時代を生き続けるうえで非常に重要なケイパビリティ（組織的な能力）といえる。それは、企業・組織としての戦い方だけでなく、価値創出の手法や、新たに重視すべき組織能力の獲得、さらには組織カルチャーの醸成にまで及ぶのである。

ビジネスの本質を再び駆動させる自己変容の軸

ここまで、既存の企業・組織が変化するためのケイパビリティ（組織的な能力）について、さまざまな視点を紹介してきた。それは、組織としての戦い方（一時的な優位性を繰り返す戦い方）だけでなく、価値創出の手法（プロジェクトエコノミー）や、新たに重視すべき動的な能力（ダイナミックケイパビリティ）の獲得、さらには組織的な行動様式（学習する組織）の醸成にまで及ぶ。

既存の企業・組織は、急速な変化の激しい時代にみずから進化を続けながらビジネスの本質を再駆動していかなくてはならない。そのために、私たちは、既存の組織が自己変容（トランスフォーメーション）を繰り返すための「思考の軸」が必要ではないかと考えている。それは、不確実で急速な変化の時代に、既存の企業・組織が長く存在し続けるための要諦といってもよい。

自己変容を繰り返す「思考の軸」は、次に挙げる4つの階層でとらえることができる（**図表2−6**「思考の軸を形成する4つの階層」参照）。

第1階層では、企業・組織の目的と戦略は、外的な変化と組織内部のギャップを超えるイノベーションの探求と習熟へとその軸足が移る。パーパス（存在意義）やMTP[*19]（将来に向けた世界観）といった群れとしての軸を起点に、企業や組織の戦略とイノベーションは、ますます融合していく。

第2階層では、企業・組織の目的と戦略を支える経営資源は、ヒト・モノ・カネ・情報に加えて、みずから進化を繰り返す群れ、すなわち多様なコミュニティが重要な要素としてクローズアップされる（経

19 Massive Transformative Purpose。直訳すると「巨大で革命的な目的意識」のこと。シンギュラリティ大学を創業したサリム・イスマイル氏によって、指数関数的に成長する企業（飛躍型企業）になるための一つの必要条件として示された

図表2-7｜変革を駆動する3つの「進化の素」

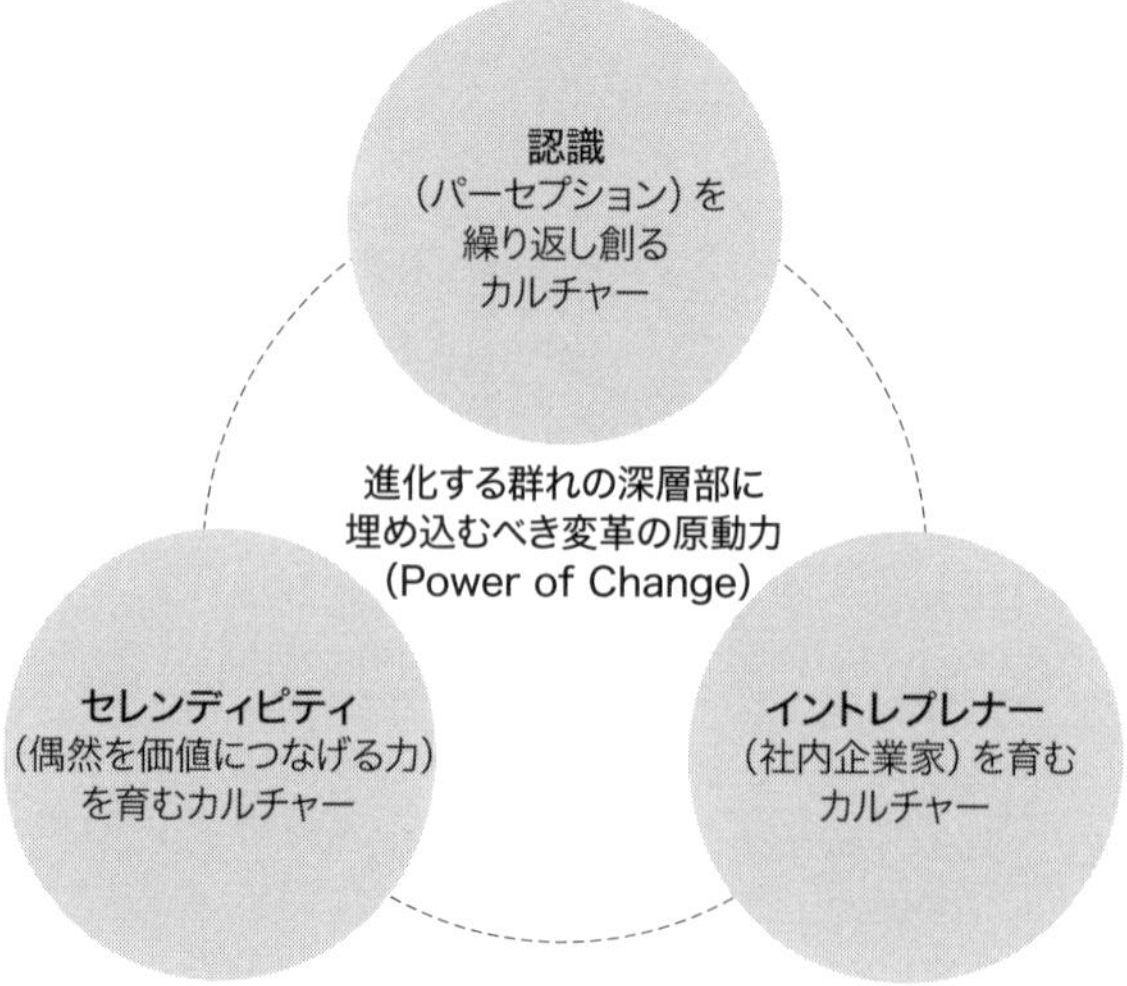

営資源としてのコミュニティについては、第3章で紹介する）。

第3階層では、変化する環境に適応しながら、みずから変化し続けるケイパビリティがきわめて重要になる。俊敏性（アジリティ）がこれまで以上に求められ、企業として、組織として、統合されたダイナミックケイパビリティ（動的な組織能力）の獲得と発揮が重視される。

そして、第4階層では、第1階層から第3階層を駆動するために、みずからが生きているシステムとして、群れとして変わり続ける深層部のカルチャー＝行動様式を育む必要がある。私たちはこの階層を「変革を駆動するカルチャー」と位置づけ、自己変容を繰り返す思考の軸における「進化の素」と呼んでいる。

それこそが、いま、進化する群れの深層部に埋め込むべき変革の原動力（Power of Change）なのである。

3つの「進化の素」が変革を駆動する

これからの企業・組織は、3つの「進化の素（変革を促進するカルチャー）」を自己変容を繰り返す組織の深層部に埋め込む必要がある（**図表2-7**「変革を駆動する3つの『進化の素』」参照）。それは、既存の企業や組織に限らず、急速な変化に適応して、進化を繰り返す組織が育むべきものであり、より多くの人々が協力してビジネスをするための、より人間らしく、より創造的な活動を再現する原動力である。これらは、環境変化を超えて進化するという生物進化の原則にも通ずるものといえるだろう。

私たちが着目する「進化の素」の1つ目は、「認識（パーセプション）を繰り返し創るカルチャー」である。これは変化の合目的性を育むものである。群れとしてビジネスの意味を構想し、群れの内外に対して共感を生み出すカルチャーといってもいいかもしれない。

2つ目の「進化の素」は、「イントレプレナー[20]（社内企業家）を育むカルチャー」である。これは自己変容するための自律性と継続性を育むものである。組織として変化し続けるためには、より多くの、自律的で主体的なリーダーシップと、変化の伝播を牽引するマインドセットを育む必要がある。

そして3つ目の「進化の素」は、「セレンディピティ（偶然を価値につなげる力）を育むカルチャー」

20 ゼロから新しい会社を立ち上げる起業家をアントレプレナーと呼ぶ一方、企業内で新規事業を立ち上げ、そのリーダーとなって牽引する人を指す。ここでは、企業内の組織やコミュニティをリードするイノベーター全般として使用する

図表2-8｜センスメイキング理論

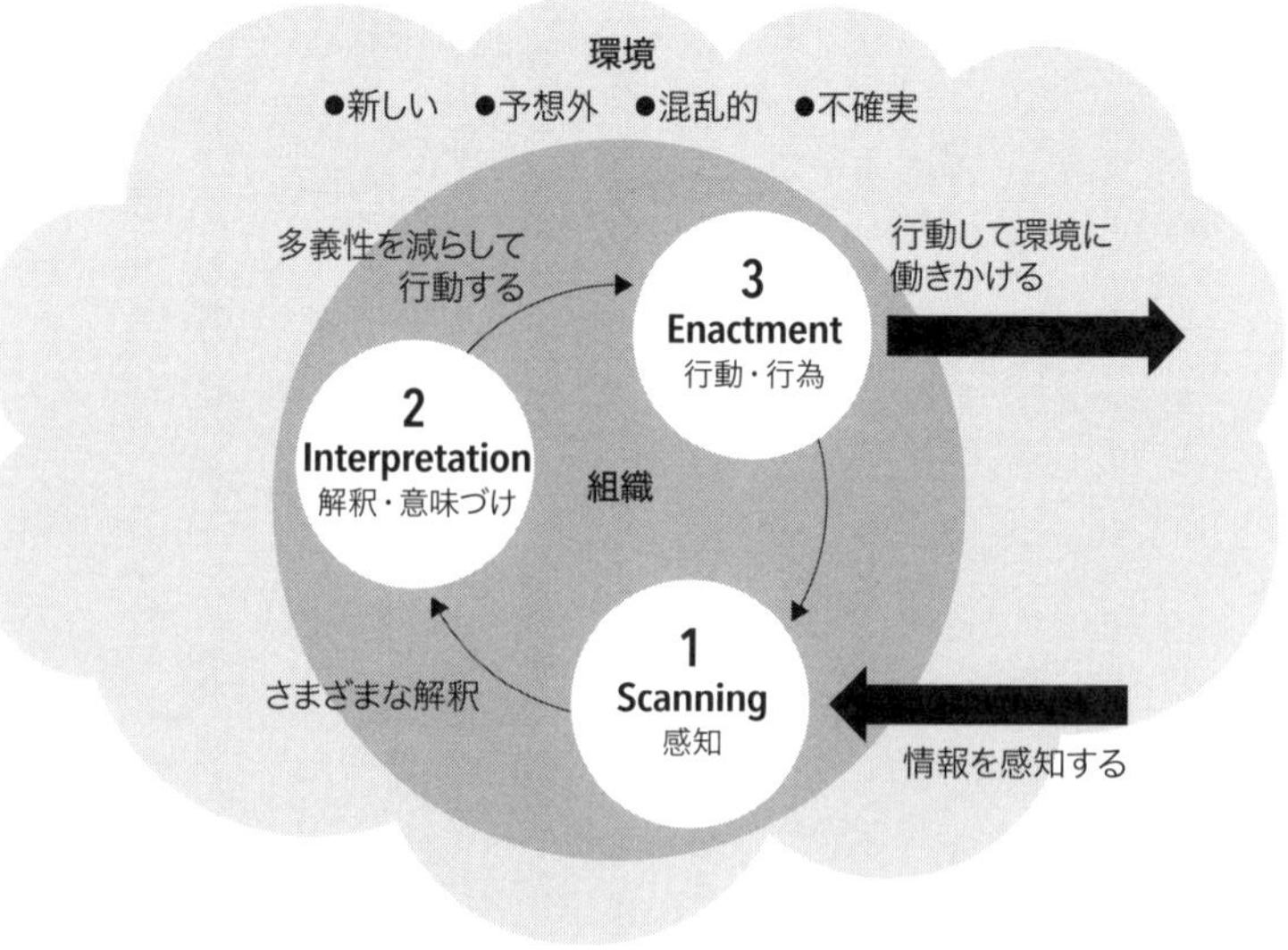

入山章栄『世界標準の経営理論』（ダイヤモンド社、2019年）を基に作成

である。これは個と組織に自己変容のための創造性を生むものである。組織が創造的であり続け、組織として継続的に学習を繰り返すために、個と組織が、点と点をつなぐように偶然からより多くの学びを繰り返し、学びを相互に活用するカルチャーを育む必要がある。

❶——認識を繰り返し創るカルチャー

本書では序章において、変化をとらえ、みずから変わり、変化を外に波及させることの重要性を説いてきた。そこで欠かせないのが、組織として群れる意味を繰り返し問い続けることである。外部の環境変化に対する察知や認知にとどまらず、自己の存在意義（パーパス）とみずからのビジネスの本質に立ち返って、新たな認識（Perception）を何度も繰り返し創造し、環境（社会・ステークホルダー）

に働きかけ、センスメイクを繰り返していかなければならない。そのような「認識（パーセプション）を繰り返し創る行動様式」は、企業・組織の合目的性を生み出す源であり、ビジネスの意味を構想し、共感を創り出すカルチャーといってもよい。

たとえば、コーポレートブランディングの世界では、自分らしさを規定するものがパーパスであり、パーパスのゴールは、何らかの価値観や世界観に基づき、社会的な認識を創る、あるいはこれまでの認識を変えることである。その時、変化し続ける環境に対して、認識を変えたり、新たな認識を獲得したりすることを繰り返すことがその組織にとってのゴールになる。なぜなら、認識の変容がそのまま環境やステークホルダーの行動変容を生むからである。

昨今、パーパス経営は多くの企業や組織に浸透し、パーパスを定義する企業が増えているが、それだけで企業や組織が変わる力を獲得できるわけではない。ビジネスの本質に立ち返った新たな認識の変容（パーセプションチェンジ）を繰り返すことによって、社会やステークホルダーに腹落ちをさせ続けるカルチャーが必要なのである。それは、群れとしてセンスメイクを繰り返す存在になることを意味する。

経営学の世界では、センスメイキング理論という領域がある。このセンスメイキング理論とは、「組織のメンバーや周囲のステークホルダーが、事象の意味について納得（腹落ち）し、それを集約させるプロセスをとらえる理論[*21]」とされる（**図表2－8**「センスメイキング理論」参照）。既存の企業・組織が、急速な変化に対応してみずから変化を繰り返すためには、認識（パーセプション）を繰り返し創るカルチャー、すなわち群れとして、センスメイク（腹落ち）を繰り返す行動様式を育む必要があるのだ。

21 入山章栄『世界標準の経営理論』（ダイヤモンド社、2019年）

センスメイクを繰り返すことで、永続的に変化をとらえ、みずから変わり、変化を外に波及させることができる。それこそが、学習し続ける群れとして進化を繰り返す「変革の原動力（Power of Change)」を育むのである。

❷――イントレプレナーを育むカルチャー

みずから変化し続ける群れであり続けるためには、企業・組織内に多くのリーダーシップを育むカルチャーが求められる。これは、群れが「自律性」を育むカルチャーともいえる。組織内でより多くの、いわゆる企業家と企業家マインドを育む仕組みを埋め込むことの重要性は、自律分散型の組織によって変化適応力を高めること、すなわちみずから組織学習を促進することによってパフォーマンスを高めるという行動につながる。前述のプロジェクトエコノミーの台頭においても触れた通り、21世紀に入って、価値創出の源泉がイノベーションや改革を目的とするイニシアティブやプログラムを中心とするプロジェクトに移行している。それは、進化する群れの核となる多くのチームリーダーを育む体質が、「変革の原動力（Power of change)」になることを意味しているのである。

一橋大学名誉教授の野中郁次郎氏は著書『ワイズカンパニー』[22]の中で、組織内のすべての層でワイズリーダー[23]を創出することで、企業はあらゆる状況に柔軟かつクリエイティブに対応できるようになると述べている。そのような企業・組織は回復力に富み、長く存続できる。組織内外でより多くの企業家を育むカルチャーを埋め込むことによって、創造力だけでなく変化適応力も高まるのだ。

22 野中郁次郎、竹内弘高『ワイズカンパニー』(東洋経済新報社、2020年）

23 実践知を備えたリーダーをワイズリーダー（賢慮のリーダー)、ワイズリーダーに率いられた企業をワイズカンパニー（賢慮の企業）と呼んでいるまた、野中氏は「悟空吹毛」という表現を使い、孫悟空がみずからの毛を吹くと分身が現れるがごとく、ワイズリーダーの後継者が絶えず育まれることの重要性にも言及している。競争戦略論でおなじみの一橋大学大学院教授の楠木建氏も、若い頃から多くの人材に事業責任を負う経験を積ませることが大切だと述べている。

さらに、ここで述べるイントレプレナーに近い概念として、最近では「コーポレート・エクスプローラー（Corporate Explorer）」という書籍も発行されている。[*24] イノベーションへのアプローチとして、既存の会社・組織内部の人材をリーダーとして活用していくことの有用性を説いたものだ。イノベーションは、かつてはアントレプレナー（起業家）に任せるのが最善とされていたが、最近では、大企業における組織内の企業家を積極的に活用していく手法の有用性にも注目が集まっている。

❸――セレンディピティを育むカルチャー

「セレンディピティ（serendipity）」とは、18世紀のイギリスの小説家ホレス・ウォルポールによる造語とされる。もともとは「幸運な偶然の発見」を意味する言葉だった。それが最近になって、創造性、イノベーションと密接につながった言葉として使われるようになってきている。点と点をつなぎ、偶然からより多くの価値を生み出して活用する行動様式といった意味合いで、予想外の事態に対処する能力を高めるという文脈でも使われる。

「具体的には、偶然に思いがけない幸運な発見をする能力、またはその能力を行使することであり、こ

24 Andrew Binns, Charles O'Reilly, Michael Tushman “Corporate Explorer: How Corporations Beat Startups at the Innovation Game” Wiley, 2022

の能力によって、失敗した実験の結果から予想外の有用なデータや知識を得たり、検索結果を点検しているときにノイズの中から偶然に当初の目的とは異なる価値のある情報を発見したりする偶然が起きる。ただし、すべてが偶然や幸運に依存するのではなく、有用なデータ、情報に気付くために基盤となるファンダメンタルな能力を磨き続ける必要がある」（『セレンディピティ 点をつなぐ力』[*25]より）

ある人に何か予想外、あるいは普通ではないことが起こる。それは物理現象のこともあれば、会話の中でたまたま出てきた話題のこともある。これが「セレンディピティトリガー」である。その人がトリガーをそれまで関わりのなかったことに結びつける。点と点を結びつけ、一見偶然のような出来事や出会いに価値があるかもしれないと気づく。このそれぞれ無関係と思われていた事実や出来事を結びつけることを「バイソシエーション」という。

ここで重要となるのは、実現した価値（洞察、イノベーション、新しい手法、問題への新たな解決策）はもともと期待されていたものでも、誰かが探していたものでもなく（少なくとも探していた形ではない）、完全に予期せぬものだということだ。

セレンディピティにおいてもう一つ重要なのが、偶然の発見を理解して、使いこなす能力だ。それは複数の出来事、観察したこと、断片的情報の間に、（意外な）価値のあるつながりを発見し、クリエイティブに融合させていく能力を指す。

セレンディピティでは、予想外の出会いや情報の価値を認識して、活用する能力が重要なのだ。一つひとつのステップは学習できるし、後押しすることもできる。セレンディピティマインドセット、すな

25 クリスチャン・ブッシュ『セレンディピティ 点をつなぐ力』（東洋経済新報社、2022年）

図表2-9｜セレンディピティの概念図

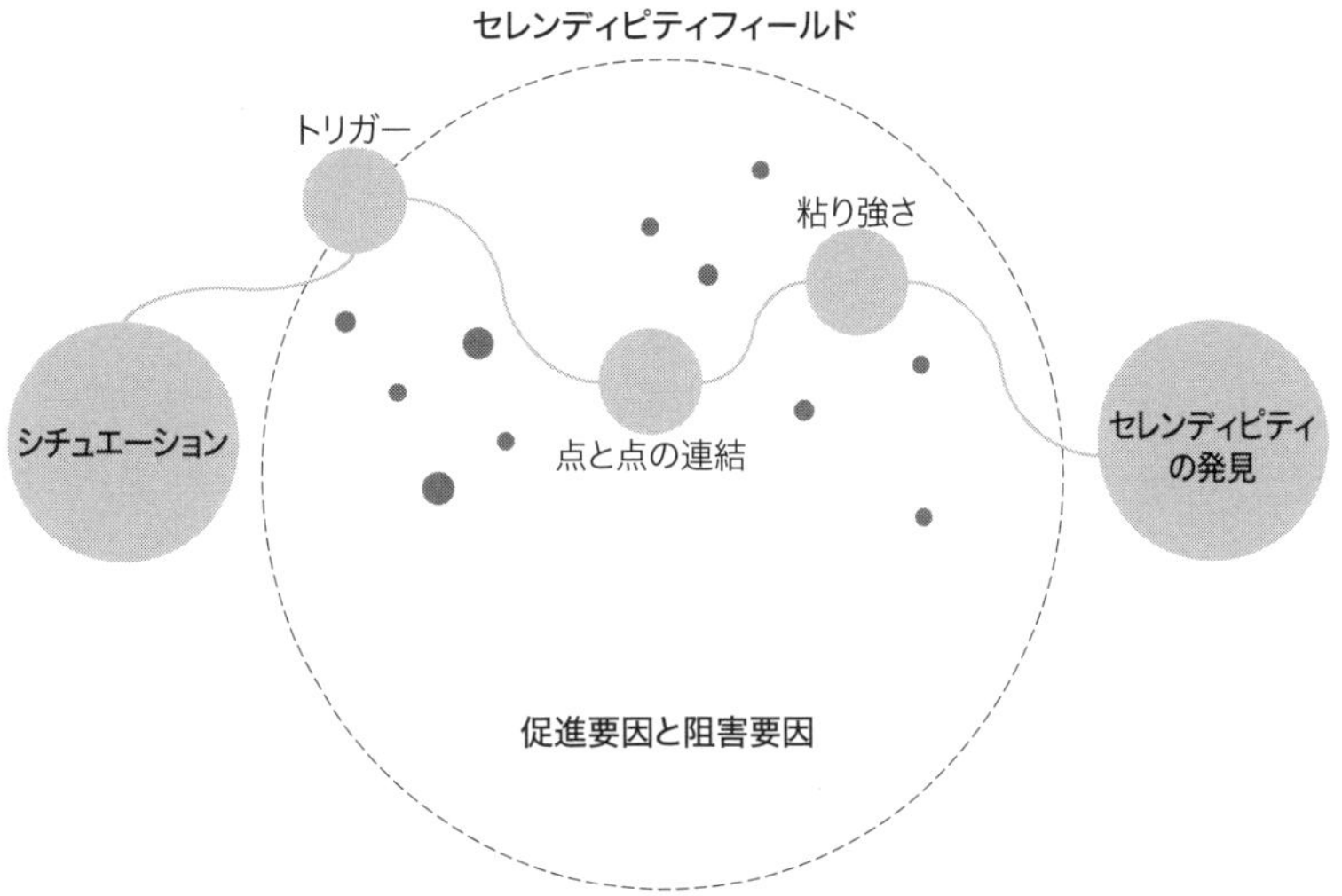

出所：クリスチャン・ブッシュ『セレンディピティ 点をつなぐ力』（東洋経済新報社、2022年）を基に作成

わちこの強力な影響原因に気づき、つかみ、活用する能力を伸ばすことができるかどうかが重要なのである。また、組織、人脈、物理的空間を一つひとつ見直すことなどによって、セレンディピティが生じやすい状況を生み出すこともできる。セレンディピティマインドセットと適切な状況を組み合わせることで、セレンディピティの育つ「セレンディピティフィールド」は豊かになるのだ（**図表2－9**「セレンディピティの概念図」参照）。

セレンディピティによって、仕事のクリエイティビティが高まり、ひいてはイノベーションが促進されることに企業も気づきつつある。前出の『ワイズカンパニー』では、グーグルのカリフォルニア本社が紹介されている。「グーグルのカリフォルニア本社には、『従業員の思いもよらぬ出会い』を最大限に増やす大学のキャンパスのような空間が築かれている。実際、グーグルの不動産責任者によれば、本社の施設内では、従業員はどこにいても歩いて二分以内に他の従業員と顔を合わせるという」

世界はいま、さまざまな政治的、社会的、環境的変化に直面しており、私たちの未来の大部分を決めるのは予想外の要因である。予想外のことによって組織の存続が脅かされることもある。私たちはセレンディピティを、個人や群れとして（"Do innovation"を目指すのではなく）"Be innovative"を追求し続ける行動様式であり、群れとして創造性を育むカルチャーととらえている。

急速に不確実に変化する世界において、次に何が起こるか、どのような人材やリソースが必要になるかはわからない。だからこそ個人として、群れとして、そして組織として、予想外の事態に対処する方法を身につける必要がある。個人もチームもセレンディピティをもっと頻繁に経験し、よりよい成果を手に入れるためには、キャリアの中でも予想外や普通でないことを安心して自由に追求すること、それを正当な権利として認められる群れ、コミュニティが必要だ。

そして、セレンディピティは、まさに組織カルチャーを進化させていく術として有効なのである。これからの組織は予想外の出来事に注目し、それを好意的に受け止める必要がある。セレンディピティを経験した仲間を評価し、普通でないことや出来事に関心を持って追求して構わないというカルチャーを醸成することで、学習を繰り返す群れの土台が築かれ、「変革の原動力（Power of Change）」が育まれていくのである。

いま、経営チームが磨くべき「センス」

前節では、組織が深層部に育む「変革を駆動するカルチャー」として、私たちが〝進化の素〟と名づける3つのカルチャーを紹介してきた。群れとして、「認識（パーセプション）を繰り返し創るカルチャー」、群れの中に「イントレプレナー（社内企業家）を育むカルチャー」、そしてこの群れが点と点をつなぐ「セレンディピティ（偶然を価値につなげる力）を育むカルチャー」である。これらは、既存の企業・組織が、自己変容（トランスフォーメーション）を繰り返すために群れの深層部に育むべきカルチャー＝行動様式であると私たちは考えている。

続いて、この3つのカルチャーを群れに育みながら、企業・組織が継続的な自己変容（トランスフォーメーション）を駆動させるために、経営チームがいま「チーム」として磨くべきことについて考察してみたい。なお、ここで私たちが注目するのは、一人の経営リーダーではなく、経営チームとして磨くべきことである。「生きているシステムとしての組織」でも紹介したピーター・センゲ氏の言葉の通り、組織のために学習する人が一人いれば十分という時代は終わり、経営も「チーム」として「学習する経営」へと変容する必要があるからだ。

組織として群れる意味を紡ぎ、みずから変わることを促進する力を活用して、自社ビジネス全体を再構成（リデザイン）し、柔軟にくくり直す（環境に対して働きかけ続ける、センスメイクを繰り返す）、これは、経営チームにしかできないことである。自己変容に大きなエネルギーを要するエンタープライズ企業の中には、急速な変化をとらえ、みずからの経路依存性[*26]やサクセストラップ[*27]を乗り越え、事業構造を積極的に変える組織も存在する。

この組織能力の発揮を可能とする経営チーム固有の力とはどのようなものだろうか。

前述の継続的な自己変容を駆動するための思考の軸に従えば、経営チームは、不確実で急速に変化する環境に適応するため、「変革することを促進するカルチャー（行動様式）」（第4階層）を醸成しながら、イノベーションを追求するビジョンや戦略（第1階層）に向かって、進化する新たな経営資源（第2階層）を束ね、変化し続ける動的な組織能力（ダイナミックケイパビリティ）（第3階層）を発揮する必要がある。

加えて、私たちはいま、この時代だからこそ、経営チームが磨くべきことが3つあると考えている。それは、教科書的な経営の「スキル」ではなく、いまこそ経営チームに求められる「センス」といってもよいだろう。世界は非連続かつ素早く変化しており、これまでの知識や経験だけでは、新たなビジネスの価値・意味を生み出すことは難しくなっている。これまでの発想やしがらみを捨て、新たな世界の中で試行錯誤をしながら価値を創り出すことが、これからは求められるのである。

それは、もしかしたらスタートアップに、あるいはY世代やZ世代に託したほうがよい価値創造のプロセスかもしれない。それでも、既存の企業・組織が変化をとらえ、みずから変わり、変化を外に波及させるには、経営チームは、これまでとは異なるセンスを磨かなければならない。

26 過去の経緯や歴史によって決められた制度や仕組みに縛られ、状況が変わるなどしても変えられないこと

27 成功の罠。ビジネスにおいては、一度事業などで成功するとその深掘りに偏重してしまい、イノベーションが起きにくくなることを指す

一つは、「価値をビジネスとして構想するセンス」である。これまでより解像度の高い未来を構想し、それを内と外に波及させる「クリエイティブ&デザイン」のセンスといってもよいだろう。

もう一つは「事業の構成可能性を高めるセンス」である。私たちはこれを、「コンポーザビリティ（構成可能性）」を高めるセンスと呼んでいる。リアル空間とサイバー空間が渾然一体となって接続する世界で、自在にビジネスを組み立て直すセンスといってもよいだろう。

そして最後の一つが「ビジネスを柔軟にくくり直すセンス」である。ビジネスだけでなくあらゆるものの境界が曖昧となる時代において、既存の企業・組織はみずからの内と外を柔軟にくくり直して（まるで風呂敷で包み直すように）、素早く次の場所に移動する必要がある。私たちは、これを「風呂敷で包み直す」センスと呼んでいる。

❶価値をビジネスとして構想するセンス

本章の前半で、企業経営のパラダイムが変わり、ビジネスに求められる「意味」や「価値」は変化しているが、ビジネスに求められる本質は変わらないことを強調した。これは、これからの経営チームは、群れとして自己変容する力を高めながら、変わり続ける価値をビジネスとして構想し、表現し続ける必要があることを意味している。

未来が不確実だからといってこれまでの流れに身を任せるのではない。また、組織のパーパス（存在意義）やビジョンを一度掲げたら、半永久的に同じゴールを追い続けることでもない。変革を促進するカルチャーを育み、新たな認識（パーセプション）の創出を繰り返す行動様式を醸成しながら、経営チームは、変化に適応し続ける「Ｔｏ ｂｅ」を構想する能力を徹底的に磨かなければならない。

その際、求められるセンスも、これまでとは異なるのである。近代（工業化時代）の官僚型組織を動かしてきた定量的なゴールや静的な青写真ではなく、イノベーションを想起させる、動的で、解像度が高く、クリエイティブな「構想」を描き、群れの内と外に波及させるセンスが求められている。

アップルは１９８７年に“Knowledge Navigator”と題したショートフィルムを発表して、近未来におけるコンピュータがどのように人々の知的活動を支援するようになっているかという「構想」を映像として公表した。この映像では、ネットワークでつながったデータベース、タブレット端末、タッチパネルでの入力、音声による入出力、あいまい検索、ビデオチャットなど、現代の世界になって実現しつつある世界観をまさにビジョンとして、動画で伝えている。

それは、予測でも願望でもなく、彼らが「こういう世界が実現したら素晴らしい」という構想であり、それをアートやデザインの力を駆使して、共有可能にしたものである。もしも、彼らがこの構想を文字によるメッセージにしていたら、それは過去にあった価値の記述になってしまい、「まだ誰も見ていないもの」を表現することはできなかったはずだ。彼らは、まったく新しい構想と世界観を、効果的に、わかりやすく人々に伝えるセンスを30年以上前に示していたのである。

人の心をたきつけるには、言葉よりもイメージのほうが効果的であることが、多くの研究を通して明らかになってきている。ビジョンによって人々を惹きつけ、効果を上げるには、言葉だけではなく、イメージも伝えるべきなのである。変化し続ける価値をビジネスとして構想するセンスは、単に思いを言葉として紡ぐだけでなく、それをどのように表現し、伝えるかという点も含めて、これからの経営チームに求められるセンスととらえ、磨く必要があるといえよう。

❷——事業の構成可能性を高めるセンス

ビジネスにおけるコンポーザビリティとは、新たな認識（パーセプション）に合わせて、組織が迅速に進化・変容できるように、ビジネスの構成可能性を高めるセンスである。一連のビジネス運営能力をモジュールとしてとらえ、あらかじめイメージするシステム化された構造の上に設計・構築することを意味する。

ピーター・F・ドラッカーは『ネクスト・ソサエティ』[*28]の中で、企業は「ミッション・ビジョン・バリュー以外は、すべてアウトソーシングすることができる」と述べた。また、2020年にガートナーは、ビジネスコンポーザブルの重要性を提起している。ガートナーの講演では、コロナ禍で企業や組織が築いてきた多くのビジネスが〝破壊〟の危機に直面し、先行きの不透明さも増すなかで、変化に対応しうる新たなビジネスモデルとプロセスを実現していった取り組みが、ビジネス領域におけるコンポーザブルに当たると紹介している。

現代のビジネスにおけるコンポーザビリティの土台となるのは、モジュール化とスタック（レイヤー）構造化をビジネスとプロセスとITアーキテクチャの構築に適用する思考である。学術的にはシステム

28 Peter F. Drucker “Managing in the Next Society” Routledge, 2002（邦訳『ネクスト・ソサエティ』ダイヤモンド社、2002年）

図表2-10｜モジュール化とスタック（レイヤー）構造化

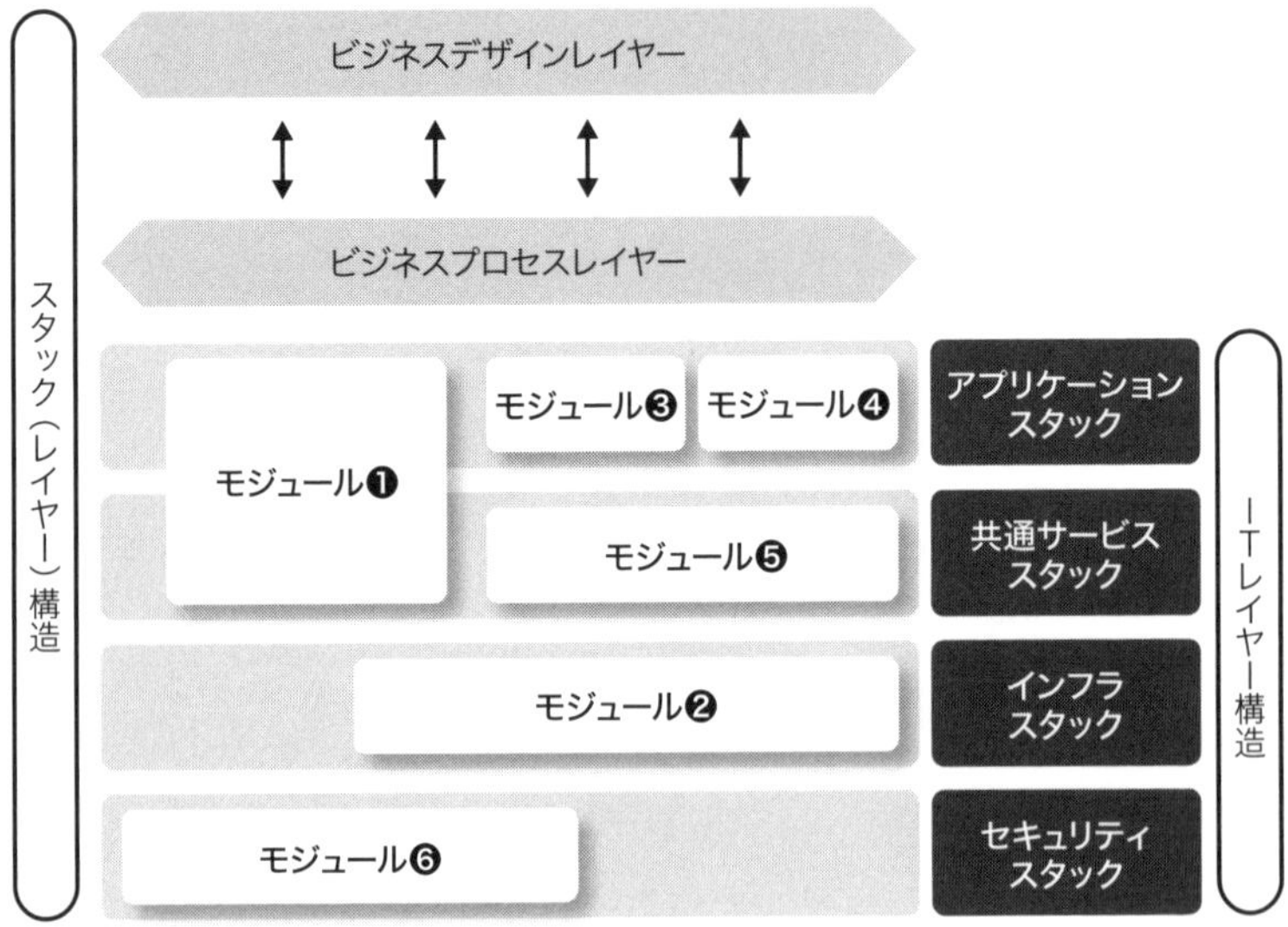

化思考と呼ばれるものであり、実務的には、ビジネスを「レゴブロック」のように、組み換え可能な状態で設計し、常に再構成可能な状態をつくることである。

本章の後段に紹介するダイフクの下代博社長も、新たな市場に技術を移転させていく際に、共通化・汎用性を意識していると述べていた。「開発するにもシステム固有のものを勝手気ままに作るのはダメで、共通部品をベースに作っていく。設計者には、『相手に調整させるな』『設計するな（図面を見るな）』『唯一のものは許さない』と逆説的なことを社内では伝えている。そうしないと同じような品種のものをたくさん作ることになったり、同じ品質で多くのものを作ることがしづらい設計になったりしてしまう」と。

また、モジュール化とスタック（レイヤー）

構造化は、ＤＸ（デジタルトランスフォーメーション）の根幹をなす考え方ともいえる。ビジネスモデルの転換を連続的に行うために、すなわち現在の価値から次の価値へと移動するために、あらかじめ多くの機能を動かし支援する仕組み（テクノロジースタック）上にビジネスを構想する。それは一般的に、①ソフトウェアで構成されるアプリケーションスタック、②共通サービススタック（ＡＰＩ、データ活用、ＩＤなどテクノロジーを共通利用できる形を準備するもの）、③インフラスタック（クラウドなど）、④セキュリティスタックの４つから構成される（**図表2－10**「モジュール化とスタック（レイヤー）構造化」参照）。

私たちは、このコンポーザビリティの獲得は急速な変化に適応するために、経営チームが備えるべきセンスであると考えている。これからの経営チームは、ビジネスのコンポーザビリティを高めながら、変化に挑む必要があるのだ。

しかし、多くの経営チームにとって、コンポーザビリティ（構成可能性）の獲得は大きな課題になっているはずだ。世界中で既存企業や組織はＤＸの必要性を問われ、さまざまな方法論が拡散している状況だが、実は、経営チームにコンポーザビリティをデザインするセンスが欠けているケースが多いというのが私たちの見立てである。

急速な変化に適応し、進化する企業・組織であるために、そして、ビジネスの本質を実践するために、経営チームは、みずからのビジネスの構成可能性を高く保つように、ビジネスの構成可能性をリデザインするセンスを磨く必要がある。誤解を恐れずに換言すれば、ビジネスの構成可能性をリデザインするセンスを持った経営チームに、みずからの意思で進化しなければならないのである。

❸——ビジネスを柔軟にくくり直すセンス

もう一つ、経営チームが磨くべきは、変化する環境に適応しながら、ビジネスを繰り返しくくり直すセンスである。これは、前述のマグレイス氏が提示した「一時的な優位性の連鎖を繰り返す」戦略を実行するための経営能力といえるかもしれない。

最近トレンドにもなっている「両利きの経営」は、破壊的なイノベーションへの備えとして、組織の探索と深化のバランスを最適化することの重要性を説くが、みずから一時的な優位性の連鎖を生み出す企業・組織を目指すのであれば、経営チームがビジネスを柔軟にくくり直すセンスを磨く必要がある。ただし、これからのビジネスを柔軟にくくり直すセンスとは、自前の経営資源だけではなく、組織内外の群れ＝コミュニティをその都度くくり直して土俵を移すことを意味する。それは、まさにみずからのビジネスを〝風呂敷で包み直す〟ような行為であり、それをもって新たな場所に移動することである。

ここでは、風呂敷で繰り返し包み直す手法として、私たちが活用している事業の「適合（アライメント）モデル」をご紹介しよう。

構成要素をその都度くくり直して、組織の自己変容を繰り返すのである。どのような要素を選択してくくり直すべきか、そこに経営チームのセンスが問われるのが適合モデルの特徴である（**図表2－11**「適合（アライメント）モデルの概要」参照）。

図表2-11｜適合（アライメント）モデルの概要

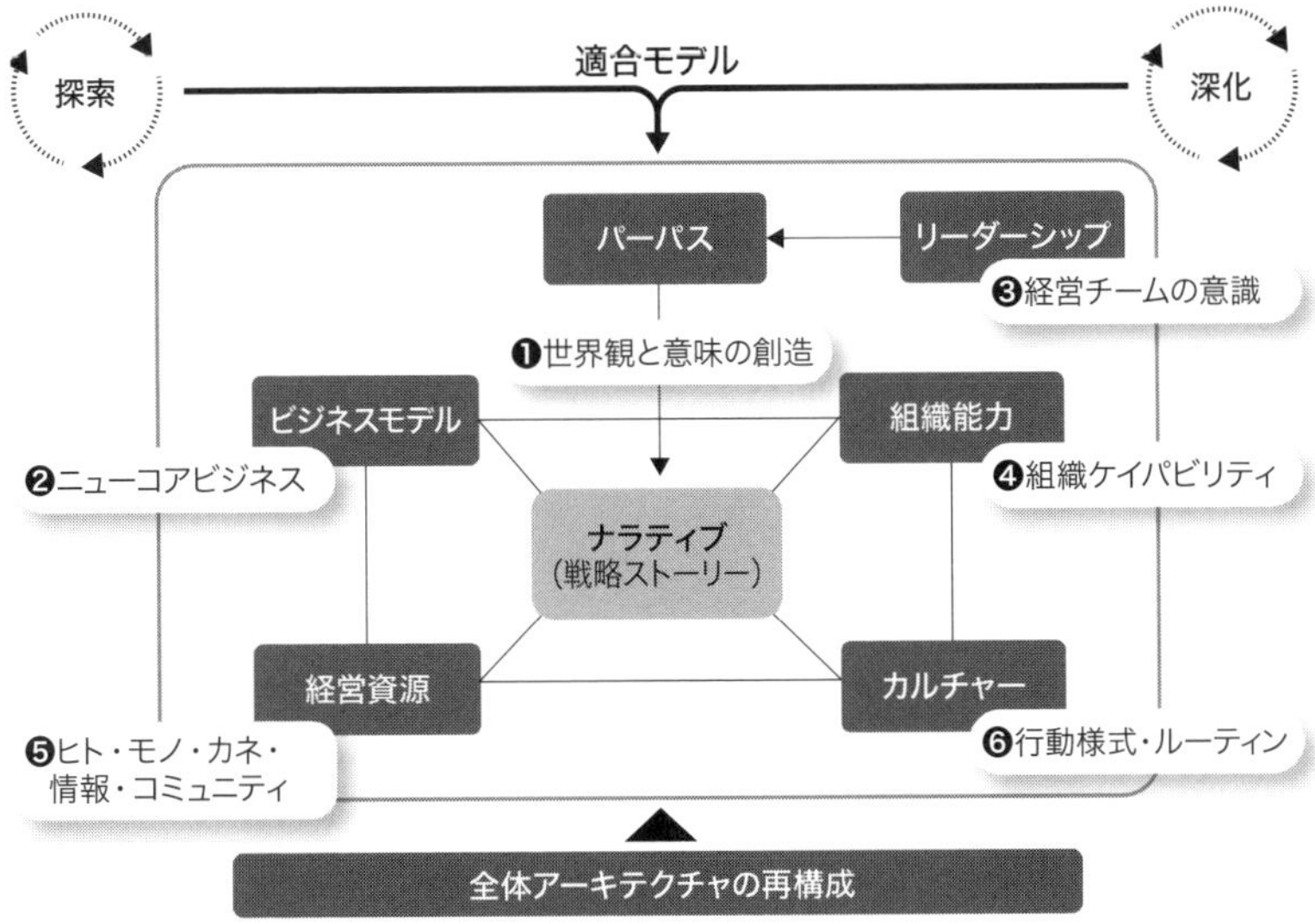

いつ、どのようなタイミングで、ビジネスをどのようにくり直すのか。ビジネスの本質は、規定演技ではなく、自由演技であると述べたが、外部環境の変化と組織能力やカルチャー（行動様式）の状態を見極め、経営チームがまさに機を見て敏に、そのセンスを発揮する必要がある。新たな組織能力を取り込むためにスタートアップ企業を買収して、そのリーダーを経営チームに迎え入れて事業を柔軟にくり直す、あるいは、大企業の一部をカーブアウトして新たなお題を解決する群れを外部のコミュニティとともに創造するなど、こうした柔軟なくり直しも、これからの経営チームには必要になるだろう。まさに、ビジネスは自由演技であり、新たな優位性の波を創るために土俵を移す力が問われているのである。それは、急速に不確実に変化する

時代に、既存の企業・組織の経営チームが磨き続けるべきセンスといえるだろう。

本章の冒頭で、私たちが生きている「いま」とは、人類が経験したことのない文明の移行期間であり、混沌と試行錯誤の時代であると述べた。また、本章で見てきた通り、みずから「変わる力（変革する力）」と「ビジネスの本質」を接続して、既存の企業・組織が、次の時代も生き続ける〝群れ〟へと進化していくことは容易ではない。

既存の企業・組織がこれらの壁を乗り越えていくための答えは何か。月並みではあるが、それはイノベーションの探究と習熟に行きつくように思う。なお、ここでいうイノベーションとは、経済的な価値を生み出す新しいモノゴトのことを指す。[*29] 変化をとらえ、みずから変わり、変化を外に波及させることとは、イノベーションの探求に他ならない。なぜなら、群れを経済的な価値を生み出すモノゴトに変革し続けなければならないからである。「変化する力」を生み出し続けるために、既存の企業・組織は、みずからの組織能力（ケイパビリティ）にイノベーションを起こし続けなければならない。そして、群れは、そのイノベーションに習熟していく。

そのために、既存の企業・組織は、新たな自己変容を繰り返す思考の軸を立て、群れとして進化し続ける（学習し続ける）カルチャーを群れの深層部に育む必要がある。そして、経営チームもみずから学習する経営として、新たなセンスを磨くことで、群れは進化し続けるのである。

群れる意味が問われる「変化」の時代だからこそ、既存の企業・組織は、群れる「価値」を再発明し

29 清水洋『イノベーション』（有斐閣、2022年）

なければならない。

【実践例】ダイフクのダイナミックケイパビリティ

モノの保管や搬送、仕分けなどの荷役を意味する「マテリアルハンドリング（マテハン）」。このマテハンシステム・機器市場の売上高で、世界首位に立つ[*30]のがダイフクである。第2章の最後に、同社の経営のダイナミズムについて紹介したい。

ダイフクは1937年に坂口機械製作所として創業し、当初は鍛圧機械や起重機などを製造していたが、高度経済成長期が始まる50年代に大胆な方向転換を図った。海外企業との技術提携により、自動車の生産ラインを支えるチェンコンベヤシステムを自動車会社の工場へ納入。その後、日本のモータリゼーションの波に乗り、マテハンシステム・機器のサプライヤーとして飛躍を遂げた。その後も「日新（ひにあらた）」の社是の下、エレクトロニクス、小売、運輸、空港など、さまざまな業界・分野に事業領域を広げ、現在の地位を築いている。

ダイフクの強みは「技術力」にある。自動倉庫や無人搬送車といった「日本初」、あるいは非接触給電によるモノレール搬送システムなどの「世界初」。こうしたイノベーティブなシステムを次々に世に送り出してきた背景には、蓄積したノウハウ・技術の転用、そして海外からの積極的な技術移転がある。これは、同社のダイナミックケイパビリティの高さを示すものだ。本章のテーマの一つである「新たな

30 Roberto Michel, Top 20 materials handling systems suppliers 2022, Modern Material Handling, May 10, 2022

優位性の連鎖を生み出す経営」を体現している。

戦後の混乱期や高度経済成長期、バブル経済崩壊、グローバル化の進展、国内人口の減少など、さまざまな事業環境の変化に適応し、マテハン業界のリーディングカンパニーにまで上り詰めた強さの裏側には何があるのか。代表取締役社長として同社を率いる下代《げしろ》博氏に話を伺った。

経営層が「会社全体」をとらえて変革に取り組む重要性

——環境の変化は新しい事業機会を感知・捕捉するチャンスでもあります。特に昨今は変化の激しさが増していますが、御社ではどのように対応しているのでしょうか。

2021年に策定した3カ年中期経営計画において、DX（Digital Transformation）とダイフク自身の変革（Daifuku Transformation）を推進していく「DX^2（DXスクエア）」を掲げ、目下「全社」を意識した組織改革を実行しています。その一つが、指揮系統の見直しです。

当社には、イントラロジスティクス事業（一般製造業・流通業向けシステム）、クリーンルーム事業（半導体・液晶生産ライン向けシステム）、オートモーティブ事業（自動車生産ライン向けシステム）、エアポート事業（空港向けシステム）、オートウォッシュ事業（洗車機・関連商品）、電子機器事業（コンテックグループ）という6つの主要事業があります。これまでは、それぞれの事業ごとの課題に対して、それぞれの事業部が解決策を講じてきましたが、これを「グループ全体最適」や「事業間連携」といったキーワードを経営方針に掲げています。

理由は2つあります。1つは、DXやSDGs、リスクマネジメント、情報セキュリティなど、会社全体で取り組むべき課題が増えていること。もう1つは、社会環境や事業環境の変化に応じて提供価値を転換していくにあたり、先進的な技術や新規事業に取り組む必要性が高まってきたことです。

これまで、開発は事業ごとに進めてきましたが、技術開発の重複が生じたり、逆に汎用性のないものを開発していたりするケースが見受けられました。社員が所属する事業組織だけにフォーカスしてしまうと、ダイフクがどういう会社で、どんな存在であろうとしているのか、会社としての存在意義がどうしてもぼやけてしまいます。それを防ぐには、やはり社員一人ひとりが「全体」を意識することに尽きると思います。

——確かに、事業規模の拡大に伴って、各事業や組織のサイロ化が進み、会社として解決すべき課題が不明瞭になるケースは多いですね。こうしたサイロ化の弊害を乗り越えるために、どのような取り組みをされていますか。

まだ途上段階ではありますが、事業を横断する組織やプロジェクトの設置を始めています。開発であれば、共同開発について議論をしたり、事業間の技術共有が可能かどうかを話し合ったりしているところです。

また、6つの事業の収益性は一様ではありません。当初はなかなか利益が出なかったものの、構造改革や、ものづくりの抜本的な改革を経て利益を生み出せる体質になった事業もあります。ですから、一つの事業で得た成果を他の事業に移植していくことが重要です。それには、全社的な意識の醸成が不可欠であり、従来のように事業としての業績を評価するだけでなく、事業の横断的な取り組みに対しても評価していく必要があると考えています。

全社共通の基盤を構築していくことは、現下の経営課題の一つです。経営方針に組み込むだけでなく、役員会や年頭挨拶でも、私の口から直接伝えています。今後は、こうした取り組みをさらに加速させます。新規事業や最先端開発に関するプロジェクト、さらには各事業を横断的に見渡した生産体制を指示・命令できるような機能の編成も検討しています。

事業の「新陳代謝」は常に経営陣の念頭にあり
――無人搬送車「プロントウ」や高層自動倉庫「ラックビルシステム」など、競争力のある、革新的なマテハンシステム・機器を多数、開発し続けてきました。競争優位性のあるシステムやサービスを創り続ける開発力・技術力の源泉は何でしょうか。

物流システムというのは多種多様です。保管系の自動倉庫、搬送系のコンベヤや無人搬送車（AGV）、仕分け・ピッキングシステムなどがあり、当社ではそのほぼすべてを自社で開発・製造しています。そのような会社は、マテハン業界では少ないのではないでしょうか。

しかし、すべてを自社でやらないと、自分たちがお客さまに本当に提案したいものは、なかなか実現できません。やってみて初めてわかることが多々あり、だからこそ、新たな技術の組み合わせや転用のアイデアが湧いてくる。当社が「ものづくり」にこだわる理由は、そこにあります。

マテハン技術には、やがて追いつかれる部分もあります。市場でのプレゼンスを維持するには、常に最先端の技術を自社開発し、システムをつくり続けていくことが重要です。その意味では、開発・製造を内製化することで「技術の競争優位性」を図っている側面もあります。

——御社の社是「日新」は、「昨日よりも今日、今日よりも明日」という、向上意欲に燃える企業精神を表現したものと認識しています。この行動原理が、これまでのマテハン市場における成功体験とぶつかり合うことはないのでしょうか。

そのせめぎあいは常にあります。企業の規模が大きくなってくると、既存事業を維持しなければならない責任が生じるからです。

たとえば、クリーンルーム事業の売り上げの90％以上は海外です。オートモーティブ事業も70％は海外であり、エアポート事業についても同様で、圧倒的に多いのは北米です。一方で、一般の物流システムは国内が60～65％を占める。つまり、目先の業績を考えるなら、需要がある場所でビジネスをすることが最善だということです。

とはいえ、目先の利益にとらわれない取り組みも必要です。さもなければ、将来自分たちがやりたいことができなくなってしまいます。私は常々、「目先のことばかりを考えるな。力が１００あるとしたら、80は目先のことに投じるにしても、残り20は将来を見据えた取り組みに振り向けなさい」と伝えています。

——新規事業の「種」は、どのように発掘されるのでしょうか？

既存事業に関わっていくなかで、将来的に可能性ある事業を経営陣で話し合って始めるケースが多いように思います。エアポート事業の参入に関しては、1950年代に自動車分野に参入する際に技術提携したアメリカのWebb社が、空港向けシステムの事業を有していたことが起点になりました。2007年に同社を完全子会社化して技術を引き継ぎ、世界的に旅客数が大きく伸びている事実から、今後も将来性がある事業と判断。ニュージーランドやイギリスでもM&Aを実施し、事業領域を世界に広げています。

——さまざまな成功体験がある一方で、「撤退」という選択もしてこられたと思います。

当社には、需要や景気の大波を乗り越えてきた歴史があります。たとえばボウリング事業は、ピーク時の72年度には全売上の約7割を占めながら、わずか2年後にはゼロになりました。常識的には危機的状況です。しかし、アメリカの動きを見ることで、日本でもブームが一気に終息することは予測できました。そのため、ボウリングマシンの生産が最盛期にあった時点で、事業転換に向けて動き出すことができたのです。

新たに売り上げの柱になる機器やシステムが生まれたら、付加価値の少ないもの、自分たちが作る必要のないものは、生産を終了し、経営資源を他の事業に振り分ける。そういうことを、我々は少なからず行ってきました。事業の区別がなかった時代は、それもしやすかったのですが、いまは事業部制に変わっています。そのぶん、判断が難しい面もあるので、常に事業の在り方を考えておく必要があると思っています。

――成長させる、または維持する事業と撤退する事業を見極め、実行することを私たちは「新陳代謝」と呼んでいますが、そのためには目先のことだけでなく将来に向けてもリソースを割くことが重要ですね。

変化をとらえ、事業を構想し続けるカルチャー

――事業領域の転換や新規事業創出のために、どのように自社にない技術を獲得したり、既存技術を転用したりしているのでしょうか。

社内の技術を転用、もしくは組み合わせる。海外から技術を移転する。あるいは、新技術の研究をしている外部と共同で開発する。これがダイフクのスタイルです。

たとえば、1980年代に開発した半導体工場向けの天井走行型搬送システムは、病院でカルテや血液などを運ぶ「テレリフト」というシステムを転用して誕生しました。テレリフト自体は、70年代にドイツ企業と提携し、日本に技術移転して開発したもの。これは技術者の発案です。そして、90年代には、リニア新幹線さながら、磁気浮上でレールからビークルが完全に浮いた状態での搬送を実現。さらには、ニュージーランドのオークランド大学と共同研究で開発した「HID(ヒッド)」と呼ばれる非接触給電技術により、物理的接触をなくしたことで、低振動、低発塵を実現し、半導

体製造のクリーンルームに最適化されたシステムに進化したのです。

転用の身近な例としては、自動倉庫の技術を活用した自動搬送式納骨堂があります。街中にあり、外観は普通のビルですが、システム的には自動倉庫とほぼ変わりません。要するに「発想」が大事なのです。さらに、その発想を面白いと受け入れる土壌があるかどうか。「あれをしてはダメ、これをしてはダメ」と言っていたら、斬新なものは生まれてこないでしょう。

――内外の知見を統合、構築し、再配置する会社や事業を「変容」させる仕組み・カルチャーが御社の中にはあると感じました。最後に、今後どのような企業でありたいか、お考えをお聞かせください。

滋賀事業所の工場用地を取得したのは1970年で、当時の役員会議事録には、「将来、日本は究極の人手不足の時代に突入する。その時に備え、この地に工場を建て、物流システムの自動化や無人化に挑戦していこう」といった内容が残されています。将来の変化を予測し、新たな事業を構想する精神やカルチャーが、50年前からダイフクには根づいていたのです。この企業精神をしっかりと受け継ぎ、我々が実践していくことで、次代にも伝えていかなければなりません。

マテハンの意義は、重労働や反復作業から人を解放し、より付加価値の高い仕事をしてもらうことにあります。我々はこれまで、省力化や効率化、生産性向上という点で、社会に貢献してきました。今後、さらなる人手不足の深刻化や環境の激変が予測されるなか、社会インフラの一部として機能することで、持続可能な社会の実現に貢献していきたいと思っています。

同時に、自由闊達で、創造性豊かな集団であり続けたい。「昨日よりも今日、今日よりも明日」という姿勢を持ち続けながら、社会に貢献する「日本初・世界初」を今後も追い続けたいと考えています。

第2章のまとめ

社会・経営環境の変化

VUCAな時代＝ポスト近代に向けた混沌と試行錯誤の時代を迎え、世界が変化するスピードも、変化の頻度と複雑性が増大。企業経営の観点では、一度創出した価値や優位性が長続きしない「繁栄企業の短命化」が進んでいる

Changeの要諦

動的な組織能力（ダイナミックケイパビリティ）を発揮するため、群れとして、パーパスやビジョン、戦略、価値創出の手法をアップデートするだけでなく、組織として新たなカルチャーと行動様式（進化の素）を組織の深層部に埋めこむ必要がある

方法論

組織として、自己変容（トランスフォーメーション）を繰り返す思考の軸を立て、ビジネスと組織能力のイノベーションを探求し、組織としてイノベーションに習熟していく

第3章

“Change”を創る力

第5の経営資源「コミュニティ」

コミュニティのアップデート

	これまで	これから
コミュニティのとらえ方	地域コミュニティや、マーケティングにおける顧客接点	ステークホルダー資本主義に根差し、複数ステークホルダーを包含するアプローチ
ゲームのルール	自社の強みを起点に取引先との協業による「競争優位の構築」	共感でつながったステークホルダーとの価値づくりによる「共創優位の構築」
組織モデル	経営者・既存の権力構造を頂点とするヒエラルキー型	ヒエラルキー型と個人を起点とした自律分散型の両立

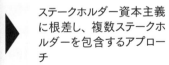

事業戦略としてのコミュニティ構築

株主資本主義からステークホルダー資本主義へ

これまで経営の舵取りは、企業経営者の使命は株主価値の最大化であるという「株主資本主義」と呼ばれる考え方に則って行われてきた。経営者は株主価値の最大化にのみ努め、市場メカニズムを利用して効率的な社会をつくるという新自由主義的な考え方は、利益・効率重視の企業経営を促進し、ヒト・モノ・カネ・情報の経営資源を活用して企業価値を大きく向上させた。

20世紀を振り返れば、欧米社会を中心とする株主資本主義がグローバルスタンダードとして広がった結果、ITバブルの崩壊、常軌を逸した粉飾決算などのアングロサクソン資本主義に軋みが生じたことは記憶に新しい。グローバル経営は、その後も株主利益の最大化にのみ努め、市場メカニズムを利用して効率的な社会をつくるという新自由主義的な方向へ突き進み、ヒト・モノ・カネ・情報の経営資源を利益と効率の追求に配分する企業経営が世界を席巻した。株主価値の最大化の追求は確かに企業価値向上をもたらしたが、一方で近視眼的経営を招いたり、気候変動危機などの社会課題を生み出したりもしたという批判に晒されている。人々は静観しながらも、企業という存在が社会における務めを果たしていないことに憤りを感じているのだ。

企業経営は、もはや楽観も諦観も傍観も許されない。人々が望むのは、企業としての使命を果たすことである。企業自身がそれを自覚し、資本主義が向かうべき新たな方向性を模索し始めたからこそ、パーパス（企業の存在意義）尊重の機運が高まったのではないだろうか。

企業としての使命、それは持続的な価値の創出であり、従業員や取引先、顧客、地域社会などすべてのステークホルダーの利益に配慮する存在としての意義を示すことである。実際、グローバル市場でステークホルダー資本主義を支持する潮流が加速している。

2019年にはアメリカの経営者団体「ビジネスラウンドテーブル」が株主資本主義からステークホルダー資本主義への転換を宣言し、ビジネス界に大きな影響を与えた。[*1] この声明には、同団体の会長を務めるJPモルガン・チェースCEOのジェイミー・ダイモン氏含め、180を超える主要企業のトップが署名している。また22年1月には10兆ドル以上を運用するアメリカの資産運用会社ブラックロックのCEOラリー・フィンク氏が投資先に向けた「CEOへの手紙」の中で、企業が従業員、顧客、取引先、地域社会と相互に利益をもたらす関係を築くよう求め、ステークホルダー資本主義を進める研究組織を設けると宣言している。[*2] これは、グローバル経営がステークホルダーとの信頼関係の強化を目指すことを示している。

株主資本主義における企業価値の指標は、株価や利益といった定量的なものであった。それらが重要であることに変わりはないが、環境課題や複層的かつ単純な答えがない社会課題に対して企業が多様なステークホルダーとの対話によって相互理解を深め、次世代につなぐという視点を含めて共通の価値を

1 DHBRオンライン「米国トップ企業の経営者181人が株主資本主義との決別を宣言」（2019年9月11日）

2 日本経済新聞オンライン「ブラックロック『ステークホルダー資本主義』推進組織」（2022年1月19日）

つくり上げていくという意思表示と、それを実現に導く構想が求められているのである。

次に示すセールスフォースの例は、そんなステークホルダー資本主義経営の好例の一つといえるだろう。20年のダボス会議においてセールスフォース会長兼創設者のマーク・ベニオフ氏は、株主利益の最大化のみを追求してきたことが格差の拡大や地球環境の危機を招いたのであり、ビジネスが世界を変えるためのプラットフォームとなるのが新しいステークホルダー資本主義であると語っている。[*3]

トップの宣言通り、セールスフォースは創業以来、「1・1・1モデル」というシンプルな社会貢献モデルをステークホルダーとの連携により実践してきた。「1・1・1」とは、製品の1％、株式の1％、就業時間の1％を活用してコミュニティに貢献するということである。

さらに、ステークホルダーとの関係性を強化する取り組みとして、「トレイルブレイザー（先駆者）」というコンセプトを掲げている。[*4]「善き行いと成功はビジネスの必須要素であり、価値観《バリュー》は世界を変えるための最も強力なエンジンになる。これを牽引するのが、トレイルブレイザーなのだ」[*5]とベニオフ氏が言うように、セールスフォースとトレイルブレイザー、あるいはトレイルブレイザー間の対話を何よりも重視した結果、セールスフォースに関わる全世界の人々が集まり情報や意見を交換するコミュニティがつくり上げられた。それが「トレイルブレイザー コミュニティ」である（詳細については後述する）。

セールスフォースの一連の取り組みは、ステークホルダー資本主義の真価を世に示すものである。同社は、企業側からの一方通行的な「発信」ではなく、ステークホルダーとの双方向コミュニケーションを通じて、よりヒューマンセントリックな信頼に基づく関係性を形成することを見通している。その上

3 セールスフォースWebサイト「ダボス会議ハイライト　ステークホルダー資本主義と持続可能な未来のビジョン」（2020年3月23日）

4 マーク・ベニオフ他『トレイルブレイザー: 企業が本気で社会を変える10の思考』（東洋経済新報社、2020年）

5 セールスフォースWebサイト「『1-1-1』という社会貢献モデル その社会的価値とマーケティング効果」（2016年1月14日）

図表3-1｜対話と共創による価値創出

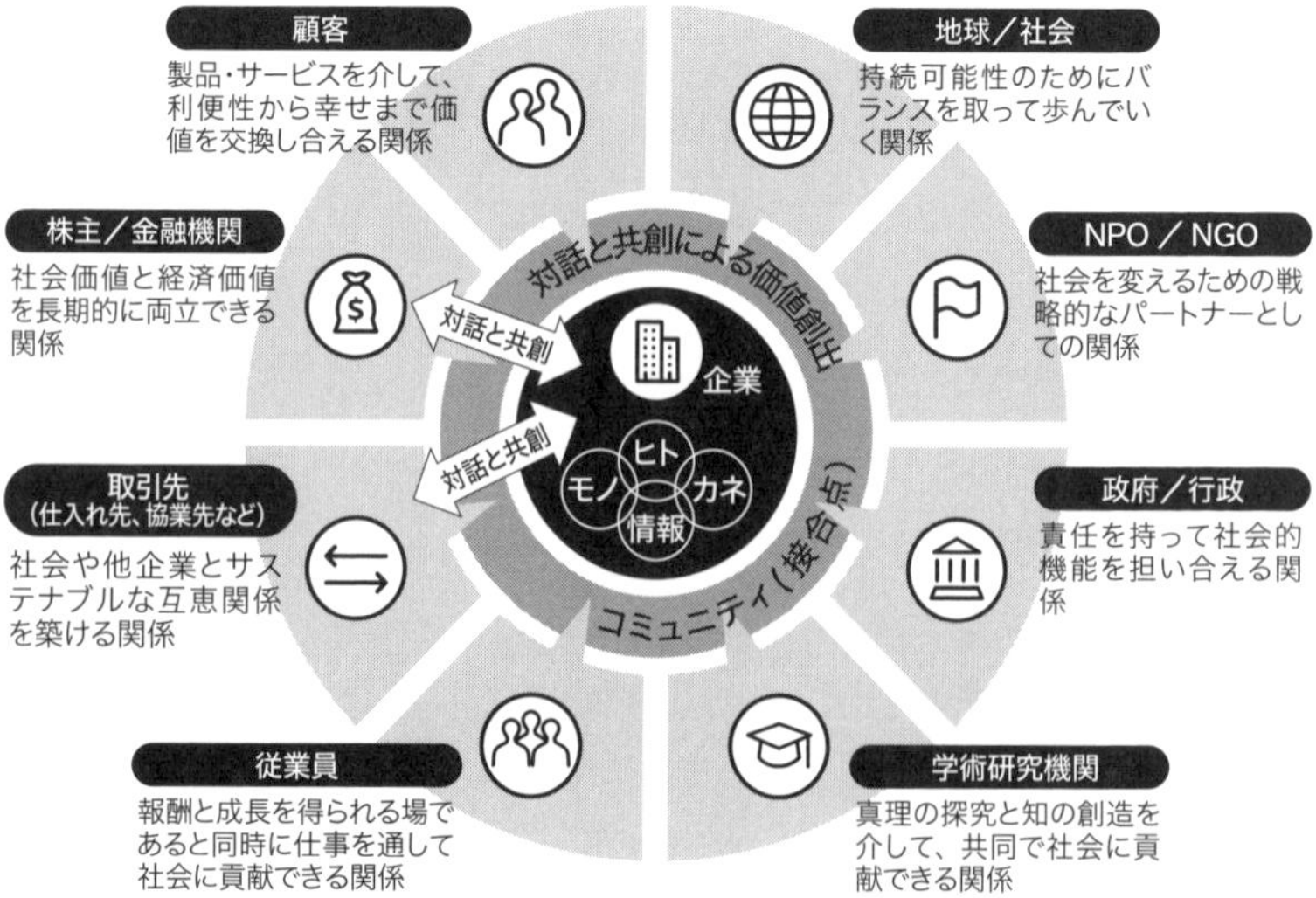
顧客
製品・サービスを介して、利便性から幸せまで価値を交換し合える関係
地球／社会
持続可能性のためにバランスを取って歩んでいく関係
株主／金融機関
社会価値と経済価値を長期的に両立できる関係
NPO／NGO
社会を変えるための戦略的なパートナーとしての関係
取引先
（仕入れ先、協業先など）
社会や他企業とサステナブルな互恵関係を築ける関係
政府／行政
責任を持って社会的機能を担い合える関係
従業員
報酬と成長を得られる場であると同時に仕事を通して社会に貢献できる関係
学術研究機関
真理の探究と知の創造を介して、共同で社会に貢献できる関係
対話と共創による価値創出
対話と共創
対話と共創
企業
ヒト
モノ
カネ
情報
コミュニティ（接合点）

に、同社の活動に対してステークホルダーが主体的に関与すると考えているからだ。目的は「共創」であるが、それをお題目で終わらせることのないように、「トレイルブレイザーコミュニティ」という実践の場に投資する。同社の意思決定は、「多様なステークホルダーと有機的な共同体を構築する」という未来の姿を実現することに向けられているのである（**図表3－1**「対話と共創による価値創出」参照）。

コミュニティと聞くと、地域コミュニティや従来のマーケティング理論で扱われる「顧客との接点」を想起する方が多いかもしれない。しかし、本章で論じるコミュニティは、個別のステークホルダーとの単一の対話と共創の場としてのそれではなく、複数のステークホルダーを包含したアプローチである。

CSV（共通価値の創造）やステークホルダー資本主義などを挙げるまでもなく、企業経営はもはや一企業のためのものではない。あるステークホルダーと企業との関係は、別のステークホルダーとの関係に影響を与えるといった波及作用があり、従来のような1対1の関係ではなく、全ステークホルダーとの相互関係を深めるために存在する場としてコミュニティをヒト・モノ・カネ・情報に次ぐ第5の経営資源として包括的にとらえるべきである。

ステークホルダーとのコミュニティを経営資源としてとらえ直すことにより、従来の経営資源をエンパワーさせ、ステークホルダーとの共有価値、企業価値を向上させることが、企業経営にとって今後さらに重要度を増すことは、セールスフォースの例から読み取れる。

またコミュニティの主役は個人であり、ネットワーク組織であるコミュニティはそこに集う人々の信頼関係の上に成り立つ。それゆえ、参加する個人がコミュニティのパーパスに共感することがますます重要になる。それがなければ、参加者の熱意や共感によるコミュニティの活性化は望むべくもないからだ。

さらに、バーチャルコミュニティの重要度が増していることを忘れてはならない。オンライン化が従来の地理的な制約を緩和したり、フレキシブルな人と人との接触の機会を増やしたりして、新しいコミュニティ活動が育まれている。対話と共創を生み出す有効性を体現する場としての存在感を強めていることは皆さんも実感されていることだろう。

図表3-2｜コミュニティを形成する3つのポイント

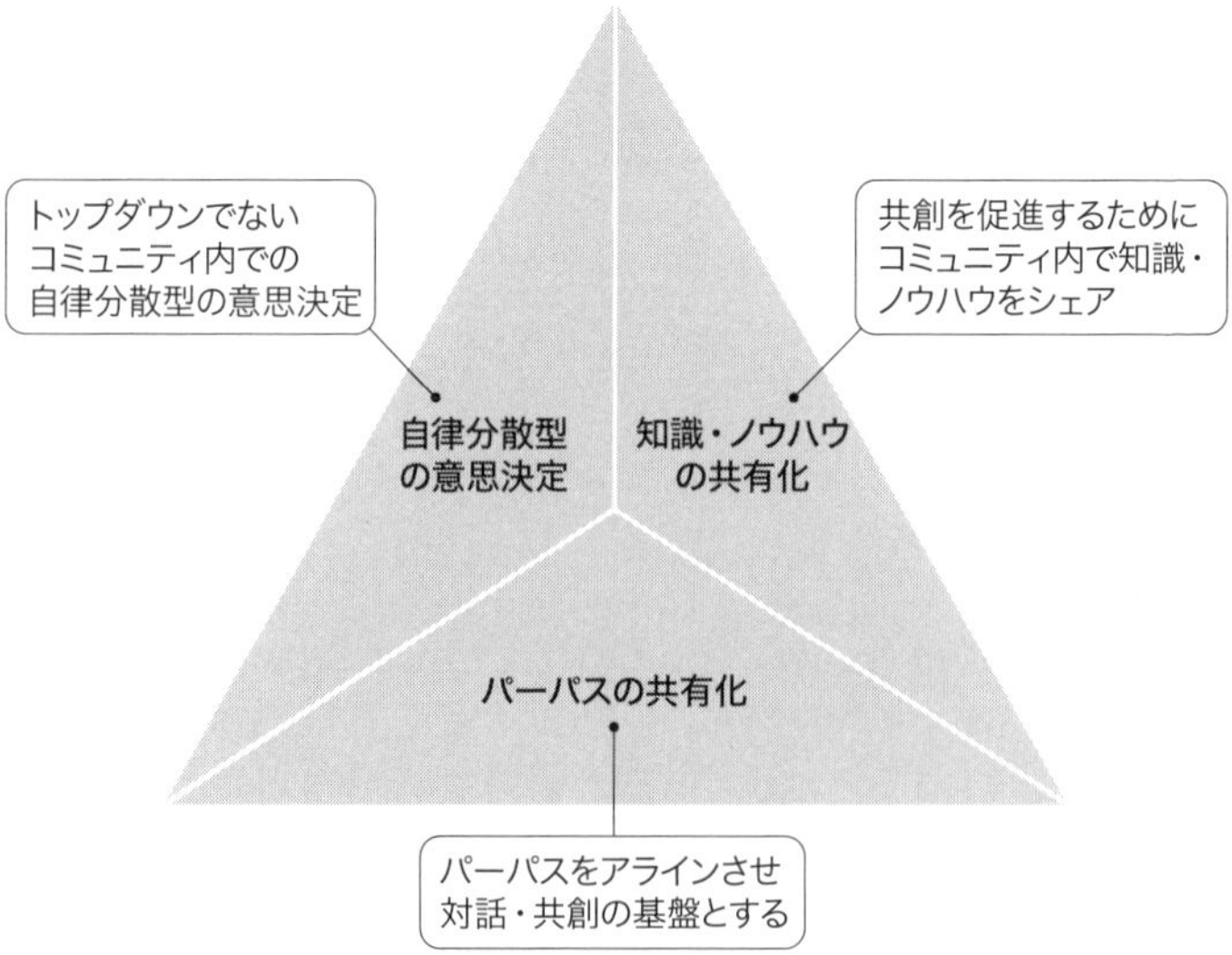

とはいえ、実際にコミュニティを経営資源としてとらえるといっても、具体的な方法は明らかにされていない。そこで、次のような3つのポイントを提言したい（**図表3－2**「コミュニティを形成する3つのポイント」参照）。

①パーパスの共有化：パーパスと方向性を合致させ、共感をベースにつながること

②自律分散型の意思決定：トップダウンでないコミュニティ内での自律分散型の意思決定

③知識・ノウハウの共有化：共創を促進するためのコミュニティ内での知識のシェア

①と③は先述の通りである。②については、Web3がテクノロジー面で重要な役割を果

たすと予想されている。Web2・0ではGAFAが個人情報などの「情報」を経営資源（利益）として独占してきたが、ブロックチェーンを代表とする技術を活用し情報を分散管理することで、現在のような中央集権的なインターネット環境から権力分散型の環境へと切り替わる流れが今後加速度的に進むと想定される。こうした集約から分散の流れの中、ブロックチェーン技術を活用した権力分散型のインターネット環境の整備に伴い、トークンなどを用いた自律分散型の意思決定が可能となっている。DAO（分散型自律組織）と呼ばれる組織の新しい形態はその代表例と呼べるものである（詳細は後述する）。

さて、ここで少し趣向を変えて、グリム童話の「ブレーメンの音楽隊」を例に、本書で語るコミュニティが何を指しており、既存の組織や旧来のコミュニティという概念と何が違うのかを説明してみたい。

ブレーメンの音楽隊は、年齢や性別などにより人間の下で仕事ができなくなってしまった動物たち（ロバ、犬、猫、ニワトリ）が自分らしい新たな人生を歩むために「ブレーメンで音楽隊をやろう」という夢を持って集まることから物語が始まる。物語の冒頭では、動物たちが人間と暮らして働いているが、ここでは人間が上、動物が下という明確なヒエラルキーが存在している。これは動物たちが住んでいた家庭、地域という固定的な集合の中であり、旧来コミュニティの世界観と近しいものがある。物語の途中で泥棒が住む小屋にたどり着き、食事を得るためにも動物たちは泥棒を追い出すことを決意する。そして、動物たちは力を合わせて、ロバの上に犬、その上に猫、そしてニワトリがてっぺんに乗り一つの大きな影に見せていっせいに声を上げ、泥棒を驚かせて追い出すことに成功する。極めつけに、泥棒を追い出した翌日に改めて帰ってきた泥棒の子分を動物たちが、ひっかき、噛みつき、蹴とばし、嘴でつ

図表3-3｜エコシステムとコミュニティ

	エコシステム	コミュニティ
主な参加目的	経済的利益の 創出に向けた連帯	パーパス、理念への 共感に基づく連帯
意思決定の基盤	経済性・合理性	信頼／信用、 ヒューリスティック

つき……とそれぞれの個性を使って役割を果たし、子分すら追い払ってしまうのである。

彼らの中にヒエラルキーは存在せず、それぞれがみずからの特徴を活かしながら自律的に意思決定をして役割を全うし、対話を通じた協力（共創）により泥棒を追い出すという不可能とも思える目的を達成している。当初はブレーメンで音楽隊をすることが目的で旅を開始するものの、最終的には泥棒を追い出して平穏に暮らすというゴールに帰着している。いずれにせよ、それまでの不遇な人生をやり直して幸せに暮らしていくという究極の目的は果たしているといえるだろう。まさしく私たちの描くコミュニティの姿である。

コミュニティに近しい概念の一つとして、エコシステムを想起される方も多いかもしれない。これは、相互作用する組織や個人の基盤に支えられる経済的コミュニティを意味し、経済的な利害関係や依存関係を指すものでもある。これまで数多のエコシステム形成が推進されてきたが、（一部を除いて）信頼に基づく真のつながりを通じた価値創出を達成しているわけではない。利害関係や依存関係を前提にせず、あくまで共通の理念やパーパスでの連帯を持つ共同体であるコミュニティこそが、エコシステムを補完する概念として、実効性のある価値創出を生み出す中核となる（**図表3－3**「エコシステムとコミュニティ」参照）。

もちろん、すべてがコミュニティ化する必要はなく、組織形態の在り方の選択肢が広がる世界に移行していくと考えている。これまでのように組織の「内と外」が明確に切り分けられた場も あれば、組織同士が緩やかにつながり境目が明確でなくなるようなケースもあるだろう。

◉——経営イシューとしてのコミュニティの変遷

そもそもコミュニティは、一般的に村落、都市、地方などの地域性と共同性という2つの要件を中心に構成される社会を意味する。特に地縁によって自然発生的に成立した基礎社会・集団を指し、住民は同一の地域に居住している人と共通の社会観念、生活様式、伝統を持ち、強い共同体意識が見られる。

社会学的には、1955年にジョージ A・ヒラリー氏が94のコミュニティ定義の特性を導出したうえで、[*6] コミュニティの概念を①一定の地理的範囲、②社会的相互作用、③共通の絆という3点にまとめている。ここに共通するのは「人が集まる」ことだけである。これでは、概念としての厳密さに欠けるといえるだろう。

6 Hillery, George A. Jr.,Definitions of Community: Areas of Agreement, *Rural Sociology* 20, 1955

通信技術の発展に伴い、近年はＳＮＳやメタバースの普及などにより、コミュニティの基礎集団（自然発生的で、集団単位で一定の価値観・規範が共有されているもの）を形成する際に従来のような地理的な制約がなくなりつつある。社会の在り様と合わせて人同士が触れ合う価値が重視されるようになっていることも追い風となって、コミュニティへの関心が高まり、単なる基礎集団から機能集団（特定の目的・関心・利益のために形成された集団）としての存在が注目されてきたが、昨今は人々の共感に主眼を置いた基礎集団へと回帰しているようである。

直接的なコミュニケーションに抵抗感のある若者の間で広がるオンラインツールにより、ストレス解消や気分転換、社会的役割からの解放を満たす場所がフィジカルなコミュニティからバーチャルなオンラインコミュニティ（ＳＮＳなど）に移行していたり、昨今のＣＯＶＩＤ-19の影響によるリモートワークの拡大により情報交換や異なる価値観の理解を満たす場所がオンラインに移行している流れ、つまり、基礎集団の要素がより強く結びつき、バーチャルも含めたコミュニティへの回帰が今後も強まると想定される。[*7]

さらに、コミュニティを資本としてとらえる「コミュニティキャピタル」という概念も注目されている。たとえば、現代のビジネスに通じる商法として脚光を浴びるようになった近江商人の「三方よし」の土台は共存共栄の精神である。近江という地縁に基づくこの集団は、コミュニティ内で他人資本を活用することで、行商の長旅の安全を確保したり、トラブルには共同で対処したりする安全弁としての商人組織を結成した。それが可能なのは、信頼関係に基づく助け合い精神による。[*8]

7 平井智尚「インターネット利用の大衆化とオンライン・コミュニティの変容：『都市化』の観点からの考察」（メディア・コミュニケーション：慶應義塾大学メディア・コミュニケーション研究室紀要。2017年3月）

8 西口敏宏、辻田素子『コミュニティー・キャピタル論 近江商人、温州企業、トヨタ、長期繁栄の秘密』（光文社新書、2017年）

コミュニティキャピタルは、コミュニティ内での共助・共創が大きな成果をもたらす可能性を示している。近江商人のような特定のコミュニティにおける価値観、協調性、問題解決アプローチの共有は「同一尺度の信頼」を形成する。同一尺度の信頼は、組織構成員のコミュニティへの帰属意識を強化し、面識がなくとも積極的に協力し合う結びつきを醸成する。これをベースとした経済価値を生み出す関係資本がコミュニティキャピタルであると定義されている。

近江商人は地縁をベースとしているが、地縁に限らずパーパスや価値観も同一尺度の信頼を形成しうる。さまざまな人が地域・企業・国家という枠を超えてインターネット上で新たにつながり、ネットワーク化・コミュニティ化する流れは不可逆的に進んでいくだろう。[*9] 経営目線においても、各種経営アジェンダにおいてコミュニティを経営資源としてとらえレバレッジすることの重要性はより増していくであろう。

企業変革の主体としてのコミュニティ

企業をはじめとした既存の組織がその存在意義を問われるなか、個人の自発性や自律性に基づくコミュニティが存在感を高めている。

企業変革の成功と失敗の事例は枚挙にいとまがない。そこでの教訓は、「リーダーシップが改革のカギを握る」ということである。しかし、トップの影響力が相対的に弱い日本企業においてはなじまないケースが多く、現場への浸透・定着が課題であった。

9 入山章栄『世界標準の経営理論』(ダイヤモンド社、2019年)

では、リーダーシップに期待できなければ、企業組織は変わることができないのか。これを解決することに寄与するのがコミュニティである。なぜなら、コミュニティという意思や情熱をともにする組織に所属する心理的安全性が、個人の自発的なチャレンジを促し、現場への定着という課題を解決する一助となるからである。

ある意味、それは従来の企業変革で重視された経営者と従業員という「企業レイヤー」の変革でもある。さらに、パートナーや競合企業も含めた産業・市場単位の「産業・市場レイヤー」があり、パブリックやソーシャルセクターなどによる「社会レイヤー」という3つのレイヤーが定義できる。これら各レイヤーにおいてステークホルダーとの価値共創が求められるいま、「コミュニティドリブン」のアプローチが大きな力を発揮すると考える（**図表3－4**「コミュニティドリブン」参照）。

社内外の〝個〟の意思がドライブする変革

再び**図表3－2**「コミュニティを形成する3つのポイント」を振り返っていただきたい。コミュニティを通じた対話と共創においてカギとなるのは、①パーパスの共有化、②自律分散型の意思決定、③知識やノウハウの共有化の3点である。これを踏まえた組織のパーパスとケイパビリティが個人の意思や情熱にフィットすれば、組織競争力の向上が大いに期待できる。前項で述べた3つのレイヤー（企業、

図表3-4｜コミュニティドリブン

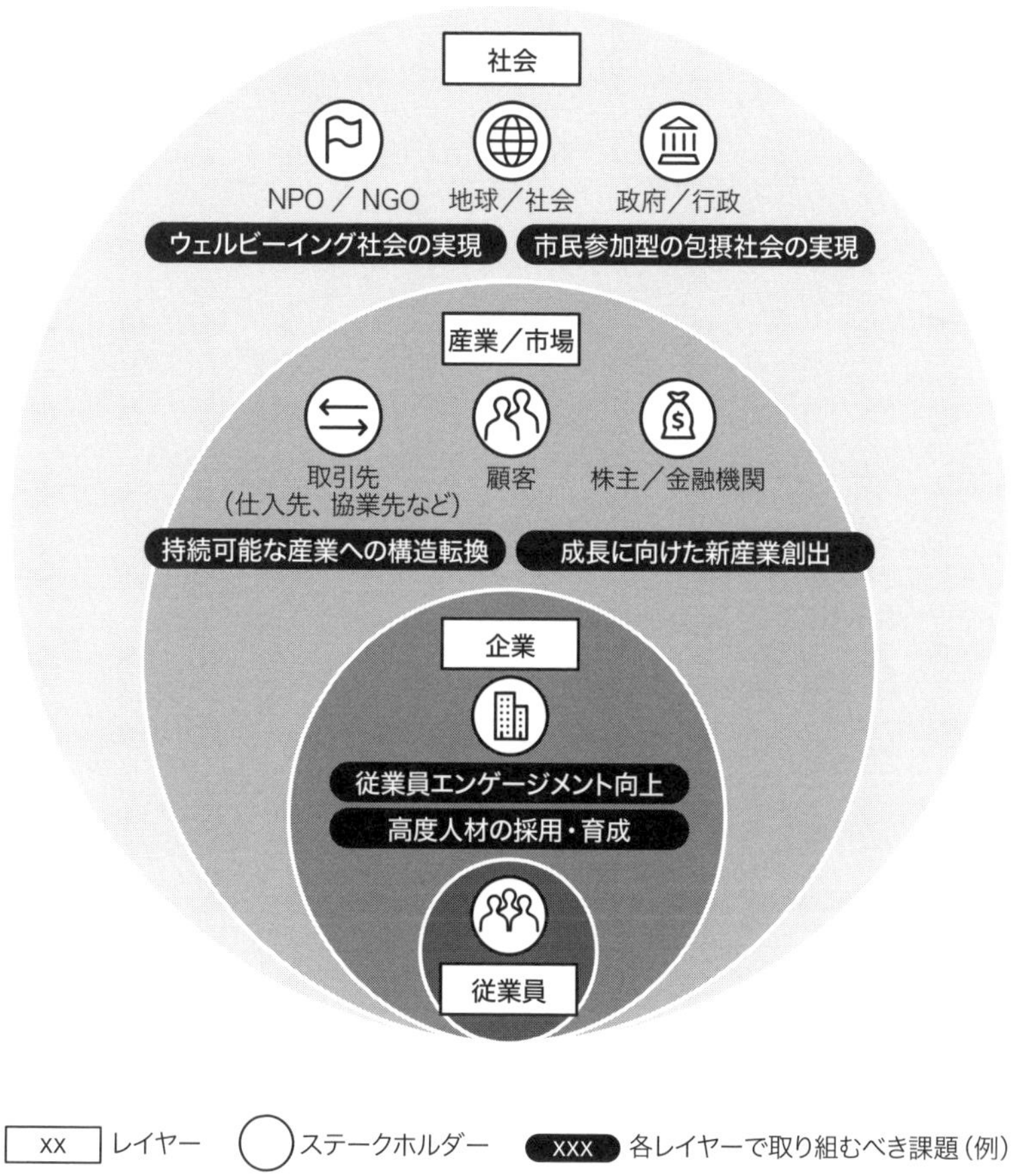
社会
NPO／NGO
地球／社会
政府／行政
ウェルビーイング社会の実現
市民参加型の包摂社会の実現
産業／市場
取引先
（仕入先、協業先など）
顧客
株主／金融機関
持続可能な産業への構造転換
成長に向けた新産業創出
企業
従業員エンゲージメント向上
高度人材の採用・育成
従業員
XX レイヤー
ステークホルダー
XXX 各レイヤーで取り組むべき課題（例）

産業・市場、社会）においてコミュニティを経営資源としてとらえ、共創と変革を推進する中核とする方法について見ていきたい。

まず、社内においては基礎集団としての企業全体と、その中に存在するボトムアップスタイルの小さなコミュニティという二層構造が企業変革の源泉になることを説明する。そこでの主役は「従業員」である。また社外においては、特にデジタル分野で存在感を示している顧客やユーザーコミュニティにおける「知」の活用を解説する。

◉――企業変革の拠り所となる個人のパーパス

「パーパス」は近年の企業経営において最も注目を集めた概念だろう。これについては、2022年3月に上梓した『パワー・オブ・トラスト』で詳しく述べた。公器としての企業が目指すものと従業員のそれが同一方向であることが、結果として企業組織を内部から変える源泉になることが証明されつつある。個人のパーパスが持つ力を企業経営に活かすことができるかどうかが問われているのである。

そこで、私たちがパーパス経営のベストプラクティスと考える例を紹介したい。

ユニリーバは2011年に策定した「サステナブルな暮らしを〝あたりまえ〟にする」というパーパスを大切にしている。当初は、パーパスといってもすべての従業員が自発的に行動するわけではなかったこともあり、従業員が自身のパーパスを発見するためのサポートをしている。それが、「ディスカバー・ユア・パーパス」というプログラムの展開である。管理職を対象にスタートした後、好評を得て全社展開に踏み切った。全従業員の9割以上に当たる受講者は、受講後に「より期待に応える仕事をしたい」とポジティブな姿勢を見せているという。[*10]

従業員のパーパスを顕在化させるには、まず、自分で考えさせるための問いをマネジメントが投げかけなければならない。そうした対話のできる関係自体が組織のパーパスである「サステナブル」に合致する。何気ない一言には、人間の本音が表れるものである。マネジメントがそうした「心の声」に寄り添い、よい方向へ導く問いを重ねる過程で、従業員は不満、希望、内省を繰り返し、やがて自身のパーパスを言語化するようになる。言葉を発するという行為が重要なのである。

とはいえ、企業のパーパスと従業員のそれが一致しないこともあるだろう。しかし、そのこと自体が双方の未来にとってポジティブな発見ではないだろうか。ユニリーバはこうしたケースも想定して、新たなキャリア選択を公式にサポートする。「全従業員」と掲げる以上、あらゆる「個人のパーパス」に対して、お仕着せになりがちな仕組みをつくらないように考えられているのだ。

● 個人を起点としたコミュニティによる変革

企業をコミュニティととらえれば、従業員が能動的にパーパスを実現していくとイメージしやすい。これは、フレデリック・ラルー氏が提唱した新たな組織モデル「ティール組織」に合致している。[*11]

組織モデルの典型的な形態と異なり、指示系統がなくとも従業員（メンバー）一人ひとりが自律的に創意工夫し意思決定を行う組織モデルといわれるが、成功モデルの陳腐化が急速に進む環境下において

10 リーナ・ナイール他「パーパス主導で職場変革を実現する方法」『DIAMONDハーバード・ビジネス・レビュー』（ダイヤモンド社、2022年6月号）

11 フレデリック・ラルー『ティール組織 マネジメントの常識を覆す次世代型組織の出現』（英治出版、2018年）

は現場や顧客の課題や反応に合わせてトライアル＆エラーを繰り返し、最適解を求めるアプローチが必要となる。これを実現するのは現場である。各自が臨機応変に意思決定しなければならないという点で、またボトムアップの現場（スモールチーム）をコミュニティととらえれば、フレキシブルな情報共有や施策の実行においてこの組織論が優位であることは明らかだ。

たとえば、『ＴＥＡＭ ＯＦ ＴＥＡＭＳ（チーム・オブ・チームズ）』[12]でも紹介されたアメリカ国防総省によるアルカイダのゲリラ戦での対応である。近代的なゲリラ戦という、状況が刻一刻と変わる状況下において、これまでの上意下達的な組織運営では対応が間に合わない。この例は、権限を現場に移し、現場の状況変化に合わせて対応するために、組織をスモールなチームの集合体としてマネジメントすることの意義を明示する。ポイントは情報共有だ。これまで一部に共有していたものを全体で共有して現場が判断できるように変えたのである。

このような現場発のスモールチームとしてのコミュニティが起点となった企業変革の取り組みは、各社で動き出している。パナソニックにおける有志コミュニティ「Ｏｎｅ Ｐａｎａｓｏｎｉｃ」は、企業の壁を越えて「Ｏｎｅ Ｊａｐａｎ」に進化した。[13]またＪＴにおいても、「Ｏ２（オーツー）」と呼ばれる組織横断型の社内変革コミュニティが立ち上がっている。[14]従業員の自発的なコミュニティの組成を待つだけでなく、経営サイドからコミュニティが生まれやすい環境を用意する方向性が見えつつある。

ここでのポイントは、旧来のヒエラルキー型組織が維持されつつ、パーパスの実現に向けて自発的に動くコミュニティが同時に存在するということである。旧来型が機能的な〝表の組織〟とすれば、従業

12 スタンリー・マクリスタル他『TEAM OF TEAMS（チーム・オブ・チームズ）』（日経BP、2016年）

13 Business Insider Japan「大企業の若手だった僕らが5年でできたこと、できなかったこと。そしてこれから」（滝川麻衣子、2021年9月27日）

14 『AlphaDrive/NewsPicks VISION BOOK Ambitions vol.1』（ニューズピックス、2022年）

員の意思によるスモールなコミュニティは〝裏の組織〟だ。規模も動機も異なる複数のコミュニティが「生命体＝ティール組織」として有機的につながり活動する、いわば「コミュニティ・オブ・コミュニティ」が価値創造の新たな形として受け入れられるようになっている。

先に述べたユニリーバのような従業員のパーパスづくりのサポートから始まり、コミュニティの組成を促すための場の設定、コミュニティ活動を許容する人事制度など、まだチャレンジの段階であり、成功する方法論は確立していない。しかし、組織論としてのコミュニティに注目する日本企業は「場づくり」への投資を始めているのである。

独創力を発揮するZ世代との付き合い方

Z世代（1990年代後半から2000年代後半の間に生まれた世代）を意識したマーケティングはいまや定番となりつつある。読者の皆さんの組織でも、多くのZ世代が活躍していることだろう。DTCも同様であり、昭和生まれ世代がリードする組織においては、「Z世代が抱える悩みに対して、どのような解を示すことができるか」が課題の一つになっている。

きわめて卑近な例ではあるが、当社のZ世代の特徴を挙げると次のようになる。

・デジタルネイティブ（幼い頃からインターネットがある環境で育った世代）は大量の情報を即座に判断、処理する
・機会損失に対する嫌悪感が高い
・トレンド、興味対象の変化が目まぐるしい
・物事をうまく進めたい欲求が強い
・自分らしさを発揮したい欲求が強い
・リアリティも尊重する

Z世代の特徴をこうして並べると、個の欲求に貪欲な面に目が行きがちだが、実は「自分らしさ」を発揮するために相当の「自己投資」をしている。具体的には、時間と費用である。中でも時間コストの大半を占めるのが情報収集であり、その過程でさまざまなコミュニティに参加しているのだ。その筆頭が、SNSコミュニティである。

Z世代の情報収集ルーティンの特徴

「テレビは見ていると違和感を覚えることが多いので、視聴するのをやめました。コメンテーターの発言や、世間一般を代表しているような態度にあまり共感できないと感じるためです」

「テレビからはステレオタイプを押し付けてくるような印象を受けます。たとえば、ジェンダー規

範もその一つです。どんなニュースを見ても、男性の司会者の横で若い女性アナウンサーが明るく振る舞っている。なんだか納得いかないと感じてしまいます」

「新聞を紙で読む必要性はまったく感じません。ニュース性という点で、速報はツイッターで十分です。必要があれば翌日に日経電子版で記録保存するのがルーティンです」

これらは、DTCのZ世代を代表する声である。Z世代の情報収集の手段はテレビ、新聞などのマスメディアではなく、スマートフォン上のニュースサイトやニュースアプリ、SNSがメインである。つまり、シニア世代や親世代が信奉する旧来型メディアで発信されるオピニオンは、Z世代から信頼性や求心力を失ってしまっている。言い換えれば、シニア世代の思考や感性が旧来型メディアに登場する「権威」から何らかの影響を受けているのに対し、Z世代は、権威やオピニオンに取って代わる「オピニオンリーダー」に感化されている。ここで重要なのは両者の是非ではなく、シニア世代が知るオピニオンとZ世代のそれは異なることを認める、ということである。

Z世代の情報収集ルーティンに影響するのは、自身の興味・関心に合わせて記事を見つけることができるメディアである。物心つく頃からインターネット上にある大量の情報を処理することに慣れているため、時間を浪費することなく効率的かつ要点を押さえた形で自分にフィットした情報を収集したいのだ。その結果、熟考された内容やストーリー展開よりわかりやすさ・簡潔さを重視しており、たとえば次のような行動特性が観察される。

・好きなユーチューバーのビジネス要約チャンネルを倍速で視聴する
・書籍の内容を図解化して要約している動画を視聴する
・新聞からピックアップされた記事だけ読む

では、こうして獲得した情報をどのように判断するのだろうか。

これについて、DTCのZ世代は次のように説明する。

「SNSはアカウントごとにその思想を投稿内容から察知できますが、発信者がどういう人なのか、過去にどんな投稿をしているのかも調べたうえで、その内容が信頼《トラスト》に足る情報であるかどうかを判断します」

「広告で成り立つ既存メディアは視聴率を獲得するための損得勘定が絡んでいると感じます。そういうことがないと信頼できるメディアは、発信者の本音をリアルに感じ取ることができるので、インプットに役立っています」

判断基準として注目すべきは、発信者のパーソナリティや背景を重視していること、バーチャル世界で手っ取り早く情報収集をして選択肢を絞る際は生身の人間の体験談や思考法を参考にしていることの2点に要約できる。これが意味するところをおわかりだろうか。Z世代は「答えを教えてほしいわけではない」ということだ。自分らしさを追求する以上、課題に対する答えはみずからの判断で出したいのだ。ただし、その判断材料の収集は、効率的かつ有効的に進めたい。だから「使える手段」は遠慮なく使う。その手段の効率性、有効性を量りつつ、情報感度を高め、確度の高い解を獲得しようというモチベーションがある。

読者の皆さんは、そうした情報感度の高いZ世代が見ている近未来の自分たち、社会の姿、自社の未来について直接聞いたことがあるだろうか。ないのであれば、ぜひ一度聞いていただきたい。昭和〜平成〜令和を経験してきた我々は、連続する「線形上」で思考することに慣れ親しんだあまり、イノベーションが「非線形上」に現れることを忘れがちである。一方、Z世代は日々大量の情報から取捨選択して仮説を磨くトレーニングをしているため、デジタル世界に接する情報収集ルーティンが昭和世代とは異なる。そのルーティンは、歴史が証明する「不易流行」の重要性やシニア世代が見落としている視点、あるいは思いもしなかった発想を生み出す可能性が高い。組織にとって、彼らは非線形的発想を期待できる「金の卵」なのである。

Z世代を魅了する「共感」のメカニズム

かく言うDTCも、Z世代の思考をマネジメントに採用するという発想をこれまで持っていなかった。実際、Z世代にパーパス[*15]への共感を尋ねたところ、率直かつドライな(会社にとっては辛辣な)反応が見られた。

「賛成しているというか、了解です、という感じ」

「間違ったことを言っているとはまったく思いません。パーパスは抽象論だと思うので、別にそれ

15 Deloitteはグローバルで「Deloitte makes an impact that matters.」というパーパスを掲げている

に対して否定しようって思いにもならない。こういうことを目指している会社だったら、働きたいというより『働いてもいいかな』という感じです」

「自分とまったく相容れない、というレベルでなければ大丈夫、くらいのとらえ方です」

パーパスを掲げたところで、それだけでは若手が共感しきれないことは明らかである。彼ら彼女らにとって会社のパーパスは「誰かのスローガン」なのだ。では、どうすればいいかを聞くと、次のような回答を得た。

「ビジョンと具体的な取り組みがマッチしていることが重要だと思います。たとえば、ユーグレナは将来会社を支えていくのは子どもたちだと思うから、その意見を聞くために中学生のサミットを立ち上げている。こうした取り組みを聞くと、この会社は本当にそう思っているんだと感じます」

「グーグルは従業員の健康を大切に考えているから無料の社食を開放しています。会社にとって損や面倒に見える施策でそのビジョンを体現しようとするなら、会社は本気なんだと信じることができると思います」

発信するメッセージ（スローガン）の実現に向けて会社は投資し、何を目指しているかを明確に行動で示す。それが多少の目新しさを含む時、彼ら彼女らは「この会社で働きたい」と感じるようである。それを指摘してくれた当社のZ世代の意見を紹介したい。

「私が所属するモニター デロイトでは、〝2030年までに、〇〇な企業を〇社（支援することを通じて）創ることを通して、日本および世界の社会変革をリードすることを目指す〟といったパーパスがあり、全社のパーパスが、部署レベルのパーパスとして数値になっています。ここまで具体化されると、『共感できる』『できない』の判断にまで落ちてきます」

パーパスを共感できる形で具体化し、それを実現するためのアクションプランを検討できるレベルにまで落とし込んだ目標を設定することで、Z世代を含めた全従業員の共感を引き出し、それが組織の求心力になりうるわけである。例として挙げられた「モニター デロイト」はサブブランドという部門横断のコミュニティである。数値に対して共感した以上、情報源を含め自身の持ちうるリソースを駆使して、所属するコミュニティのパーパスの追求に邁進しようという意思がこの意見から読み取れる。

さて、先述したように、Z世代にとって「よい情報」の判断基準は「発信者を信頼できるかどうか」である。つまり同じ会社の上司、先輩であれば身元は明らかなのだから、情報発信者として信頼はしやすいだろう。したがって、その際は「仮説思考に役立つ情報を与えてくれるか」どうかで、そのメッセージに耳を傾けるかどうかが決まる。

「ある情報を採用してよいかどうか迷う時には、会社の上司や先輩に聞いたりします。この情報は信じるに値するものかを率直に聞き、上司が信頼できると言えば、信頼してしまいます」

しかし、特にコロナ以降、コミュニケーションをデジタル主導で行う傾向が顕著となり、情報の善し悪しを判断する前提となる信頼関係を築くことの難易度も上がっている。

以上を踏まえて、Z世代の上司、あるいは組織長の方々に対して「Z世代のマネジメント」をアドバイスするなら、次のようになる。

Ｚ世代を巻き込んでパーパスを実現していくには、まずは個人・組織レベルで彼らとの信頼関係を築き、自社のパーパスへの共感を醸成することである。スマートフォン上のアプリやＷｅｂサイトが情報検索の中心になっているからこそ、自分がコミットするコミュニティ、またはコミュニティに所属する「個」が、「どのような人物（またはコミュニティ）か」ということを強く意識し、見極めようとしている。

また、信頼と共感を得るには、発信するメッセージとそこに向けた取り組みを具体的に示すことが重要だ。Ｚ世代は、「パーパスと取り組みがアラインしているか？」ということをシビアな目で見ている。パーパスは掲げただけでは意味がないということは前章でも触れているが、パーパス実現に向かって邁進する個人やコミュニティの姿こそが、「それならば自分も」というＺ世代の思いを喚起するのである。

コロナ禍やデジタル化で人とのつながり方が変わりつつあるいまだからこそ、マネジメント層は、Ｚ世代自身がパーパスを実現する主体であると感じて巻き込めるよう、よりＺ世代とのコミュニケーション（スタッフとの直接的コミュニケーションおよび対外発信を含めた間接的コミュニケーション）やパーパス実現に向けた具体策に投資すべきだろう。

◉――デジタル戦略をエンパワーする社外のコミュニティ

企業の変革を担うステークホルダーは社外にも存在する。特に今後の企業経営において必須となるデジタル分野では、ネットワーク効果が主戦場となっている。デジタル上のコミュニティでは、その場で獲得した知見が威力を発揮するからである。たとえば、斬新なアイデアやボランタリーな労力をリソースとして獲得したり、その延長線上として即戦力人材を獲得したりと、コミュニティ資源を経営に活かす動きが加速しているのだ。

デジタル上の「集合知」として著名な例は、Ｌｉｎｕｘだろう。ソースコードを無償で開放したＬｉｎｕｘは、非営利、営利を問わず誰でも自由に利用できる。オープンソース化が幅広い機能や柔軟性といった利点を生み、愛用者の協力によって常に改善され、それがＯＳとしての高い信頼性につながっている。ユーザーはあくまでボランタリーにプログラム開発に関わっている。その動機は、個人としての興味や楽しさを満たすこと、またエンジニアコミュニティにおける名誉の獲得である。

ＩＴ企業がオンライン上のコミュニティに参加するメンバーから、自発的なアイデアや協力を通じて得た知見を活用する動きは他にもある。ネットスケープによるオープンソースプロジェクトである「Ｍｏｚｉｌｌａ」を通じたＦｉｒｅｆｏｘの開発と発展である。

Ｆｉｒｅｆｏｘはかつて非常に高いシェアを誇ったＷｅｂブラウザである。マイクロソフトによるインターネットエクスプローラーという強敵に太刀打ちできないネットスケープは、世界中の何千人もの熱心なボランティア開発者を募ってオープンなコミュニティをつくり、既存の選択肢を凌駕するＭｏｚｉｌｌａを完成させた。Ｍｏｚｉｌｌａは、開発者のコミュニティの構築と育成に多大な投資を行っており、継続的な成長と発展を遂げている。

このようなエンジニアコミュニティは、専用のプラットフォームを通じて多くのエンジニアを巻き込んでいる。「Ｋａｇｇｌｅ」という競技プログラミングプラットフォームで説明しよう。

競技プログラミングとは、企業・団体が参加者であるデータサイエンティストや機械学習のエンジニアに対して課題を提示し、そのデータ分析モデルの精度を競い合うコンペのことである。提示された分析モデルは即時に採点、ランキング化されるため、日々優秀なエンジニアの腕試し（名を売る場）となっており、１００万人近い人がコミュニティに参加しているといわれる。グーグルは２０１７年にＫａｇｇｌｅを買収した。買収額は公表されていないが、この買収がグーグルのＡＩコミュニティにおける地位を大きく高めるといわれ[16]、このコミュニティの可能性が期待された。

日本においても「ＳＩＧＮＡＴＥ」や「ＡｔＣｏｄｅｒ」などのサービスが存在しており、これらは今後のデジタル人材の育成、獲得ルートのスタンダードとなるだろう。これら社外のエンジニアはともにサービスを開発するという意味では協業先であり、一方で将来的な採用も視野に入れているという意味では従業員の側面も備えている。これは、新たなステークホルダーとしてのとらえ方が必要となる。

16 Matthew Lynley, Google confirms its acquisition of data science community Kaggle, *Tech Crunch*, March 9 2017

マーケティングの在り方を変える顧客のコミュニティ

企業を取り巻くさまざまなステークホルダーの中で、企業にとって最重要の経営指標である売上に直接的に関係するのが顧客である。企業が提供するモノやサービスの価値を高め、競争優位を確立して売り上げを向上させることは、いつの時代も最重要の経営課題である。そのため企業はマーケティング活動に注力するわけだが、ここでもコミュニティが重要な役割を果たすようになってきた。

マーケティングにおけるコミュニティの重要性を考えるうえで理解すべき学術的概念がある。それは、岡山理科大学教授の村松潤一氏らが提唱する「価値共創マーケティング」である。[*17] この概念が従来のマーケティングと異なるのは、マーケティングの対象領域を企業が顧客にモノやサービスを販売するまでのプロセス(生産プロセス)から、顧客がモノやサービスを日常生活で利用するプロセス(消費プロセス)まで広げたことである。

従来のマーケティング手法では、企業が顧客にモノやサービスを販売する際に「よりよい市場取引を行う」こと、すなわちモノやサービスを提供する時点の「交換価値」の向上に主眼が置かれていた。これに対し村松氏たちは、消費者がモノやサービスを購入した後に日常生活で形成される価値に主眼を置いた。これを「文脈価値」という。

文脈価値は顧客自身が主体的に創造するものであるとされている。私たちはこの価値を高めるうえで、コミュニティが果たす役割に着目している。文脈価値は、顧客がモノやサービスを利用する過程で接す

17 村松潤一「価値共創マーケティングの対象領域と理論的基盤―サービスを基軸とした新たなマーケティング―」(『マーケティングジャーナル』2017年第37巻2号)

るさまざまな情報や体験が消費の文脈となり、その文脈の中で形成される価値である。消費の文脈を形成するために、企業が個々の消費者に直接的に相互作用を行うことは可能であるが、その場合は一つの企業が消費者に対して提案できる文脈に限りがあり、それが響く消費者とそうでない消費者が生まれてしまう。従来のマーケティングトレンドである「マスから個へ」の中では、消費者の趣味嗜好に応じたメッセージやオファーを提供することが試みられてきたが、現実的には企業が事前に用意する有限の施策を消費者に提示せざるをえない状況であった。

ところがコミュニティを活用することで、個人が接する情報の幅の広さや量を飛躍的に高めることができる。個人は社会の中で、日々何らかのコミュニティとの接点を持ちながら生活をしている。家族はもちろん、職場の同僚、趣味の友人、また最近ではSNSも含めて多くのコミュニティと接点を持ちながら情報を得ている。特にデジタル上のバーチャルなコミュニティから得られる情報は、リアルなコミュニティのそれに比べて多様かつ多量であり、それらの情報に接するなかで自分に合った情報に巡り合う機会が従前よりも増えている。あるモノやサービスを利用する際に、自分の暮らし方や考え方を踏まえて役に立つ情報をキャッチできれば、結果としてそのモノやサービスの文脈価値は高まっていく。

このコンセプトの価値を高めるために、私たちは次の2つの仕組みが必要であると考えている。一つは、消費者コミュニティが自律的に形成され、その中で消費者同士が知識や情報を交換するための仕組みであり、もう一つは、コミュニティを通じて提供される知識や情報を文脈価値につなげるための仕組みである。

1つ目の事例として、ソニーが運営するデジタル一眼カメラ「αシリーズ」の顧客を対象とするコミュニティサイト「α cafe（アルファカフェ）」が挙げられる。[*18]「α cafe」の参加者は撮影写真を投稿し、それに対してbravoという評価やコメントが付く。コミュニティでの反応が楽しみで、よりよい写真を撮影して再び投稿したいという意欲が高まる。これが「カメラを利用する」という文脈価値の向上につながることになる。また、利用者同士がテーマごとに語り合える「サークル」では、撮影方法に関して上級者から初心者へのアドバイスなども投稿される。ここに、撮影技術が向上して喜ぶ初心者と、初心者から感謝される上級者の交流が生まれ、参加者相互でメリットを享受できるようになっている。

2つ目の事例は、「よなよなエール」などを提供するヤッホーブルーイングである。[*19]ヤッホーブルーイングは、ブランドの成り立ちやビールの製造秘話を自社のWebサイトに掲載し、そのストーリーに共感する人をファンとして取り込む仕組みをつくっている。同社の事業戦略は、万人受けする商品ではなく、「知的な変わり者」に対して刺さる商品を提供するというものだ。知的好奇心がある人に対して「よりビールを楽しめる情報」を提供することで、消費の文脈価値を高める取り組みを行っている。

ここに挙げた2社だけでなく、マーケティングにコミュニティを活用する企業が重視するのは、コミュニティを通じて形成される文脈価値をいかに収益につなげるかである。マーケティング活動のリターンが明確でなければ、企業がその活動を継続的に推進することは難しいからだ。私たちが重視するのは2つの方法である。

18 α cafe Webサイト
https://acafe.msc.sony.jp/

19 ヤッホーブルーイングWebサイト
https://yohobrewing.com/

第1に、文脈価値をベースにして消費者のロイヤルティを高め、モノやサービスの継続的な購入や利用につなげることである。これはリピート率を向上させる従来手法と同じである。近年では、サブスクリプション（継続課金）サービスという新たな販売手法や、ＢＮＰＬ（後払い）という新たな支払い手法が加わったことで、文脈価値を高めて継続利用を促し、顧客生涯価値の最大化を目指す手法が強化されたと考えている。

第2に、コミュニティを通じて文脈価値を形成するプロセスそのものから、モノやサービスの販売とは異なる新たな収益を得る方法である。新たな収益手法であるが、技術開発の進展とあいまって今後のビジネスチャンスとしてとらえることができる。これについては、さらに2つの方法が考えられる。

一つはコミュニティ内の知識・情報の流通から収益を得る方法である。コミュニティ内では、誰もが発信者であり受信者である。そうして多様な情報が行き来しているが、それらの情報とＮＦＴ（非代替性トークン）とをひもづけて資産性を付与することで、その情報の取引から収益を得ることができる。たとえば、ソニーの「α ｃａｆｅ」では、投稿した写真をＮＦＴとひもづけて管理し、コミュニティ内で写真の所有権取引を行ったり、取引に伴う収益の一部を手数料収益として得たりすることが可能になる。もう一つは、コミュニティへの参加そのものから収益を得る方法である。たとえばコミュニティへの関与の証として「ファントークン」を発行し、その量に応じてさまざまな特典を付与する仕組みである。ヨーロッパのスポーツクラブでは、クラブや有名選手のファントークンが発行され、トークン発行に関わる収益がクラブの売り上げを支えている。

こうした特定の興味・関心で人が集まる場で知の交換やそれに伴う経済活動が行われることが、人々の参加意欲を高め、場の活性化につながる。これが、プラットフォーム化の重要な戦略の一つである。

〝推しコミュニティ〟を活用して消費への熱量を生み出す

いまや多くの消費者がスマートフォンを使って、ツイッターやインスタグラムなどのSNSを利用したデジタルコミュニティを通して日々多くの情報を得ている。SNS上のコミュニティスタイルは多様である。たとえば、核となる情報発信者（インフルエンサー）とそれを閲覧する多数のオーディエンスから成り立つコミュニティでは、自分が共感する情報発信者への信頼と憧れから、その人が使っている、あるいは紹介したモノやサービスを自分も購入・利用したいという意欲が高まる。これを活用したのが、インフルエンサーマーケティングと呼ばれる手法である。

また、これとは異なり、核となる情報発信者は存在しないが、同じ趣味・嗜好を持つ者同士が互いにフォローし合うことで自律的に形成されるコミュニティも存在する。たとえば、アニメ、アイドル、スポーツなどを応援する人たちによって形成される「推しコミュニティ」では、誰かが情報発信者となり、別の誰かがその情報に触れることで、コミュニティ内で共通の文脈が形成され、それに関連した消費やサービスの購買意欲が高まる現象が見られる。たとえば、応援する対象の限定グッズを入手した人がSNSに投稿し、他にも「自分も手に入れた」と投稿した人がいた場合、そのグッズを知らなかった人でも購入意欲が高まるという具合である。

個人の「推し活動」は消費への多大な熱量を生み出す。それゆえ、推しコミュニティは「消費への熱量が形成される場」と見ることができる。日常の消費行動が自分の推す個人やチームの応援につながるということであれば、それを起点に消費者の購買行動が変容する。

その行動変容を、ファイナンスサービスを通じて収益化につなげている例として、ナッジが提供する「推し応援機能」付きのクレジットカードがある。[*20] 一般的に提携カード方式でクレジットカードを発行する場合、通常は数万枚の発行が条件となるが、ナッジはスポーツクラブや選手、アーティストが1枚からでも提携クレジットカードを発行できるサービスを提供している。特徴的なのは、応援するファンが日常生活でそのカードを使えば使うほど「推し」を応援できる仕組みになっていることである。つまり、利用額に応じて応援する相手からの特別な特典（限定グッズやイベントなど）を得ることができて、カードの決済手数料の一部が応援相手に還元されるという、2つのメリットがあるのだ。

コミュニティをターゲットとするマーケティングを考える場合、サイズが小さいと、取り組みの規模感が不十分になる問題が散見される。とりわけ企業が特定のコミュニティと直接的に関与する場合はそのような問題が発生する。ここで考えていただきたいのは、小規模なコミュニティとの直接的なコミュニケーションではなく、小規模なコミュニティが無数に発生する仕組みである。ナッジのモデルはまさしくその仕組みをつくった事例である。

1つのコミュニティが数百人程度の規模であっても、そのコミュニティが無数に存在すれば、企業として無視できない規模になる。今後は、マスを個人の集合体ではなく、コミュニティの集合体ととらえ

20 Nudge（ナッジ）Webサイト
https://nudge.cards/

直す見方が必要である。

分散型自律組織：DAOを通じて企業組織を変革する

Web3で新しい組織形態としてDAO（分散型自律組織）が注目されている。DAOは、目的に共感・賛同したメンバーが自発的に参加し、メンバーによって自律的かつ民主的にオープンソース上で運営されることに加え、ガバナンストークン（コミュニティの意思決定において投票権を与えるトークン）などによってインセンティブも設計されている点が特徴だ。

地方自治体に近い領域での街づくりとしての山古志住民会議やDAOヶ島、ヘルスケア領域におけるIP開発・管理のVitaDAO、起業支援の人妻DAOなど、掲げる目的や方向性の多様化が進んでいる。ここでは、日本企業がDAOを活用するための例として、自律分散型キャピタルファンドの「The LAO」、アメリカのワイオミング州で法人登記した「American CryptoFed DAO」、ベンチャーキャピタルが出資する「PartyDAO」を取り上げたい。

The LAOは現在、アメリカの法律に準拠した形式で運用されている。また参加できるメンバーは99人の認定投資家に限定される他、アンチマネーロンダリングチェックなどの厳しい基準も設けている。一見、自律分散的な運用を阻害するように聞こえるかもしれないが、すでに多様な投資プロジェクトが運用されていることから、規律と自律分散型の運用がバランスされた好例としてとらえるべきだろう。その証左として、The LAOはスマートコントラクトに依存しないガバナンスバランスの成功を転用し、InvestmentDAOおよびCollectorDAOの双方の側面を有するFLAMINGO DAOも立ち上げていて、NFT（非代替性トークン）に分散投資できるDAOとして名実ともに成功事例となっている。

American CryptoFed DAOは、アメリカで初めてDAO法人として登録された。同社は仮想通貨「ステーブルコイン」の開発に取り組んでおり、欧米や日本において、シームレスな支払いサービスの提供を目指している。The LAOと同じく、利用者に厳格な本人確認などを要求していくなど信用構築を重視している。

アメリカで初めての法人化されたDAOという側面だけではなく、モバイルバンキングサービスを提供する「mSHIFT」という企業がDAOを組成し、さらにDAOを法人化するというサイクルを実現させた事例として認識することが望ましい。また、彼らを法人化したワイオミング州は1977年に新たな会社形態であるLLC（有限会社）を初めて制定させた過去を有し、会社組織に関する規制制定をリードする立場を意識した歴史的な背景も認識しておく必要がある。翻って、日本では自由民主党のweb3プロジェクトチーム、デジタル庁や金融庁の取り組みなど環境整備が進んでいる点も踏まえると、日本においても同様に会社組織が事業のライフサイクルに合わせて株式会社とDAOを行き来しながら最適な運営を目指していくことが可能になるのではないだろうか。

最後に、DAOでありながら著名なベンチャーキャピタルa16zが出資するPartyDAOは、先述のFLAMINGO DAOのようにNFTの共同投資・購入に着目したDAOだが、共同投資・購入するためのメンバーを集めるツール開発に特化している。他のDAOと同じようにガバナンストークンの発行などを通じて参加者の貢献に報いる他、求人ページでは固定的な貢献者に対してUSDCかトークンによる報酬の支払いを明示している。また、医療費補助や有給休暇など伝統的な企業に見受けられる福利厚生も列挙されている。

DAOの活用については、いままでのクラウドファンディングやストックオプションなどとの比較から、資金以外の貢献や報酬が注目されがちだが、より深くDAOを活用していくためには、これまで企業が個人に支払ってきたある種安定的な報酬を担保しつつ、フットワークの軽い報酬や個人の動機づけの在り方を設計に落とし込むことが重要になる。

これまで挙げてきた事例のように比較的小規模な企業やスタートアップから考察すると、DAOの基本的な特徴である「平等な貢献と報酬」が、金銭だけに留まらない顧客接点の設計を可能にするため、ユニコーン創出のボトルネックともいえる問題点を解消する糸口として期待できる。すでに世の中には投資を主体とするDAOは先に述べたThe LAO以外にも無数に存在するが、投資先をメンバーで選定するようなベンチャーキャピタルの意思決定を分散化したものが一般的だ。

しかしながら、仮に会社組織が中央集権的なトップダウン型とDAOの間で柔軟に組織形態を入れ替えながら事業拡大すると仮定すると、スタートアップは資金調達先を分散しつつ、シームレスに法人化も検討できるようになるうえ、国境に縛られない顧客や出資者と黎明期から相対することでより大きな市場環境へと移行できる。その後、企業の規模が大きくなるにつれてガバナンスや社会的貢献を果たす

図表3-5｜企業の事業成長とDAO

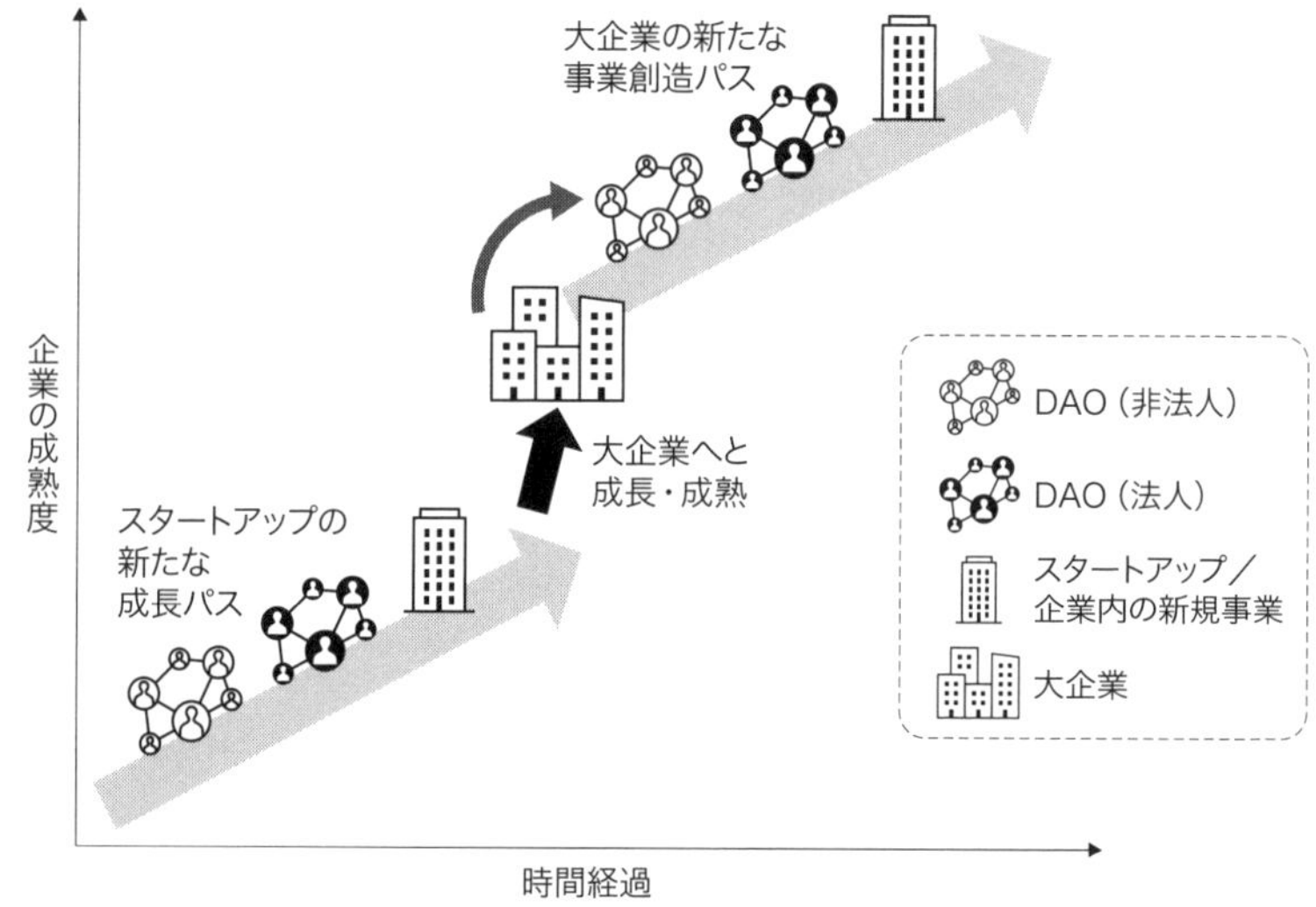

ことへの要請も増すため、参加者の属性チェックや運用の規律に法律をバックボーンとしてうまく活用しつつも、DAOの特徴である分散型の貢献や報酬の仕組みを取り入れ、事業ごとのステージやパーパスに合わせて、柔軟に組織形態を変えていく視点が求められるだろう（**図表3－5**「企業の事業成長とDAO」参照）。

新産業を創造するコミュニティドリブンのイノベーション

次に、産業と市場におけるコミュニティを見てみたい。その際、2つの大きな潮流を押さえる必要がある。デジタルとサステナビリティである。

デジタル技術の重要性については本書で述べるまでもないだろう。

成熟化社会を迎えて、顧客がモノに対する価値を評価する基準は「機能」から「情緒」に移行したことはよくいわれることである。企業経営が重視してきた顧客経験（CX：Customer Experience）に加えて、私たちはこれからの視点として、あらゆる顧客接点における経験価値（UX：User Experience）を高めることが重要であると考えている。特に重視するのが、UXを一貫性あるものとしてデザインすることである（『両極化時代のデジタル経営』[*21]を参照されたい）。

UXを実現するには、デジタル技術を活用したサービスデータの連携が不可欠である。これには、顧客体験の目線から業種や業界を前提としない企業間の連携が必要となる。たとえば、よい商品を顧客へ届けるために、従来はサプライチェーン上の競争優位に注力してきたわけだが、これからはユーザーが使いやすいと感じたり、感動したり、印象に残るといったユーザー視点からの体験・経験をつくり上げなければならない。企業連携によって価値を創出していたゲームから、UXを実現するために業種業界を超えたエコシステムを構築するという発想の転換が必要になるのである。

サステナビリティについては、近年のESG投資やSDGsというトレンドは周知の事実であろう。いまや企業経営の必須条件となっており、国家戦略の支柱を取り巻くビジネスサプライチェーンが複雑になるなか、従来の業種・業界のカバレッジだけでは課題解決ができなくなっている。

いずれも、業界の垣根を越えた連携が必須であり、仲間づくり、エコシステムづくり、さらにはエコシステム間の協業と、まったく新しい視点でのコミュニティが体現しつつある。

21 デロイト トーマツ グループ『両極化時代のデジタル経営 ポストコロナを生き抜くビジネスの未来図』（ダイヤモンド社、2020年）

セールスフォースのイノベーションを支えたコミュニティ

プラットフォームビジネスの雄として知られるセールスフォースはＳａａＳ（Software as a Service）産業でも代表的存在だが、実はパーパスとコミュニティを重視する企業としても称賛されている。同社はＣＲＭソフトからスタートし、さまざまな分野のクラウドサービス開発により成長を遂げ、いまやＳａａＳという一大産業を牽引する。

同社の成長過程において、パーパスドリブンのコミュニティは最も重要な経営イシューであったことは間違いない。特筆すべきは、先述した「トレイルブレイザー（先駆者）」というコンセプトである。その担い手は、従業員、顧客、パートナーといったステークホルダーであり、彼らとビジョン、パーパス、価値観を共有して「トレイルブレイザー コミュニティ」を構築し、これを大いにビジネスに活用してきた。このコミュニティは大小さまざまなグループから形成されており、日本だけでも40を超えるユーザーコミュニティグループが存在する。自主的なコミュニティでは、セールスフォースの社員の関与は最小限となっている。

コミュニティを通じたステークホルダーとの〝共創〟としては以下のようなものが挙げられる。

顧客・ユーザー：投票によりサービス開発の優先度を決定

セールスフォースのサービスはサブスクリプション型で提供されており、ユーザーによる使用率を維持・向上しなければ契約は打ち切りになる可能性がある。ユーザーが望んでいるサービス（機能）を定期的に実装・提供し続けることが重要であり、そのためにユーザーによる投票でサービス開発の優先度を決めている。

パートナー：オープンソース化により外部ディベロッパーの参画を促進

ビジネス拡大にはユーザー業務に対するカバレッジを拡大させることが必要であり、そのために自社開発にとらわれない多様なサービス提供が必要と判断。ビジネスモデルをSaaSからIaaS（Infrastructure as a Service）へ転換した。そのために前述したMozilla同様にオープンソース化を推し進め、外部ディベロッパーがプラットフォームへ参加しやすい環境を整えた。

パートナー：独自の開発プラットフォームの開放により現在・未来の担い手を育成

セールスフォースはSalesforce上で動くアプリ（AppExchangeアプリ）が多くあることが特徴である。これは外部のディベロッパーに独自の開発プラットフォーム「SalesforcePlatform」を提供していることが大きく寄与している。またこのプラットフォームはノーコード／ローコードでも開発が可能であるため、教育機関や学生、ユーザー企業の開発も可能にしている。こういった仕組みが現在または未来の開発者コミュニティを育てる仕組みを支えているといえる。

一連の取り組みは、コミュニティの要素である①パーパスの共有化、②自律分散型の意思決定、③知識・ノウハウの共有化に沿った内容である。コミュニティの成長が事業に貢献するビジネスエコシステムは、このように全ステークホルダーとの関係性の強化によって形成され、いまなお進化しているのである。

ビジネスプロデュースからマーケットプロデュースへ

このようにネットワーク効果が期待されるデジタル技術やプラットフォームビジネスにおいては、その成長過程で「ユーザー会」や「コンソーシアム」というハコを通じて仲間やユースケースを増やしていくことは有効である。ただし、単なる組織としてのハコを用意するだけではそのエコシステムの主役は自社だけとなってしまい、その拡張性は限定的になる。

そこで重要となるのがパーパスだ。個人の内発性を促し、企業の壁を越えるパーパスや〝大義〟、〝アジェンダ〟が必要となる。セールスフォースについてもこれまでなかったＳａａＳという一大産業を生み出した。同社はかつて「カスタマーカンパニー」という、顧客や従業員、プロダクトがつながり、顧客中心の企業になるべきという、SaaSという新産業で実現できる世界観を示した。これはともに新産業をつくる取引先や顧客などのプレイヤーから共感を獲得することにつながり、自律的なエコシステム拡大のエンジンとなってきたのである。

前述のように、これからのビジネスは既存のビジネスを超えたエコシステムを形成するエコシステム間の競争となる。この新たな関係性でつながり直した企業・産業は「新産業」ともいえる。企業単体がつくるビジネスの「ビジネスプロデュース」を超えて、新たな産業、マーケットを生み出す「マーケットプロデュース」の考え方が重要であり、そこにコミュニティのパワーを掛け合わせていくことが今後の勝ち筋となる。

【実践例】コミュニティでイノベーションを創出し続けるTMIP

「エコシステム形成の場」は、一企業のうちには留まらない。社内外を含むコミュニティのパワーを掛け合わせていくことで、新たな産業・市場をゼロイチでつくり出す動きはさらに大きく増幅されていく。

コミュニティへと場を広げることで、ソーシャルネットワーク理論における「緩やかなつながり」がイノベーション創出に寄与する。企業内や構造化された組織では同質性が高く、硬いつながりが多くなる傾向にあり、新たな思いがけない組み合わせによるイノベーションに限界をもたらしてしまうこともある点を突破するものである。

さらに、消費まで含めた利益の循環を生み出すことができる。プラットフォームに関する研究の第一人者として世界的に知られるハーバードビジネススクールの准教授、アンドレイ・ハジウ氏が「マルチサイド・プラットフォーム」と定義する「さまざまな企業や人々が特定の技術、製品、サービス、システム、空間を共通基盤として利用することで、さまざまな価値を創出する」[*22]という場の価値に通ずる。

その動きとして東京丸の内の街全体で仕掛けるTMIP（Tokyo Marunouchi Innovation Platform）を紹介したい。

TMIPは、東京丸の内エリアに集積する大企業を中心とした社会課題解決型イノベーション創出を目指して、2019年に始動した「産・官・学・街のオープンイノベーションプラットフォーム」である。22年現在、150以上の大企業、スタートアップ、大学、ベンチャーキャピタル、省庁などが参画し[*23]、「緩やかなつながり」によって「産・官・学・街」のプレイヤーをつなぎ合わせた「新結合」の創出を目指している。東京丸の内エリアという世界でも有数のビジネスセンターに集積する質の高いプレイヤーを擁するという唯一無二の価値は、参画者にとって魅力であり、信頼の拠り所でもある。TMIPのプロジェクト会員企業である三菱地所の代表執行役・執行役副社長で、アドバイザーも務める谷澤淳一氏に話を伺った。

――まずは、大手町・丸の内・有楽町（大丸有）エリアでTMIPが誕生した背景について教えてください。

大丸有エリアには数多くの大企業が集まり、120ヘクタールの土地に28万人が就業しています。

22 アンドレイ・ハジウ「マルチサイド・プラットフォーム 顧客を共創するビジネスモデル」『Diamond Management Forum』（ダイヤモンド社、2015年）

23 TMIPの組織は、実際の事業を産み出す主体となる大企業の「会員」と、それを支えるVCや大学等々の「パートナー」からなる。事務局は、一般社団法人大丸有環境共生型まちづくり推進協会が務め、TMIPの各種プログラム・イベントを運営している

一方で、ショッピングや飲食、エンタテインメントなどを目当てに来られる方も大勢いらっしゃる。それだけいろんな方が集まってくるのは、街の基盤がしっかりしているからだと思います。

とはいえ、その基盤は一朝一夕にできあがったものではありません。当社は、1998年に「丸の内再構築」を公表して以降、多様な人々が集まる多機能なまちづくりに取り組んできました。2002年に竣工した「丸ビル」（丸の内ビルディング）はその象徴であり、これを第一歩として、メインストリートである「丸の内仲通り」の整備などを推し進めてきました。

並行して、ビジネス街としての活性化にも注力してきました。丸ビルの竣工時には、新事業の創出を目的とした「東京21cクラブ」（22年12月に「The M Cube」に改称）を同ビル内に開設。16年にはフィンテック企業の拠点として「FINOLAB」を、19年には協創を促すオープンイノベーション拠点である「Inspired. Lab」をオープンさせています。こうしたスタートアップ企業が集積するインキュベーション施設の拡充を含めたさまざまな施策により、街の基盤はより強固になったと思います。

ただし、大企業側のニーズに着目をした、共創やオープンイノベーションを誘発し、エコシステムを形成する仕組みがあるかといわれれば、十分とはいえなかった。そういう中で、TMIPというプラットフォームが構想されたわけです。

私は街というプラットフォームで産・官・学が化学反応を起こして、新たなビジネスチャンスが生まれる可能性に大いに期待を感じました。各セクターから多様なプレイヤーに集まってもらえたのは、大丸有エリアの基盤があってこそだと思います。個人や企業だけでなく、行政や大学も参画している点に、ＴＭＩＰの独自性があります。ここまで開かれたプラットフォームは、私の知る限り、他に見当たりません。

――街の基盤というお話がございましたが、まちづくりの基盤となる「大丸有協議会」（一般社団法人大手町・丸の内・有楽町地区まちづくり協議会）についてご紹介ください。

大丸有協議会はこのエリアにおけるまちづくりの意思決定の場です。私は協議会の理事長を務めており、いわば「街の代表」として、ＴＭＩＰにアドバイザーとして参加しています。

協議会には、全地権者が参加しています。都市間競争への危機感を背景に発足した88年以降、全地権者が集まって議論することで、建物の老朽化、環境問題、エリアマネジメントといったさまざまな問題を解決してきました。そのため、閉じたコミュニティのように見えるかもしれませんが、街全体に一体感があることの裏返しです。

このような組織が存在することは、ＴＭＩＰにとって理想的な環境だと思います。通常であれば、街中で何か実証実験をやろうにも、クリアすべき問題が多く、そう簡単にはいかないでしょう。ですが、この街なら協議会を通じて、地権者との調整まで一体感の中で進めることができます。

――設立当初の会員・パートナー数は60社でしたが、現在は１５０社以上にまで増えています。具体的に、どのような企業や団体が参画しているのでしょうか。

大丸有エリアに本社を置く大企業をはじめ、スタートアップやベンチャーキャピタル、各種団体、大学、省庁などです。各プレイヤーはそれぞれにコミュニティを形成し、資産やノウハウ、ネットワークを備えています。そうした個々のコミュニティをつなぐ場を提供し、オープンイノベーションへと発展させることが、TMIPの役割だと考えています。

また、TMIPを一つのコミュニティとして見た場合、外部のさまざまなコミュニティともつながっているわけです。こうした複層的な構造もTMIPの特徴であり、イノベーションを生みやすい土壌になっていると思います。

――イノベーション創出のために、どのようなプログラムを提供していますか。

主なものとして、ネットワークやコラボレーションの土台づくりとなる多様なテーマでのセミナー、ネットワーキングイベントの主催・共催、特定の領域に絞って議論を深める場づくり（「イノベーションサークル」）、大丸有地区で行う実証実験のコーディネートと事業化への支援（「アーバンラボ」）、市場創造に向けた政策提言（「アドボカシー」）などがあります。

その中で、特筆すべきものが「イノベーションサークル」です。これは、TMIPの会員企業が特定の社会課題やテーマを掲げ、共感する他のプレイヤーと新たなサークル（コミュニティ）を形成して、情報共有や意見交換を行っていくための枠組みです。実証実験を行ったり、機運を高めるためのシンポジウムを開催したりするなど、幅広く支援しています。事業化に向かっているものもいくつか出てきています（図表3-6「TMIPのコミュニティイノベーション」参照）。

――TMIPは「大企業起点のオープンイノベーションによる社会課題解決」というパーパスに共

感した多様なコミュニティが集まってできています。言わば「コミュニティ・オブ・コミュニティ」のような存在ですが、その強みは何だとお考えでしょうか。

大きなパーパスの下に結集した多様なコミュニティが、より尖ったテーマ（パーパス）の下で新たなコミュニティ（サークル）という集積になり、イノベーションの創出に向かって活動していくことになります。これにより、熱量と志の高い人たちによる共創が実現するわけですから、成果に結実する可能性も、社会的なインパクトも高まります。

――TMIPを立ち上げた後、COVID-19のパンデミックが発生しました。コミュニティの在り方に、どのような影響を与えたとお感じでしょうか。

まず、働き方の変化が加速したと思います。私自身、テレワークやオンライン会議を経験し、物理的に移動することなく仕事を進められるのは、とても便利だと実感しました。

一方で、実際に人同士が会うことの重要性を再確認することにもなったと思います。モニター越しのコミュニケーションでは、偶発的な出会いが交流に発展し、ビジネスチャンスをもたらす、といったことはまず起こりえません。かたや実際に会って話をする場合、たとえば趣味の話をしていたとしても、場の盛り上がりによって「それは、あの社会課題の解決につながるのではないか」といった飛躍が起こったりします。

いいアイデア、革新的なアイデアは、リアルな空間ならではの偶発性によって生まれます。その意味で、TMIPが提供する「場」の価値、TMIPが土台とする大丸有エリアの価値は、コロナ

図表3-6｜TMIPのコミュニティイノベーション

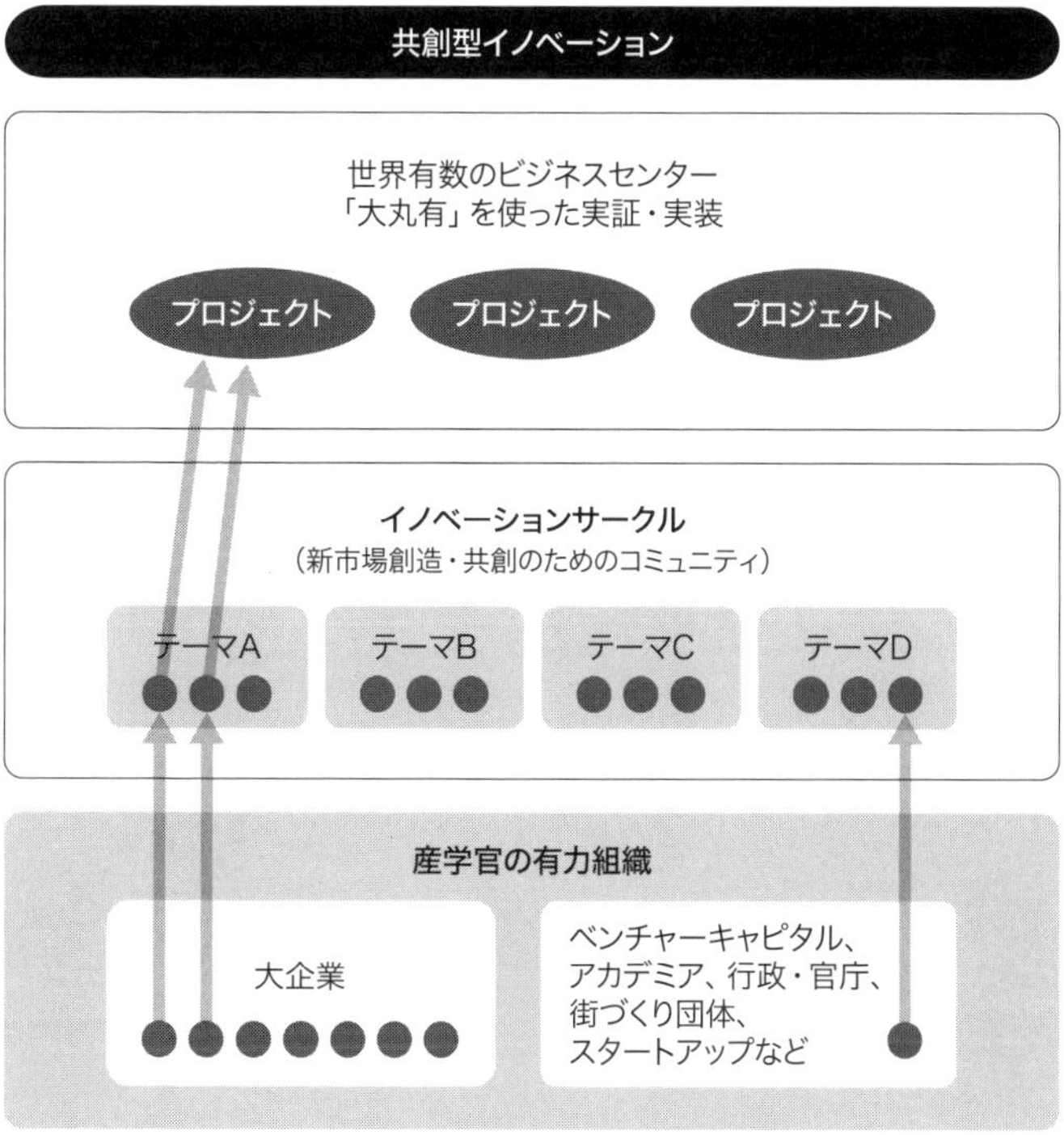

禍をくぐり抜けることで、むしろ高まったといえるのかもしれません。

――最後に、大丸有エリアの今後についてお聞かせください。

ＴＭＩＰというプラットフォームを通じて、イノベーション創出に向けた化学反応が、さらに活性化していくことを期待しています。だからといって、現状に安住するつもりはありません。変化することをやめてしまったら、人はあっという間にその街への関心を失ってしまいますから。

98年に始まった丸の内再構築は、この20年の間に1次開発・2次開発と進み、現在「NEXTステージ」へと突入しています。この名称は、絶えず「次」を目指す私たちの意思表明です。目下、「有楽町アートアーバニズム」と銘打ち、アートやアーティストを街に呼び込む仕掛けづくりを進めていますが、これもアートとビジネスの出会いによる新たな化学反応を期待してのことです。これからも、みずからを変革していく街であり続けたいですし、またそうあらねばならないと思っています。今後どのような変化をしていくかを予測することはできないものの、その変化の基盤としてTMIPが存在していることが重要と考えています。

未来社会への共感による市民中心のイノベーションコミュニティ

◉——スマートシティへの期待と失望

これからのビジネス、特に新たな市場を生み出していくイノベーションの主戦場はクロスセクターでのUXの実現である。そうした場合、さまざまな消費者の生活シーンの集合体である都市空間は、消費者のUXを実現するため、統合的にイノベーションを発生させる〝器〟としてとらえることができる。

国のスーパーシティ構想や多くの都市におけるスマートシティプロジェクトが立ち上がり、民間企業がそこに可能性を求めるのは必然であるといえる。

世界で最も注目を集めたスマートシティプロジェクトは、グーグルの子会社であるサイドウォーク・ラボが推進したトロントのベイエリア再開発プロジェクトであろう。[*24]テクノロジーが街のそこかしこに埋め込まれ、未来の都市を想起させるものであった。これが頓挫したのは、テクノロジーの前提となる情報管理における住民との合意形成の不調が主な原因だったとされている。

日本においてもさまざまな地域においてスマートシティプロジェクトが推進され、テクノロジーを駆使した実証実験が住民を巻き込む形で実施されている。しかし「実装」に移行するプロジェクトはきわめて少なく、本当の意味で市民を巻き込むことの難しさがグローバル/ローカル問わず共通認識となっているといえるであろう。

市民主導のイノベーションコミュニティ

個人・市民の巻き込みという観点では、ハーバード大学のマーシャル・ガンツ博士が理論的に体系化した「コミュニティオーガナイジング」[*25]が有名である。自分たちの社会を市民の力で変えていくというこのコンセプトは、共通の価値や目的のために持てる力を結集し社会変化を起こすボトムアップの動きを取り込むことを意味する。こうした市民主導のイノベーションが今後、より影響力を増すと考えられる。古くはマーティン・ルーサー・キング牧師やマハトマ・ガンジー、最近ではバラク・オバマ元大統

24 WIRED「グーグルがトロントで夢見た『未来都市』の挫折が意味すること」(2018年5月9日)

25 鎌田華乃子『コミュニティ・オーガナイジング ほしい未来をみんなで創る5つのステップ』(英治出版、2020年)

領の誕生にもコミュニティオーガナイジングの理論の実践が寄与しているといわれている（ガンツ博士はオバマ氏の選挙参謀として草の根運動を展開した）。

個人の問題意識や意思がボトムアップの形で社会変革につながり、さらには民間企業の新たなビジネスになる事例も出てきている。オランダのアムステルダム市でソーシャルイノベーションを推進する「Ｗａａｇ」はそうしたモデルケースの一つである。

市民主導で運営されるＷａａｇは、「テクノロジーの民主化」を標榜し、市民の研究基盤・起業支援・教育機関の役割を担うソーシャルテクノロジーのコミュニティである。介護や教育、バイオなど幅広い分野の研究を展開するラボが活動の中心で、課題の当事者たる市民がラボのプロジェクトに参加し、市民主導のイノベーション創出を実現している。[*26]

持続的な企業価値向上のカギはグローカルなコミュニティ

大がかりな市民の生活データやバイタルデータの利活用に基づいたスマートシティのような取り組みは、日本においても多く見られる。これらはパブリックリサーチに基づく市民の課題発見を起点とし、市民が自分たちの生活をよりよいものにするためにプロジェクトに主体的に参加している点が特徴である。

ＤＡＯも、市民が参加する街づくりのために活用されつつある。日本においてはデジタル村民の数が実際の住民の数を上回った山古志の事例が有名だ。いまや市民は、物理的な制約を超えて海外からも存

26 吉備友理恵、近藤哲朗『パーパスモデル 人を巻き込む共創のつくりかた』（学芸出版社、2022年）

在しうるのである。DAOという民主的な方法論、ツールによって文字通り市民が意思決定に関わり、アイデアを出すことでみずからのコミュニティをよくしていくという循環が、テクノロジーの進化によって実現できるようになりつつある。

DAOなどの空間を超えたコミュニティを実現するテクノロジーは今後も進化する。しかし、これらはあくまでツールである。意思を持つ市民が参加するコミュニティが存在するからこそ、「よい方向へ変えよう」という機運が芽生える。実業界もグローバルかつローカルな地域社会のコミュニティに個人レベルから参画し、地域の固有性や社会課題に基づく未来のビジョンを市民とともに創出することが、市民社会における企業の存在をサステナブルなものに変えていく。その行為自体が、イノベーションの創出であり、持続的な企業価値向上への確かな道筋であると考える。

【実践例】徳島県神山町に生まれたイノベーションコミュニティ

ここで徳島県神山町の、コミュニティの力を用いて課題解決やイノベーション創出をしている例を紹介したい。なお、本コラムは、認定NPO法人グリーンバレー理事で、学校法人神山学園理事の大南信也氏のセミナー「徳島県神山町 人口5000人の小さな町はなぜ進化し続けるのか」を参考にまとめたものである。

神山町は、徳島市から車で40分ほどの山間部にある、ごく普通の地方の町であった。1955年に周辺の5つの村が合併し、人口2万人の町としてスタートして以来、年を追うごとに人口が減り続け、2020年には4分の1の4647人となった。ところが、ある施策から、多様なスキルを持った若者たちが続々と移住するようになり、社会動態人口（転入者数から転出者数を引いた数）が2年連続で増え、町の全人口に対する若年（15～29歳）の女性比率が増加するなど[*27]、過疎化の改善に向けた変化を生み出し、地方創生の〝奇跡〟ともいわれるようになった。[*28]

その施策とは、大南氏を中心として実施された「〝外とつながる〟コミュニティ作り」である。町の中で「意図しない出会い」が高まるような仕掛けをつくり、これまで町内には存在しなかった、新しくバラエティに富んだ「異分子」の人々を迎え入れることで、再び町を活性化したのだ。

この施策の大きな特徴は、町が人口減少という課題解決に特化したコミュニティを形成するのではなく、プラットフォームだけを提供していることだ。そうすることで、目的が決められた枠の中で盛り上がっておしまいというだけではなく、誰かが始めた一つのコミュニティから、いわば芋づる式に、自由に次々と新しいコミュニティが自生していき、自然と人口減少の課題を解決していくメカニズムが構築された。すなわち、持続的な資源としてのコミュニティを生み出すことに成功したのだ。

27 日経チャンネル「徳島県神山町～人口5000人の小さな町はなぜ進化し続けるのか～」(2022年2月22日)

28 クラウドWatch「初の人口社会増、相次ぐ視察――地方創生『神山の奇跡』はなぜ起きた?」(2015年5月22日)

人と人のつながりがコミュニティを活性化

プラットフォームの整備・提供の例として挙げられるのが、「XX in Residence」という「住居＝レジデンスやそこに住まう人」を基軸とした施策だ。「アーティスト・イン・レジデンス」では、国内外のアーティストに対して、約2カ月半の間、町内で滞在しながら創作やリサーチ活動ができるような場が提供された。最初はこの施策の差別化や限られた予算での運営に苦労した面もあったそうだが、徐々に複数のアーティストが神山を訪れ、そして、移住するようになった。「ワーク・イン・レジデンス」では、どのような町をつくりたいかという視点から、受け入れ側が職種を逆指名する形をとった。このレジデンスにはパン屋さんだけ、このレジデンスはWebデザイナーだけ入居可、などとして、町が必要としている職種の人々を集めていったのだ。この施策は徐々に募集する職種に合わせて空き家を改修する「空き家改修事業」となり、より多様な職種の人を集める流れを生み出した。そして町の設計も人が集まることにより進み、集まった人々がビジネスをするのに必要な環境として、たとえば町内には光ファイバーが張り巡らされ、ネット環境が整備された。

これらの施策がより興味深くなるのは、施策を通して神山町に移住した人々がさらにその知り合いを神山に招待し始めたことである。たとえば、「アーティスト・イン・レジデンス」を通して移住した人の家に泊まったことをきっかけに、ある夫妻が町へ移住して歯科医を開業し、その夫妻の学生時代からの友人が神山町を訪れて町の魅力を発見したことで、町の酒屋をフレンチビストロに改修しレストランを開業することになった、といった具合である。

また、「ワーク・イン・レジデンス」では、大手商社でシリコンバレー駐在をしていた経験から「社員がシリコンバレーのような自由な環境で集中して働ける場をつくりたい」と、新しい働き方を模索していたSansanの創業者・社長の寺田親弘氏がサテライトオフィスを始めた。レジデンス施策にも関わっていた大南氏は、サテライトオフィスを町につくることは、この施策を始めた時には考えもしなかったという。この空き家改修のプロセスの中で、偶然、人と人がつながっていったのだ。

大南氏は後に、「最初からアイデアありきで入っていない。町にやってくる建築家、クリエイター、デザイナー、あるいはITベンチャー企業の起業家の思いやアイデアを一緒に育むうちにサテライトオフィスが生えてきた、自生してきた」と語っている。この例は、いかにコミュニティが、神山の過疎化という課題意識から、持続的な資源になっていったかを物語っている。

高専開校にまで結実したコミュニティオーガナイジング

プラットフォームの整備から自然派生的に形成されたコミュニティのもう一つの例として、23年4月、国内の高等専門学校としては19年ぶりに開校した「神山まるごと高等専門学校（神山まるごと高専）」を紹介したい。

神山まるごと高専はテクノロジー×デザイン×起業家精神を学ぶことを軸とし、世の中を変えるコトを起こす人材の育成をミッションとする学校だ。前述の寺田氏は、神山でサテライトオフィスを設立した後、教育プロジェクトを始めることが夢であったことから、神山で高専を設立する計画を推進し始めた。私立の学校を設立するために開校資金を集める必要があったが、企業や市民からの寄付金で、驚くほどのスピードで目標額を達成できた。

そこにもコミュニティの活用があった。1つは、神山高専の「先輩」になれる権利付きのクラウドファンディングというユニークな取り組みである。高専の1期生となる学生には先輩がいないため、「先輩になる権利」を募集する、という発想で協力者を募ると、1人3万円、1000人の枠が2日半で埋まったのだ。また、この学校は教育格差の撤廃を目指して学費無償化のための奨学金構想を進めており、企業がスカラーシップパートナーとして奨学金基金の設置や寄付をして参画している。DTCも22年より10年間にわたり寄付をすることを決定しているサポーター企業の1社である。

このように「起業家を育成する学校をつくりたい」「教育格差を少しでも解消したい」という共感が一つのコミュニティとなり、クラウドファンディングや基金、寄付という形でそれをサポートし、ゴールを達成する——これこそ、「市民主導で政府、企業などさまざまな関係者を巻き込みながら自分たちのコミュニティを根本からよくすること」すなわち「コミュニティオーガナイジング」のよい例であろう。

民間活力が起点となるイノベーションコミュニティは、未来に目を向ける市民が、「職」「住」環境の整備された地を選択して築かれる。神山町のケースでは、行政が選ばれる町としての環境を整えたことが第1ステップとなった。

近年、日本の過疎化が進むなかで、人口減少の対応策としての従来の地域づくりは交流人口づくりから始まっていた。これはある単発のアイデアに対して興味がある人を集客することで、一時的な効果はあるが、目的が果たせると人は出ていってしまうという大きな課題にぶつかることになる。対して、神山町はイチ組織がレジデンスというプラットフォームを提供したことが持続的な資源としての「コミュニティ」を生み出すことにつながり、中長期で人が人を呼んでくるサイクルをつくり出すことに成功したのだ。

ごく普通の田舎町であった神山町が、大きなインセンティブなしに、人々が自然に集まり価値を維持拡大していく、そして、過疎化の問題を解決に導いていったのは、まさに、資源としてのコミュニティのベストプラクティスであろう。このように、イチ組織が起点となった市民主導のイノベーションコミュニティがすでに日本国内でも生まれているのである。

第3章のまとめ

社会・経営環境の変化

グローバル経済の進展や気候変動など世界的な社会課題の深刻化を背景に、自社の利益や効率を重視した従来型の経営モデルや資本主義の限界が叫ばれ、「ステークホルダー資本主義」など、ステークホルダーとの価値共創が求められている

Changeの要諦

- ステークホルダーとの共創のためには、ステークホルダーとの対話と価値共創の場である「コミュニティ」を、ヒト・モノ・カネ・情報に続く、第5の経営資源としてとらえ、あらゆる企業活動・変革の前提とする
- コミュニティは、パーパスの一致が重要である

方法論

- まずは企業を基礎的なコミュニティとして位置づけ、パーパスを通じて従業員にとっての心理的安全性を高め、自律分散的コミュニティ組成を促す仕組みをつくり、企業の組織変革の新たな原動力とする
- 社外においても、企業やセクターの壁を越えて市民社会も含めたグローカルコミュニティを組成し、価値創出の実現を目指す

第4章

“Change”の要諦

とらえる力、駆動する力、創る力

世界はこれまで、幾度となく変化の時を経てきた。モータリゼーション、情報革命、そしてコロナ禍やウクライナ侵攻。世界各地で生じる変化が互いに絡まり合い、変化の振幅は大きくなっている。だからこそ、起きる変化を受け入れるのではなく、みずからが望む未来をたぐり寄せるために、みずからと世界を変え続ける〝Ｃｈａｎｇｅ〟に取り組む必要がある。我々はこのＣｈａｎｇｅという言葉に、厳しい現実に正面から向き合い、それでもなお、未来に向かおうとする前向きな願いを込めている。

本書を総括する第４章では、序章で提起した「適応的変革」から「形成的変革」への転換を起点に、Ｃｈａｎｇｅを実現するための３つの力である「変化をとらえる力」「変化を駆動する力」「変化を創る力」を、経営者の役割の観点から振り返る。

その３つの力をどのように経営に活かすのか、変革のケーススタディとして「ＤＴＣの自社改革」を題材にして分析する。我々自身が変革に対峙し、試行錯誤してきた歩みが、読者の皆さんのＣｈａｎｇｅを後押しするきっかけとなれば幸いである。

序論：〝Ｃｈａｎｇｅ〟を問い直す

重層的変化の時代に、未来にわたって成長し続けるには、どのような経営を志すべきか。そして、どのような経営者であるべきか。すべての経営者が、日々この問いを自分自身に投げかけているだろう。

これまで多くの変革の理論やメソッドが提唱されてきた。成長マトリクス、プロダクト・ポートフォリオ・マネジメント、ポーターの基本戦略、学習する組織。これらの多くは、その時代の経営課題への解となるべく、時代背景や環境に合わせ、企業みずからの在り方を変容させる方法論が主流であった。いわば「適応的変革」の定石といえる方法論である。

「適応的変革」は、経営者が時代を読み、目指す姿を描き、機能、組織、人材、風土を大きく変える。そしてその読みが当たり、うまく適応できれば繁栄し、できなければ淘汰されるものである。

しかし、変化は激しく、予測はきわめて難しい。一つの波を乗り越えたとしても、またすぐに次の波が、しかも幾重にも折り重なって押し寄せてくる。予測さえ難しい変化のすべてに応じ続けることは、もはや絵空事でしかない。

応じることが難しければ、仕掛ければよい。大きな変化に息切れしてしまうのであれば、小さな変化を繰り返せばよい。変化を待つのではなく、みずからが望む未来に向けて、みずからが望む世界をつくり出す。すなわち「形成的変革」への転換である。

形成的変革へと転換した経営の「新定石」とは何だろうか。変化の時代には、従前の戦略論や自己変革論に過度に頼るのでなく、前提を疑い、揺り動かし、そして新たに再編する思考と行動こそが必要ではないだろうか。

その視点として、「変化をとらえる力」「変化を駆動する力」「変化を創る力」を挙げる。経営者は、「形成的変革」を志向し、それを可能にする「3つの力」を組織全体に広く、深く、行き渡らせてChangeを主導することが役割となる。

なお、経営者の役割といっても、それはCEOが一人で取り組めること、取り組むべきことに限らない。経営を担うCxOがチームとして取り組むことが有効であり、まずは経営チームがみずから変わり続けることが重要である。

第1章：Changeをとらえる「情報戦」

情報は、企業経営における重要な資源の一つである。収集された情報に基づいて、経営判断が下され、ヒト・モノ・カネといった経営資源の使い道が決められる。そして、企業活動が展開され、売り上げや利益、顧客満足度の向上といった成果が生み出される。すなわち情報は、適切な企業経営を行ううえでの「前提」に位置づけられる。

その「前提」が目まぐるしく変わる時代となった。外部専門家が語るシナリオ、経営企画部の調査レポートと提案、SNSを賑わせている意見。これらがいまも最新で、正しく、自社にとって有益であるという保証はどこにもない。形成的変革を導くには、経営者自身が目の前の事柄を適切にとらえ、経営判断に資する情報を選び抜く「情報戦」に正面から取り組まなくてはならない。

①「情報戦に奇策はない」ことを肝に銘じる

世間では、「役立つ情報を見つけ出すのは難しく、特別な情報源、高度な技術やノウハウが求められる」

と思われている節がある。しかし、国際政治の大家や世界的な企業経営者、国際的な諜報機関がやっていることは、どれもきわめて当たり前のことばかりである。たとえば、多量の公開情報を読み込む、毎日アウトプットする、といったことを日課として地道に取り組み続ける。

奇策を知らないことを言い訳にせず、部下や外部有識者に情報収集を委ねるのでなく、まずは経営者がみずからの頭と手を使って情報を集め、分析し、示唆を与える。「背中だけで語ればよい」時代ではないのだろうが、模範を示さないことには情報戦に秀でた企業をつくることはできない。

②情報感度を高める

判断を惑わせるバイアスを自覚し、取り除くことで、情報に対する感度を高める。バイアスとは歪みであり、「情報バイアス」と「認知バイアス」に大別される。

「情報バイアス」で気をつけるべきは、情報収集の「範囲」が誤っていないかということだ。世界を狭くとらえてしまっていることともいえる。特に、知らないことを知らない「不知」には注意が必要だ。人間の情報把握能力に限界があるのは仕方のないことだが、「不知」の領域がある前提で情報収集を行わなければ、いつまで経っても「不知」を「未知（無知の知）」、ましてや「既知」にすることはできない。

また、範囲が正しくとも、情報の偏りにも気をつけたい。近年は、デジタルツールの活用により、情報の偏在が生じやすくなっている。「フィルターバブル現象」とも呼ばれ、自分の考えや好みに近い情報が、より集まりやすくなる。情報バイアスへの対応として、①定期的に新しい情報に触れ「不知」に目を向ける、②「未知」「無知」を放っておかない、③複数の情報源や方法、特に一次情報や中立的な情報にあたる、といったことが挙げられる。

「認知バイアス」にはさまざまなものがあるが、企業経営においては「みずからの想いややり方への過度のこだわり」が原因となりやすい。過去の成功体験や、自社のあるべき像に固執したあまりに倒産した企業は意外と多い。ステークホルダーから信頼を得ることが先にあり、必要とあらば自社の存在意義までをも柔軟に変えていく。この優先順位が崩れると、適切な情報がそろっても、適切な判断には結びつかない。

認知バイアスは、単眼的な思考やプロセスに潜んでいる。一人で立ち向かうには限界がある。チームと仕組みで乗り越えよう。具体的には、①判断に加わる経営チームの多様性を確保する、②判断基準を事前に示す、③異論や議論を称賛する、④判断の結果と理由を説明する、⑥定期的に結果とプロセスを振り返る、といったことに取り組もう。

③実践を通じて学習する。そして実践知に落とし込む

情報戦に奇策はなく、個人として取り組むことはとてもシンプルである。①情報には誰かの手垢がついているという前提で、原典や中立的な情報にあたり自分の頭で考える、②時間と費用をかけて品質の高いアウトプットに触れる、③みずからアウトプットし、批評の試練を浴びる、④ギブ&ギブの精神で自分の情報ネットワークを広げる、ことに取り組もう。

「みずからの経験や実践を通じた学習」が何より重要だ。情報戦は、高度な思考活動の一つである。自然言語、定量、音声・画像など、さまざまな形式・メッシュの情報から特徴や因果関係を見出し、示唆を抽出する。情報の取捨選択やアウトプットは定型化しにくく、手順書に沿って進める類の活動ではない。おのおのが試行錯誤の中で磨くしかない。

それは、組織に対しても同様だ。情報戦を展開する際に、機能や組織体制、プロセス、外部活用、といったことに着目されがちだ。ただ、組織を変えなくとも、情報戦は強化できる。

それは、経営者を含めて、すべてのビジネスパーソンが情報戦の重要性を理解し、日々の業務の中で情報に向き合う姿勢と行動を変えることだ。経営者として大号令をかける前に、日々出席している会議での姿勢を改めてみよう。しっかりと耳を傾け、質問し、自分の見解を述べ、批判を受け入れよう。そして学びを社内に共有するのだ。このように行動で示してこそ、その後の組織改革が功を奏する。組織の隅々にメッセージを浸透させ、行動様式を変えることができるのは、経営者以外にいないだろう。

第2章：Changeを駆動する「進化の素」

社会・産業が変わりゆくなかで、そこに立脚している自社のビジネスだけが確かなものだとは、誰も言えようもない。変化が激しい時代において、企業が存続し続けるには「持続可能な競争優位をつくる」ことから、「一時的な競争優位の連鎖をつくり続ける」ことが求められる。みずからの存在意義を問い直し、解決すべき新たな課題を発見し、価値を提供する。そのために、組織にもヒトにも常に変化を求める。一度でさえ大変な労力を伴う自己変容を常態化させることは、経営者の叱咤激励や小手先の戦略だけではとうてい実現できるものではない。もっと組織の根底・深層に自己変容を志向し、それを駆動する力を組み込むことが必要だろう。

言わば組織のDNAや本能に自己変容が組み込まれ、組織のどこを切り取っても活き活きと自己変容に向けて動いていているような状態だ。我々はその自己変容を志向する原動力を「3つの進化の素（カルチャー）」と呼ぶ。そして、経営者はこの進化の素を組織に組み込むことが、最大の役割となる。

①認識を繰り返し創る

その意味するところは、企業の存在意義を問い直し、社内外のメンバーがあえて「群れる」ことの意義を見出し続けるカルチャーである。

これは現代の経営者にとって、とてもなじみのあるアクションに落とし込める。それは、組織としての目的、すなわち群れを惹きつけるパーパスを描き、それを社内外のステークホルダーにわかりやすく伝え、耳を傾け、行動を通じて実現していくというものだ。大切なことは、この一連のプロセスを何度も何度も根気強く続け、学習することにある。外部の状況をどのように感知したか、それをどのように解釈したか、解釈に基づいた行動に対して外部はどのように反応したか。この一連のクローズドループを回すことで、組織の神経と神経が強くつながり、五感が研ぎ澄まされ、思考の精度と速度が高まる。

②社内企業家を育む

組織のありとあらゆる場所に変革を率いる人材＝「社内企業家」を備え、さまざまな変革が絶えず生まれるように仕向ける。そして企業家と企業家、変革と変革が互いに影響し合い、「いままでと違うことをやる」ことが当たり前の自律的な組織となる。組織全体としての変革の試行回数が増えることにより、中には予期せぬ環境変化に対して奏効するものも現れるだろう。

では、経営者としてどのように企業家を見つけ出し、育むか。大きく2つのアプローチが考えられる。

一つは、企業家としてのキャリアパスや雇用形態を制度として整え、いわゆるインキュベーター／アクセラレーター・プログラムと呼ばれる支援制度を設けて、企業家を志す人材が立候補しやすい環境をつくるというものである。いまの組織体制を維持しながら、企業家精神豊富な人材に活躍機会を与え、そして既存組織の活性化にもつながりうるという点で、取り組みを進める企業も増えている。

もう一つが、半ば強制的に企業家に転身させる方法である。具体的には京セラの「アメーバ経営」が挙げられる。組織を小さな経営管理単位に分割し、それぞれに収益や業務遂行の責任を負わせる。これにより、従業員の経営参画意識を高め、創意工夫を促すというものである。経営者だからこそ、組織に対して健全な危機感を醸成し、権限と責任を与え、企業家への転身を促すこともできる。

③偶然を価値につなげる

セレンディピティとは「一見価値が見出せない情報や、無意味と思われる出来事からでも、予期せぬ価値を見出す能力」であり、個々人に備わる能力である。予期せぬ出来事を知覚し、別の出来事との関係性を見出し、新たな価値として認識するという思考プロセスが行われている。

では、この個々人の能力を、組織としてどのように最大化するのか。

まず基本的な姿勢として、セレンディピティを一部の優れた人だけのモノにしないということだ。組織全体が一つの生物のように幸運を見逃さないことが理想である。もちろん、予期せぬ出来事をつくり出す人と、偶然に価値を見出す人が同じである必要はない。個々人が予期せぬ出来事に出会う機会を増やしつつ、同時に価値を見出す神経を太くすることを狙う。

予期せぬ出来事を増やすには「異質なヒト・情報がすれ違う環境をつくる」ことだ。プロジェクトベースでの業務、オフィス執務スペースのレイアウト、部門をまたいだ交流機会、マルチワークなど、一つひとつは小さな取り組みだがこれらを幾層にも積み重ねることが、セレンディピティをもたらすきっかけとなりうる。

そして、価値を見出すには「みずからの体験・経験をゆっくりと消化できる環境をつくる」ことが必要ではないか。こちらも、業務外のことに一定の時間を使える仕組み、「遊び」に当たる活動への予算配賦といった制度・ルールに加えて、予期せぬ出来事を突き詰めることが許される心理的安全性を確保するなど、カルチャーに根差すことが求められる。

第3章：Changeを創る「コミュニティ」

第1章では、従来の経営資源「ヒト・モノ・カネ・情報」における「情報」について問い直し、第2章では自己変革を志向する原動力「進化の素」について述べた。

第3章では、さらに一歩論を進め、これからの経営資源として「コミュニティ」の活用を述べる。企業が変わり続けるには、内からの自己変容の力だけでなく、ステークホルダーとのつながりを積極的に活用すべきだ、という提言である。

コミュニティは、いわゆるエコシステムとも異なる。エコシステムは、特定の取引先との経済的便益の享受を目的としたつながりであるのに対し、コミュニティは、固定的な関係や経済的便益を前提とせず、より多様なステークホルダーとの「共通の目的」を達成するためのつながりである。決して、すべてのエコシステムがコミュニティに置き換わるといったものではなく、エコシステムでは実現しにくい価値創造を、コミュニティが補完するという位置づけとなる。

コミュニティは新しい概念であり、その形成・活用の方法論がまだ確立されていない。その前提で、我々が事例から抽出したコミュニティ形成の3つのポイントを挙げる。①パーパスへの共感を根底としてメンバーがつながる、②トップダウンではなく、自律分散型の意思決定がなされている、③知識やノウハウが積極的に共有されている。

これらの特徴からも、コミュニティは従来の企業組織やエコシステムと異なることが伝わるだろう。そして新たな形態だからこそ、コミュニティ活用には経営者の役割が重要となる。経営者として何から取り組むか、順を追って見ていこう。

①パーパスを描き、コミュニティとの「共感」を創る

まずは、組織のパーパスを描き、ステークホルダーの心をつかみ、つながりをつくる。

パーパスとは、企業の存在意義であり、これこそヒトが組織を超えて群れる理由となるものだ。企業によっては、企業理念、社是、ビジョン、ミッション、クレドなど、さまざまな呼び名でその概念が内包されていることもある。いまある理念・戦略体系自体を改めることが目的ではなく、存在意義の内容を点検することが、このアクションの目的である。

自社を取り巻くステークホルダーが何を求めているか、これからどのような関係性を築きたいか、そして自社はどのような存在でありたいか。これらの考えと想いをパーパスに込める。このパーパスを通じて、ステークホルダーの共感を得ることが、コミュニティの原動力となる（パーパスの有用性、描き方については前作『パワー・オブ・トラスト』を参考にされたい）。

②コミュニティとの「共創」アジェンダを掲げる

次は、パーパスでつかんだ心を放さぬよう、体験を通じた具体的な関係性を築く。

パーパスは目指す方向性や世界観を示し、共感を得る有効な手段であるが、総じて抽象度が高く、受け手にとって企業との具体的な関わりを想起しにくい。そのために、ステークホルダーとの共創アジェンダを掲げ、関係性の構築を始める。

共創アジェンダは、ステークホルダーごとにさまざま考えられるだろう。たとえば、①従業員個々人のパーパスを組織の中で実現する、②顧客とともに事業や製品の企画・開発を行う、③自社の資産・ノウハウをオープンソース化し、外部有志と共創する、④モノ・サービスの利用を通じて、顧客同士がつながり体験を共有する、⑤行政や地域住民とともに社会課題を解決する、などが挙げられる。経営者みずから考えるだけでなく、現場やステークホルダーからもアイデアを募る。

③コミュニティが定着する仕組みを用意する

コミュニティ活用が一時的な取り組みとならないよう、新たなアジェンダ創出、育成、活動の仕組みを整える。新規事業の創出プロセスに沿った仕組みが応用できるだろう。

ただ、いわゆる新規事業創出とは異なる観点もいくつかある。それは、組織「外」のメンバーとの共同の仕組みである。先述したように、コミュニティはエコシステムと異なり、特定の取引先との契約関係でつながるわけではない。国も違う、雇用契約も結んでいない、指揮系統も明確でない。そういったメンバーとの共創においては、評価報酬、権利、情報管理などさまざまな実務上の問題が生じうる。おそらく、いまの組織の仕組みに当てはめて考えていては、いつまで経ってもコミュニティ活用は進んでいかない。当面は、いまできる範囲でのコミュニティ活用に留まることは仕方のないことだが、中長期的にはこれらの実務的問題にも取り組んでいきたい。まずは、ブロックチェーンやそれを活用したDAOなどの先進的な技術や仕組みを試すことから始めてみるのはいかがだろう。

そして最後に、このような新たな取り組みにおいて何より重要なことは、経営者のコミットメントであることも忘れてはいけない。経営者がコミットを示し、リソースを確保し、コミュニティ活動の重要性を言動で示す。そして、コミュニティを自社のビジネスモデルに融合するまで推し進めることが、コミュニティドリブンでのChangeを創り出すことにつながる。

DTCの自社改革に見る「Power of Change」

◉――コンサルタントへの期待が変化するなかで創業期を乗り切る

変革の要諦を理解しても、実際の問題として、自社の組織において一連の施策に落とし込み、相乗的に展開させるのは容易なことではない。そこで、ケーススタディとして当社（DTC）の組織改革とChangeを旨とする風土形成の取り組みを振り返り、読者の皆さんに「形成的変革」の実践に向けた糸口を提供したい。

言うまでもなくDTCはコンサルティングサービスを業とする会社である。コンサルティング業界は一般的に人材の流動性が高く、実際の業務もプロジェクト単位で行われるため、その結果として第2章で述べたコンポーザビリティ（構成可能性）が非常に日常的で身近なものとして存在する。

また当社の〝主力商品〟は人であり、個々人が専門性を備え、そうした人々がチームを組んで顧客である企業や官公庁などに価値を提供している。こうしたサービス形態のため、次々と生まれる経営課題を解決するため数多くの新規コミュニティが続々とつくられ、いくつかは消え、いくつかは残るということを繰り返してきた。

DTCは、1993年にデロイト トーマツ グループのコンサルティング会社として設立され、今年で30周年を迎える。30年前に約100人でスタートを切った会社がいまでは5000人を超える規模となった。特にこの数年で規模が2倍になる成長を遂げた。デロイト トーマツ グループが有する監査、税務、法務、コンサルティング、ファイナンシャルアドバイザリーの総合力と国際的なネットワークを活かし、さまざまな経営・組織機能、業界について提言や戦略立案を行い、さらに実行までを一貫して支援してきた。この30年間を振り返れば、日本経済と企業経営が大変化の潮流にさらされ、それに対応するための試行錯誤の歴史とも合致する。

ちなみに、日本にコンサルティングファームのサービスが根づき始めたのは80年代以降のことだが、当初は「経営者が抱える経営課題に対して知見を提供する」のがコンサルティング会社の一番の任務だった。つまりコンサルタントが備える経営戦略や組織戦略などについての専門的な知見を提供するアドバイザリーサービスを主眼としていた。

ＩＴバブルが崩壊した２０００年代初頭からは、業務内容が「株主価値の向上に向けた知見だけでなく、実装するための手段や仕組みまで提供すること」へと変わってきた。基幹システムの構築やコスト削減策の検討、グローバライゼーションへの対応策の策定、実行部隊の支援など、コンサルタントは専門的な知見だけでなく「実践知」も併せて提供するよう求められたのである。

コンサルティング会社自身の競争形態を振り返れば、少数精鋭で、専門性を持つプロ集団から、柔軟なフォーメーションを駆使した価値創造集団へと移行した。ＤＴＣは、こうした大きなうねりの中で成長を遂げてきた。

タコツボ化の悪循環からの脱出

ＤＴＣが創業した30年前の社員数は約１００人で、当時は少数精鋭で個人戦を展開していた時代であり、組織形態や文化でも職人の徒弟制のような関係が随所で見られた。

専門性としてはストラテジー&オペレーション、ヒューマンキャピタル、テクノロジーといった経営機能軸かつ大きなくくりでしか設定されておらず、創設期はクライアントから依頼を受けた仕事ならば何でも引き受けるという「やる気と必死さ」に満ちていた。その意味で、創業から間もないベンチャー企業と大差はなかった。

しかし、このことは同時に、成長期に入った企業ならば宿命的に直面する「タコツボ化」という課題を生み出していた。情報は個々のチームや縦系列にとどまりがちで、他の組織が何をやっているのかはわかりにくく共有もされない。社外との競争という以前に、社内にすでにある知見を活かす情報戦ができていない状況であった。また全社的には、ありとあらゆる産業や経営機能と接点（取引）があるものの、そこで獲得した知見をＤＴＣ総体として活用する組織構造ではなかった。

会社の規模は拡大して人員は増える一方でも、全社的なマネジメントが追いつかなければ、競争力を減衰しかねない悪循環が生じるリスクを孕んでいる。それでいて顧客からの要求や期待はどんどん高度化、複雑化して、より高い専門性と実践知、業務への習熟度の高さが求められるようになっていた。

こうした変化に対応するには、言うまでもなく組織内での業務状況や知見の共有が加速されなければならない。つまり「掛け合わせの期待」が高まる時代にあって、タコツボ組織のままでは顧客のニーズに応えられないのである。

私たちが自身の組織形態の見直しで着眼したのは、「タコツボになりたくてもなれない、ならない仕組みとは何か」という点であった。組織に盛り込まれている仕組みに、何らかのタガが嵌められていたり、個人戦で戦おうとしてもそれでは経済的なメリットを得られにくかったり、何よりも他社との競争に勝ち抜くような仕組みはできないものか。

さまざまな議論からＤＴＣがたどり着いた当時の答えが、次の３つである。

①マトリックス組織への移行
②コラボレーションを促進するダブルカウントルール（業績評価）の導入

③ダイバーシティなど多様な背景や考え方を受け入れる文化の醸成

マトリックス組織への移行は、業界軸（インダストリー）と経営機能軸（オファリング）の掛け合わせで組織や予算などを考えるもので、たとえば、製薬業界の顧客から人事領域に関する経営課題を相談されたならば、製薬業界の専門家と人事領域に精通した専門家でチームを組んで業務に当たる。いまでは他のコンサルティング会社でも採用されているが、当社ではさらに踏み込んで、クライアントであるCxOに対し、最適な提言ができるよう、アカウント別にリーダーを立てるなどして細密なマトリックスを構築した。これには新たなリーダー育成の目的もあったが、横串を通す仕組みによってそれぞれの得意領域外にも視野が広がり、経営課題を俯瞰的に把握して提言できるようになった。つまり、事業を構成する柔軟性や構成可能性（コンポーザビリティ）が高まったのである。

こうした変化を決定的なものにしたのが、コラボレーションを促進するダブルカウントルール（業績評価）の導入だった。具体的には、たとえば先述のインダストリーとオファリングそれぞれの部門の担当者が共同で提案活動を行い、案件獲得につながった場合、その業績（100%）を2つに分割して各部門や個人の成績とするのではなく、2部門それぞれが100%の成績を獲得したとカウントするのである。「分け前ではなく誰もが総取り」という、考え方のコペルニクス的な転回だった。

業績面での分割という制約が取り払われたことで、部門間でコラボレーションをしない理由がなくなった。さらに、社内におけるフレームワークやメソッドの共有が進むとともに、多様な知見を持ち寄り総合的な提案ができることで財務会計的にも売り上げの増加を後押しすることとなった。

各部門の組織長の立場としては、これまではシンプルな縦割りチームで評価され、他の組織と連携したら業績も分け前も減るというジレンマがあった。要するに、連携しないで自前で取り組んだほうが業績評価は高くなるのである。ところが、ダブルカウントルールが導入されたとなれば話は変わってくる。連携して知恵を出し合うほうが選択肢は増えるし、セレンディピティも生まれやすくなり、結果に結びつく。全社的な発想のＣｈａｎｇｅが実現した。

結果として、それまで以上に顧客にとって最適な「解」を提供する社内体制が整った。そして最後に重要になってくるのが多様な背景や考え方を受け入れる文化の醸成だ。現在でもＤＥＩ（ダイバーシティ・エクイティ・アンド・インクルージョン）としてアップデートを加えながら展開している取り組みだが、その発端となるダイバーシティ活動が始まったのもこの頃だ。さまざまな経営課題に応えるうえでは多様な人材の活躍が不可欠である。文化的背景が異なり、働き方の制約があるメンバーとのコラボレーションも増えてくる。ダイバーシティにスポットを当て、社内で理解を深め、働きやすい環境を整える取り組みも同時並行で進めていった。こうして国籍や性別の多様性に留まらず、相互の専門性や得意領域を認め合い、自分にはない強みを持つ人とのコラボレーションが進んでいった。

この他にも、個人のキャリアや成長の自由度を高めるために導入した社内公募制度や、部門別に実施する研修への自由参加を奨励する仕組みなど、さまざまな仕掛けが総合的に作用して、「想定外の出会い」という社内でのセレンディピティも徐々に増えていった。

組織の構造を変えるとともにルールや制度が変わり、結果として文化が変わり、プロフェッショナルが協調、協働するコンサルティング会社へと変化し、業界内でも高い成長を遂げたのである。

●――「第2DTC」のチャレンジ

DTCの変化を恐れない組織風土は、成功事例だけによってもたらされたわけではない。結果として継続することがかなわなかったケースも少なからず存在する。その一例を紹介したい。

2016年10月、DTCは「日本企業が自ら新たな市場創造をリードし、指数関数的(エクスポネンシャル)な成長を実現するためのプラットフォームの提供を目指して3つの重点的なテーマについてのコンサルティングと実行支援を担う社内カンパニー」というビジョンを掲げ、新プロジェクトを始動させた。これは、「DEXP(デロイト・エクスポネンシャル)」あるいは「第2DTC」と呼ばれた。

DEXPが重点コンサルティングの対象としたのは、次の3つのテーマである。

①デジタルマーケティングからデジタル・コアへ

マーケティング領域が中心のデジタル化を、バリューチェーン全体のデジタル化へと押し上げる。

②巨大なイノベーションに向けた新たなエコシステムの創出

グローバルな社会課題の解決も視野に入れた巨大なイノベーションを創出するために、あらゆるビジネスパートナーとの連携を図る。

③戦略始動速度を大幅に高めるニュー・テクノロジーの実装、活用

ＡＩやロボティクス、ブロックチェーンなどの最新テクノロジーを短期間のうちにビジネスプロセスに実装し、本格的に活用する。

振り返れば、当時掲げたテーマは時代の潮流をとらえていた。実際、その方向に世の中やコンサルティング業界が進んでいることを踏まえると、マクロ的な観点での情報戦は押さえられていたと考えている。ではなぜ、その取り組みが狙い通りの成果を上げることができなかったのか。第1章から第3章までに取り上げたテーマに沿って、ＤＥＸＰのチャレンジの内容を振り返ってみる。

●——認識なき着眼

まず第1章で語った「変化をどのようにとらえていたか」である。ＤＥＸＰが発案された背景には、これからのコンサルティング業務はアドバイスだけに留まらず、デジタル技術の実装やデジタルデータの利活用が付加価値の源泉となりうるというトレンドの理解と、そしてＤＴＣ自身がトレンドの波そのものになるという認識があった。それに加え、これまでと同じコンサルティングビジネスだけで成長できるのか、という素朴な疑問や危機感などがあった。

しかし、プロジェクト活動は広がらなかった。変化のとらえ方は正しいはずだったが、その実行で躓いたのは、「第2ＤＴＣ」というコミュニティに対して、我々が認識をつくり切れず、コンポーザビリ

ティを活かせないまま、コミュニティとして機能するところまで進められなかったことにあると考えている。

第2章で語った「変化を駆動する力」という視点では、「ビジョンやストーリーの共有が進まなかった」ことがある。右肩上がりの成長は続けるなかで、現状に対する危機感が全社的に共有されておらず、新しい取り組みが必要だという感覚を全員が持っていたわけではなかった。そのような状況では、新たな取り組みに対する認識を一にすることは難しい。プロジェクトが「第2DTC」と呼ばれたことに象徴されるように、従来の事業とどのように組み合わせるかという視点ではなく、「メイン業務とまったく異なることをやる」組織をつくることに焦点を合わせてしまい、せっかくのコンポーネントをコンポーザブルな状態にせず、長年の経営改革を通じて蓄積してきたコンポーザビリティを活かせなかった。

第3章で語った「変化をつくる力」という視点では、コミュニティを形成する前の状態であったといえるが、第2DTCの内容そのものが先進的ゆえに、組織の目指す方向性とその取り組みが先行して、画期的なコミュニティが複数存在するにもかかわらず、共感というレベルで社員がつながることに重きを置けていなかった。当然、知見やノウハウの共有はスムーズに進まず、結果として第2DTCという新しいコミュニティを経営資源とする価値共創を推進できなかった。社内カンパニーという「箱」は用意されたが、第5の経営資源としてのコミュニティは機能しなかったのである。

とはいえ、一連の教訓は実践知として残されており、その意味ではポジティブにとらえている。

方針ではなくカルチャーを示す時代の始まり

新しいトレンドに対して、みずからトランスフォームして変革を推進しなければならないという危機感は、多くの日本企業、そして読者も持っているだろう。振り返れば、第2DTCはみずからの存在を問い直すような自己破壊からのチャレンジであったし、マネジメントの役割が、方針を示すだけではなく、カルチャーを示すことに変わっていっていることを表す象徴的な体験でもあった。

2019年に始動した「メンバーファースト経営」では、過去の教訓を踏まえて取り組みを設計し実行している。メンバーファースト経営は、「エンプロイーエクスペリエンス（Employee Experience）」を重視し、DTCで働くことによってプロフェッショナルとしての幸せを感じられることを目指す取り組みだが、トップダウンではなく全員参画の方法で推進しているのが大きな特徴だ。具体的には、全部門に部門内でのエンプロイーエクスペリエンスに責任を持つ「エクスペリエンスパートナー（執行役員）」を配し、「メンバーファースト経営」を現場の隅々に浸透させようとしている。

エクスペリエンスパートナーの直下には、管理職・非管理職で構成される特命の「エクスペリエンスチーム」を組成している。チームメンバーの多くはみずから手を挙げており、人数は、19年当時の社員の約1割に相当する300人以上に上る。エクスペリエンスパートナーおよびエクスペリエンスチームは、他部門ともつながり、互いに取り組みを紹介し合いながら、現場ニーズに即した施策の立案、推進を行い、各部門で考案された施策数は合計で200を超えている（23年1月時点）。

その他にも、会社および個人としてどのような姿でありたいかという自分たちのビジョンをアートとして描く取り組み（アートワークショップ）を行っている。会社と従業員、組織に属するということ、群れる意味といったものが変容するなかで、この部門に群れることを通じて何を実現したいのかといったことを若手からベテランまでが一堂に会して議論し、１枚の「アート」というアウトプットに落とし込むことで、共通認識をつくっている。

紹介した取り組み以外にもさまざまな施策を展開した。その結果として、毎年行っている従業員満足度調査では、メンバーファースト経営を始める前と比べて、「ＤＴＣで働くことに意欲や幸せを感じている人」が20ポイント増え、退職率はマイナス50％、つまり半減した。さらに「成長ややりがいを感じるか」という質問では、81％の社員が「とても満足」「概ね満足」と回答している。

◉――Value（価値）×コミュニティによる経営変革への挑戦

２０２２年には、「２０３０年に向けたＤＴＣ　Ｖａｌｕｅ経営へのシフト」を掲げ、短期的な経済価値（Financial Value）だけでなく、中長期での社会価値（Social, Client, People Value）も重視する経営を志向し始めた。そこでも、本書に登場するいくつかの視点の実践や過去のチャレンジからの学びを取り入れているので最後にご紹介する。

まず我々を取り巻く環境について述べる。コンサルティング業界はデジタル化の影響から２０３０年頃まで引き続き成長を続け、現在の倍近くの１・７兆円産業になるという予測もある。[*1] 一方、世界的イ

1　市場予測：IDCレポートよりDTC推計、2019年数値は20年当時公表資料より一部線形補完。25年までの全体市場の年平均成長率はIDCに基づき7.8％。25年以降の数値はIDCレポートの地域別予測（2026）に基づき、25〜26年の成長減速および日本経済自体の減速予測を加味し、毎年0.3％ずつ26年から30年まで成長率が下がる前提により推計。ビジネスコンサルティングにおける非デジタル関連領域は20〜25年の年平均成長率−4.45％が30年まで継続すると仮定し、その他領域内訳は全体市場の差分から推計した

ンフレなどに伴い日本経済の低迷は続き、また所得格差や超高齢化などの社会課題も残されている。日本社会は明るいとはいえない。

我々の唯一の資源ともいえる人材は、より自分らしさを大切にし、仕事の選択や消費行動において、コンセプトやストーリーへの共感を重視する価値観を持つ世代へ徐々にシフトしている。その中で、日本社会の再構築に資する支援（顧客は当然ながら、社会や産業、バリューチェーン横断的な課題への支援）に重きを置きつつ、従業員がＤＴＣで「群れる」意義を実感できる経営へと変革しなくてはいけない。

そして、このような変化への認識を踏まえたうえでの重要な視点は、経営変革においても「コミュニティ」を経営資源ととらえ、コミュニティが会社の変革をリードするという発想の転換だ。経営変革に取り組む局面で経営者の覚悟が重要であることは昔もいまも変わらない。覚悟のない経営者はいない。経営者に覚悟はありながら、必ずしも成果を出せるとは限らない。それはなぜか。

経営変革は、経営陣の覚悟の下に、各機能、各領域の専門家たる主管部門のメンバーをトップダウンでアサインし、時には機能横断チームを組成し、変革に取り組むのが一般的だ。しかし、時代は大きく変わっている。これまでの「経営の常識」の下に、各部門の代表が変革の舵を取っても、「常識」を超える成果を生み出せない確率が高くなっている。従来の所管や専門性を超えて、リアルなビジネスや新しい価値観に対する感覚を持つ多様なメンバーが、みずからのＷｉｌｌ（意志）で緩やかに集うコミュニティが主役となる改革こそが、将来的に大きな成果をもたらす可能性が高まっている。そうした一連の動きが組織内に新たな〝神経系統〟を埋め込み、それによって組織は変わるのだ。

このコミュニティを軸とした変革で必須なのは、求心力である。それは、DAO、自律分散型コミュニティと対になる「軸」である。変革の求心力となる軸を、筋のよい形で定めることが重要だ。

DTCでは、変革の軸を前述の「Value（価値）」に置いた。価値を生み出す結果として売り上げや利益ももたらされるという、組織としての価値観の転換に真正面から取り組むことが変革のゴールである。そのための変化は、短期的な経済価値の創出に重心を置いて最適化された従来のDTCのバリューチェーンを、Social, Client, People Valueを包含して統合的に変革していくというものである。

私たちはいまこうした変革を、第2章で述べた考え方や過去のチャレンジからの学びを活かして進めている。具体的には、まず、CEOのコミットメントの下、Valueを軸に統合的に経営変革をリードする役割として、CVO（チーフバリューオフィサー）を設置した。

そして、CVOの下に完全挙手制で集まった次世代リーダー層によるコミュニティを形成した。目的は、「DTC Value 2030」という経営ビジョン（軸）のコンセプトを固めることである。熱量の高いメンバーが集まり、個人や所属部門の立場を越えて全社的な将来像を真剣に考え、わずか2カ月ほどでコンセプトが固まった。現在、30人を超えるメンバーがこの「変革コミュニティ」に参加しているが、公共部門に所属する参加メンバーがPeople Valueの検討リーダーを務めたり、DX部門からのメンバーがSocial Valueの検討会に参加したりと、既存の枠組みにとらわれずセレンディピティが生じやすい環境が整ってきた。また、30人のコアメンバー以外にも「DTC Value 2030」のキーコンセプトの共通理解を図るため、年に複数回ある役員合宿でのディスカッション、全社会議や小グループでのランチョンミーティングなどを通して、みずからエバンジェリストとなって、全メンバーへのビジョンの浸透に力を入れている。

さらに、Ｖａｌｕｅを創出する取り組みとして、「アジェンダ」単位のコミュニティの形成も推進している。そのテーマは、「脱炭素社会の実現」「ブルーエコノミーの推進」といった組織として取り組むものだけでなく、「アジャイルスキルを高めたい」というようなみずからのＷｉｌｌ（意志）に基づくものまで多種多様である。従来の組織構造では顕在化しにくい第３の構造が、「アジェンダ」軸でコミュニティとして続々と形成されるのだ。ポイントは、全従業員が実現したい「アジェンダ」に基づいて社内外で新たにコミュニティを立ち上げることにある。まだ始まったばかりだが、業界横断コンソーシアムやＮＧＯ連携など、コミュニティの成熟ステージに応じて必要なサポート（金銭、人的資源、知見、社内外への露出機会など）を提供する機能の構築を進めている。また、コミュニティ立ち上げのノウハウの共有やその運営をＤＡＯの考え方を用いて運用するデジタルツール開発も進めている。

社内を見れば、新しいコミュニティに参加することへのためらいや緊張はなく、かつては「タコツボ」の元凶とされた「個人商店」型の形態は影が薄くなり、コミュニティというさまざまな参加者の視点が加わったことで、セレンディピティが生まれる環境に変貌を遂げつつある。そして、コンサルタント一人ひとりの起業家精神を発揮させている。まさしく、従来の経営資源（ヒト、モノ、カネ）、そして現実思考で世界を読み解く「情報」を活かしつつ、第５の経営資源として「コミュニティ」を昇華させようという取り組みなのだ。

現在のＤＴＣは、「Ｖａｌｕｅ経営」という指針を共有した数多くのコミュニティが生まれ始め、その中のあちこちで発生するセレンディピティを、各自が前向きに用いて価値を創ることのできる環境にシフトしつつある。経営陣は、こうしたさまざまなつながりが個々人同士の関係だけでなく組織と個の関係を強くし、それがＤＴＣの信頼を築き、望む未来に向けたＣｈａｎｇｅの実現につながるという信念を持って、一連の取り組みを全面的に支援している。

形成的変革とその先に

ここまで、変化に応じていく「適応的変革」から、みずからと経営環境を能動的に変えていく「形成的変革」を提起した。そして形成的変革には、これまでの戦略論や変革論の応用ではなく、「変化をとらえる力」「変化を駆動する力」「変化を創る力」という視点が有効だと考えている。

３つの力という視点は、一つの対象物を複数のレンズを通して見るように、視野の重なり、力の掛け算によって、化学反応をも生み出す。

たとえば情報戦は、コミュニティなどの外の目線を持ち込むことで、より多角的な情報のとらえ方が可能になる。企業活動においても、外の人材や文化と交わることによって、思わぬ着想の契機を得たり、時にはみずからの存在意義を再認識したりすることにもつながるだろう。

これらの化学反応を含めて、３つの力を企業の奥深くまで組み込み、それを動的に駆動し続けることが、形成的変革者としての経営者の役割であり、経営の新定石になる。

これまでがそうであったように、今後さらにＣｈａｎｇｅの在り方そのものも変わっていくだろう。３つの力という視点を重ね合わせた結果として、思いがけない止揚をもたらすこともあるのではないか。「Ｃｈａｎｇｅの在り方の変化」は、経営の定石、そして形成的変革の新定石をも超えて、ポスト・マネジメントともいえる変容を見せるかもしれない。私たちコンサルタントも、大いなるＣｈａｎｇｅに取り組まれる皆さまとともに、Ｃｈａｎｇｅの未来を描き続けていきたい。

おわりに

2022年3月、私たちデロイト トーマツ コンサルティング（DTC）は、『パワー・オブ・トラスト 未来を拓く企業の条件』を上梓した。経営環境が絶えず変化する時代にあっても企業経営の根幹は「信頼」にあり、それなくして変化への対応は成しえないことを、企業存在の根幹から顧客接点、組織運営などあらゆる側面から検証した。

その「おわりに」で私たちは、次のような自問自答を書き留めた。

「何を変えるべきか、変えざるべきか、という岐路に立つ企業の皆さまに、とらえるべき変化と、その変化に対する向き合い方、今日から取り組む方法をお届けできただろうか」

本書を読み終えてくださった皆さんには、この自問自答が、我々が本書を編む動機となったことを強く実感していただけるのではないかと思う。

「変化」は、古今東西、経営にとっては永遠の課題である。経営を取り巻く環境の変化に対応し、企業自身が変身を遂げることである。現代、その変化は、かつての変化とは違う姿を見せている。変化そのものが変容する時代には、変化への対応も自ずと変わってくる。私たちは、事業の足元で進む変化の変容と、それに対する新たな対応について再考する必要性を痛感していた。

本書は、変化の科学から変革の組織、戦略に至る広い範囲のエッセンスを示せたのではないかと考えている。変化に対応する象徴的な姿勢、取り組みを私たちは「Ｃｈａｎｇｅ」という言葉に託した。変化の変容を理解し、みずから変化に向き合い、みずからの変化も厭わない変革の姿勢。それがＣｈａｎｇｅである。

もちろん、Ｃｈａｎｇｅでは何よりも先に、「自分たちが創出できる価値の源泉は何か」という基本的な認識が問われる。その認識は不可欠である。しかし、この問いに即座に答えられる経営チームも従業員も少ないのが現状だ。「シンプルな質問ほど答えにくい」と言ったのはピーター F・ドラッカー氏だが[*1]、まさにその通りで、人は最も基本となる事柄を意外と考えない。逆に言えば、基本を愚直に考え続けている人や組織は、能力が高いのである。

クレイトン・クリステンセン氏は「イノベーションのジレンマへの挑戦」というハーバード・ビジネス・レビュー誌の論文で[*2]、大企業のマネジャーたちは「破壊的な変化」が迫ってきていることに気がついているはずなのに十分な対応ができていない理由として、「（マネジャーが）個人の能力に対して慎重に判断するのと同じように、組織の能力について注意深く考える習慣が欠けているのだ」と喝破し、組織能力を明らかにして評価する手法を提示した。

クリステンセン氏の指摘は２０００年のことだったが、残念ながら彼の警告が活かされたとは言い難い。その作業は当たり前のこととして広く定着しているようには見えないからだ。いまでもドラッカー氏の言うように「シンプルな質問ほど答えにくい」のだろう。

前著の「おわりに」では、もう一つ、私たちが目指す社会について書き記している。

1 ピーター・F・ドラッカー『経営者に贈る5つの質問』（ダイヤモンド社、2009年）

2 邦訳は『DIAMONDハーバード・ビジネス』2000年9月号。『ハーバード・ビジネス・レビューBEST10論文』（ダイヤモンド社、2014年）にも所収

「私たちが目指す世界は、さまざまなステークホルダーとの間で信頼関係が構築された世界である。それはこれからも次々と起こるであろう環境変化を、みずからが変化・進化するための機会ととらえ、信頼関係を結んだ者たちが、新しい価値観や技術と『多様な知』をかけ合わせることで、人々や社会が豊かであり続ける世界である」

これは信頼を軸にした世界観を述べたものであるが、同時に本書の重要なテーマの一つである信頼を軸にした組織、つまりコミュニティこそがＣｈａｎｇｅを成し遂げる能力を備えているのではないかという問題意識でもあった。現代の変化への対応での一つの到達目標が、コミュニティを経営資源として積極的に活用できるようになることだと表現してもよいだろう。

その意味を突き詰めれば、「自律的な組織」を創造することに他ならない。チームメンバーが目的だけでなく己の知識や経験を共有し、そして個々は異なる立場にあっても目的に向けた自己充実に努力するならば、ある状況に対して自律的で、かつ共通した判断が導かれる組織を創造することができる。

本書の執筆陣の略歴一覧をご覧いただければ、本書そのものがコミュニティの成果であることをおわかりいただけるだろう。また本書の企画・編集を担ってくれたメンバーも、さまざまな部署に所属しながら志願したメンバーであり、本書の執筆や編集活動を通じて私たちはコミュニティが第5の経営資源になるために必要な条件とは何かを学んでいる。

企業経営に携わる者は、常々、常套句として「変化」を口にする。一方で、「人は変わりたがらないものである」ということを科学的に立証する研究はたくさん出ている。生物学的な見地、心理学的な見地、集団学的な見地等々。「安定はない、変化あるのみ」と言い切ると、不確実さゆえに迷いを生じるのも無理はない。しかし世の中は、鴨長明が記したように「久しくとどまることなし」である。本書で述べてきた新「定石」を携え、ポジティブなものとして変化に向き合い、明日への一歩を踏み出していくことで、意思ある経営の「再構築」ができるのではないだろうか。

本書を上梓するにあたり、執筆を支援してくれた皆さんに心から感謝を申し上げたい。そして、本書を通じて読者の皆さまが「チェンジ」に取り組まれる際に、弊社をパートナーとしてお声掛けくだされば、日々のアップデートを含めたサポートを存分にご提供しながら伴走し、新たな価値を生み出す「コミュニティ」の一員として共創させていただきたい。

最後に、前作に続き、本作でも書籍化にご尽力いただいたダイヤモンド社榎本佐智子氏、新井幸彦氏、そして船木春仁氏、金田修宏氏にお礼を申し上げたい。弊社への深いご理解、豊富な知見・ご経験に基づくアドバイスで、より弊社らしさを引き出し、ユニークな視点が際立つ書籍になるよう導いていただいた。

さらに、各分野にて先進事例をご提供くださった企業の皆さまにも感謝申し上げたい。

2023年3月

デロイト トーマツ コンサルティング

青井 遥 | Haruka Aoi
シニアマネジャー
専門は、製薬企業の事業（領域）戦略の策定、研究・開発、営業の組織、オペレーション、人材改革など。近年はヘルスケア領域におけるビジョンと戦略の策定や事業創出の仕組み構築を手掛ける。2018年より京都大学とデロイト トーマツ グループの共同研究「社会変革型医療データサイエンティスト育成プログラム」に参画している。

井関美紗子 | Misako Iseki
コンサルタント

（執筆アドバイザー）

邉見伸弘 | Nobuhiro Hemmi
執行役員／パートナー　モニター デロイト

宮丸正人 | Masato Miyamaru
執行役員／パートナー
ビジネスファイナンスリーダー モニター デロイト

藤井 剛 | Takeshi Fujii
執行役員／パートナー
モニター デロイト　ジャパンリーダー

企画編集

藤井麻野 | Maya Fujii
執行役員／マネージングディレクター

三室彩亜 | Saia Mimuro
執行役員／パートナー　モニター デロイト

青井 遥 | Haruka Aoi
シニアマネジャー

井関美紗子 | Misako Iseki
コンサルタント

岡 夏輝 | Natsuki Oka
コンサルタント　モニターデロイト

その他協力者

鈴木 淳 | Atsushi Suzuki
パートナー

岸本展明 | Hiroaki Kishimoto
ディレクター

西村美穂 | Miho Nishimura
シニアコンサルタント

裴 慈英 | Jiei Hai
シニアコンサルタント

望月ゆう | Yu Mochizuki
シニアコンサルタント

東瀬日菜子 | Hinako Tose
コンサルタント

鳥越慎平 | Shimpei Torigoe
コンサルタント

広報

若林 稔 | Minoru Wakabayashi
執行役員／マネージングディレクター

野地由希子 | Yukiko Noji
アソシエイトマネジャー

社外協力者

株式会社ダイフク
三菱地所株式会社

(「Column独創力を発揮するZ世代との付き合い方」執筆)

小川国師 | Kokushi Ogawa
シニアコンサルタント
専門は新規事業開発。デジタル活用やカーボンニュートラルなどの複数のテーマにおいて新規事業の構想から実現までクライアントを支援する。主な担当プロジェクトとしては、「デジタルビジネスにおける新会社の設立支援」(金融)、「EV関連の新規事業構想支援」(金融)、「カーボンニュートラル関連の新規事業立上げ支援」(製造)などがある。

中嶋亜美 | Ami Nakajima
シニアコンサルタント
専門は、BtoCビジネスにおけるデジタル化およびデータの利活用。特に航空業・旅行業においては業務とシステム両面の知見を有する。主な担当プロジェクトに「基幹システムの刷新」「統合データベースの構想策定」(いずれも航空)、「事業中計の詳細化」「DX構想策定」(いずれも旅行)、「データ利活用推進のロードマップ策定」(小売)がある。

井関美紗子 | Misako Iseki
コンサルタント
専門は、保険業界における業務改革支援。主な担当プロジェクトに、新商品発売や法改正に伴う事務とシステムの対応支援、社内業務RPA化推進支援、PMI支援などがある。2023年より、デロイト トーマツ コーポレート ソリューション合同会社の経営企画部門において、デロイト トーマツ グループのM&AにおけるPMI業務に従事。

(執筆アドバイザー)

藤井 剛 | Takeshi Fujii
執行役員/パートナー
モニター デロイト　ジャパンリーダー

古澤哲也 | Tetsuya Furusawa
パートナー
専門は経営と事業戦略をグローバルに推進するための人事戦略から基盤設計に至るまでのトータルな支援。最近は、社員の意識と行動変革を目的とするチェンジマネジメント、人材育成の支援が多い。著書に『MOTリーダー育成法』(中央経済社)、共著に『変革を先取りする技術経営』(企業研究会)などがある。

池田貴宣 | Takanori Ikeda
シニアマネジャー　モニター デロイト
専門は、金融(ペイメント)のデータ利活用、デジタル戦略、マーケティング。米系戦略コンサルティングファームを経て現職。モバイル通信事業、デジタル情報サービス、ハイテク製造業、金融業、総合商社、官公庁など幅広い業界において、長期ビジョンの策定、成長戦略の策定支援、事業構造改革支援、新規事業開発、PMO実行支援、マーケティング支援、組織変革支援などの経験を有する。

坂下真規 | Masaki Sakashita
マネジャー　モニター デロイト
専門は、製造、金融、通信、小売りなど、国内外を問わず幅広い業種の大企業における新規事業創出を軸にした戦略策定、実行。主なプロジェクトに、「日本参入戦略の策定」「ブロックチェーンゲームの投資戦略策定」「インキュベーションプロセスの設計、実装」「サブスクリプション事業の立ち上げ」などがある。社外では、Web3サークルをリードし、大企業とのユースケース協創を推進。日本企業向けの有望なWeb3事業戦略および金融ならびにゲーム産業におけるサービス変革の可能性などのアジェンダを発信する。

第4章

藤井麻野 | Maya Fujii
執行役員/マネージングディレクター
専門はサステナビリティを軸とした経営戦略、事業戦略、新規事業開発、ブランディング、マネジメントシステム改革。Corporate Communicationの責任者として、社内外のステークホルダーとの関係性を築く活動も進めている。共著に『SDGsが問いかける経営の未来』(日本経済新聞出版社)がある。

三室彩亜 | Saia Mimuro
執行役員/パートナー　モニター デロイト
専門は、長期的な環境変化「メガトレンド」を起点としたビジョンと経営戦略、事業計画、新規事業などの立案、リスクマネジメント。未来洞察のみに終わらず、シナリオプランニングやモニタリングにより、柔軟で実効性ある戦略とすることを重視する。さらにインテリジェンス機能の設計や、リーダー育成によって、組織のケイパビリティを高めている。

手金融会社の企画部門、事業開発部門責任者の後、ブティック投資銀行の取締役CFO、日系大手コンサルティングファームの戦略コンサルティング部門ヘッド、経営企画部門ヘッドを経て現職。事業会社での豊富なマネジメント経験を有し、内閣府価値デザイン経営タスクフォース委員も務める。

村上暢子 | Masako Murakami
マネジャー

外資系大手ITメーカー、日系大手Sier、外資系コンサルティングファームなどを経て現職。専門は管理会計領域におけるビジネスプロセス改善やファイナンストランスフォーメーションの実行。グローバルを対象としたプロジェクトマネジャー経験を有している。経営学の博士を有す。

福田あかね | Akane Fukuda
シニアコンサルタント

専門は、ビジネスプロセスおよび組織と機能の変革における設計から実行までの支援。主な担当プロジェクトにERP刷新に際した全社変革推進支援、プロジェクトマネジメント(物流、食品)、SSCとBPOの推進(物流)、業務効率化と高度化の推進(総合エンターテインメント企業)などがある。

望月春子 | Haruko Mochizuki
シニアコンサルタント

専門は、経理財務領域を中心とした業務と組織の改革推進。大手日系建設会社を経て現職。主な担当プロジェクトに、決算開示の早期化、効率化を目指す決算をはじめとした経理関連業務の改革推進支援、メディア業界におけるプロジェクトマネジメントなどがある。

濱岡晃雄 | Akio Hamaoka
コンサルタント

専門は、システムの統合と導入、データ利活用に向けた戦略策定などのDXに資する支援。特にシステムの統合と導入における設計開発の経験が長い。近年は、金融、エネルギー、メディアを中心に戦略コンサルティングに従事する。主な参画プロジェクトに、新規事業立案、政策立案、M&A組織の設立、PMO支援などがある。

第3章

檀野正博 | Masahiro Danno
モニター デロイト ディレクター

3章リード。専門は、自動車、電機、保険、不動産などの幅広い業界におけるイノベーション戦略立案、新規事業創出支援(Business Produce)、イノベーション創出のための組織・機能の変革支援、企業、産業間のアライアンス支援(Ecosystem)など。モニター デロイトの新規事業創出関連オファリングInnovation&Venturesをリードする。「イノベーションマネジメントフレームワーク」の開発担当者でもある。

井上発人 | Hatsuto Inoue
モニター デロイト シニアマネジャー

3章リード。専門は、モビリティ、通信、保険、消費財などの幅広い業界の大企業に対する、次世代の事業の柱の創出を目的とした中長期のイノベーション戦略立案から具体的な新規事業の開発や立ち上げなど。モニター デロイトのジャパンメンバーとして、イノベーション戦略プラクティスのCo-leadを担当。モニター デロイトのイノベーションデザイン専門部隊であるDoblinの日本におけるサービス展開にも従事する。

鈴木(柴)啓太 | Keita Suzuki(Shiba)
マネジャー 弁護士

専門は、不動産業界、まちづくり領域を中心としたスマートシティ構想、中長期成長戦略の策定、新規事業の立ち上げなど。エリアマネジメントやコワーキングスペース事業の企画の担当経験を有す。大手総合デベロッパーへの出向中は、イノベーションエコシステムの形成、スタートアップへの投資と協業、都市での実証実験のコーディネートに従事する。

藤本真里絵 | Marie Fujimoto
マネジャー

専門は、組織のデジタルやアナリティクスデータの利活用推進のための戦略策定やシステム導入の支援。主にライフサイエンス、ヘルスケアの多岐領域におけるグローバルにコンサルティングに従事。担当プロジェクトに、「デジタルプラットフォーム戦略策定支援」(製薬)、「臨床開発のデータ戦略策定支援」(製薬)、「品質保証管理における戦略策定及びシステム導入支援」(製薬)などがある。

のマネジメントに従事。世界各国の研究開発を指揮していた経験からDXの立案・遂行、ビッグデータ、AI、IoT、5Gのビジネス活用に強みを持つ。東京大学IPC顧問、東北大学特任教授、日本ディープラーニング協会顧問、企業情報化協会常任幹事も務める。『ウェブ大変化』(近代セールス社)、『クラウド大全』(日経BP)など著書多数。

藤井麻野 | Maya Fujii
執行役員/マネージングディレクター
第4章執筆者欄に掲載

三室彩亜 | Saia Mimuro
執行役員/パートナー　モニター デロイト
第4章執筆者欄に掲載

◉———執筆者

序章

望月安迪 | Andy Mochizuki
シニアマネジャー　モニター デロイト
序章リード。専門は、エレクトロニクス、電子部品、半導体業界などの製造業に対する事業戦略策定、新規事業構想、業務ならびに組織変革等。長期ビジョン構想、事業戦略策定、新規事業開発、企業再生、M&A案件のほか、欧州、アジアにおけるグローバル戦略展開、大規模全社組織再編プロジェクトにも従事。著書に『目的ドリブンの思考法』(ディスカヴァー・トゥエンティワン)がある。

(執筆アドバイザー)

三室彩亜 | Saia Mimuro
執行役員/パートナー　モニター デロイト

第1章

邉見伸弘 | Nobuhiro Hemmi
執行役員/パートナー　モニター デロイト
1章リード。チーフストラテジストおよびMonitor Deloitte Instituteリーダー。世界経済フォーラムフェローやハーバード大学研究員などを歴任。Deloitte Global Economist Councilメンバー。国際協力銀行(JBIC)、米系戦略コンサルティングファームを経て現職。専門は、シナリオおよびビジョン策定、業界横断、クロスボーダーの戦略策定支援。著書に『チャイナ・アセアンの衝撃』(日経BP)がある。

長田 快 | Kai Osada
シニアコンサルタント
専門は、全社戦略、新規事業立案、BDD、マーケティング(プライシング、ブランディング)戦略などの上流工程の意思決定に対するコンサルティング。なかでも飲食品メーカー、アパレルメーカー、小売りなどのリテール領域において長期から足元の事業環境、個社課題、ビジョンを踏まえた支援をしている。

佐折俊大 | Shunta Saori
シニアコンサルタント　モニター デロイト
専門は、長期的な環境変化の未来洞察を起点としたビジョンと経営戦略の策定、政策立案。メディア、消費財(嗜好品、食品)、ヘルスケア、官公庁など幅広い業種に対する戦略コンサルティングに従事。さらに、シナリオプランニングやモニタリングによって未来洞察や戦略の実効性を高める「インテリジェンス機能」の構築を支援している。

岡 夏輝 | Natsuki Oka
コンサルタント　モニター デロイト
専門は、経営・事業戦略立案、事業開発、戦略実現に向けた組織変革支援。伝統的な大手企業を中心に幅広い業界に対するコンサルティングに従事している。主な担当プロジェクトに、「全社業務改革に向けた“ありたい姿”及び現場改革の検討支援」(製造)、「新規事業の構想策定及びベンチャー企業への投資ストーリー策定支援」(インフラ)などがある。

築島 幹 | Motoki Tsukishima
コンサルタント
専門は、シナリオおよびビジョンの策定、業界横断ならびにクロスボーダーの戦略策定の支援。緻密な国際情勢分析に基づき、多様なクライアント企業に対し社会や産業、業界の未来洞察、経営戦略を支援。主な担当プロジェクトに「中国-ASEAN市場調査」がある。

第2章

宮丸正人 | Masato Miyamaru
執行役員/パートナー
ビジネスファイナンスリーダー　モニター デロイト
2章リード。専門は、経営戦略、企業変革、イノベーション、DX、投資戦略、M&Aなど。大

編著者

佐瀬真人 | Masato Sase
代表執行役社長

2019年にデロイト トーマツ コンサルティングCEOに就任以来、COVID-19感染拡大などの経営の難局において、クライアント企業へのコンサルティングに加えて、みずから経営者として改革をリード。専門は、自動車、製造業を中心とした事業戦略立案、マーケティング戦略立案、技術戦略立案、組織プロセス設計。自動車メーカー、自動車部品サプライヤー、販社とディーラーの領域をカバーする経験を有する。共著に『モビリティー革命2030 自動車産業の破壊と創造』(日経BP)がある。

松尾 淳 | Jun Matsuo
執行役員／パートナー　経営会議メンバー

消費財、医薬・医療機器業界を中心に20年以上のコンサルティング経験を有する。マーケティング戦略立案、海外事業戦略の策定と実行支援、M&A戦略立案、ポストM&Aにおける実行支援、サプライチェーンを中心としたプロセス改革、グローバルIT戦略立案から基幹システム導入支援まで数多くのプロジェクトを手掛けている。

首藤佑樹 | Yuki Shuto
執行役員／パートナー　経営会議メンバー
モニター デロイト

デロイトトーマツコンサルティングのChief Strategy Officer (CSO) およびテクノロジー、メディア、通信、インダストリーのアジア・パシフィックリーダーを務める。メディア、総合電機、半導体、SI、ソフトウェアなどを担当し、事業戦略策定、組織改革、デジタルトランスフォーメーションなどのプロジェクト実績が豊富である。デロイトUSに4年間出向した経験もあり、日系企業の支援をグローバルに行っている。

長川知太郎 | Tomotaro Nagakawa
執行役員／パートナー　経営会議メンバー
モニター デロイト

デロイトトーマツグループChief Operating Officer。医薬品、医療機器、製造業界における国内外の主要多国籍企業に対する事業戦略、M&A戦略立案、組織と業務変革推進のほか、海外展開戦略、グローバルマネジメント改革、海外組織再編の策定・実行支援など、クロスボーダープロジェクトを数多く手掛けている。共著に『マーケティング戦略ハンドブック』(PHP研究所)がある。

宮丸正人 | Masato Miyamaru
執行役員／パートナー
ビジネスファイナンスリーダー モニター デロイト

第2章執筆者欄に掲載

藤井 剛 | Takeshi Fujii
執行役員／パートナー
モニター デロイト　ジャパンリーダー

長年にわたり社会課題解決と競争戦略を融合した経営モデル(CSV)に取り組み、モニター デロイトのThought Leadershipを担う。2022年よりDTCのChief Value Officerに就任(兼務)し、長期的企業価値を基軸とした全社変革の統括責任者も担う。『CSV時代のイノベーション戦略』『Detonate:ベストプラクティスを吹き飛ばせ』(いずれもファーストプレス)、『SDGsが問いかける経営の未来』(日本経済新聞出版社)など著書多数。

田中義崇 | Yoshitaka Tanaka
執行役員／パートナー

デロイト トーマツ コンサルティングのChief Transformation Officerとして、みずからも「信頼される経営」を実践すべく、改革の青写真を描いている。また、自動車メーカー、部品サプライヤー、その他製造業を中心とした海外事業戦略、事業・組織再編などに関するプロジェクト実績を多数有する。

邉見伸弘 | Nobuhiro Hemmi
執行役員／パートナー　モニター デロイト

第1章執筆者欄に掲載

川原 均 | Hitoshi Kawahara
執行役員／パートナー

30年以上にわたり外資系IT企業において金融およびハイテク業界のクライアントエグゼクティブ、インターネットビジネス推進責任者、ソフトウェア事業責任者を歴任。先進的クラウドサービス企業日本法人社長に着任し、日本におけるクラウドビジネスの立ち上げおよびエンタープライズビジネスの急拡大をリード。一方でDX推進のリーダーとして総務省等主催の委員会メンバーも務め、ICTを活用した新しい社会基盤創りを提言する。

森 正弥 | Masaya Mori
執行役員／パートナー

Deloitte AI Institute 所長。アジアパシフィック先端技術領域リーダー。ECや金融における先端技術を活用した新規事業創出、大規模組織

［著者］

デロイト トーマツ コンサルティング

デロイト トーマツ コンサルティング合同会社（DTC）は国際的なビジネスプロフェッショナルのネットワークであるDeloitte（デロイト）のメンバーで、日本ではデロイト トーマツ グループに属し、デロイトのグローバルネットワークを通じた全産業分野の戦略課題に対応する組織体制と5,000名規模の専門性の高いメンバーにより、日本のみならず世界中で最適なサービスを提供している。近年は経営戦略に特化したモニター デロイト、デジタルに特化したデロイト デジタルというサブブランドも展開している。

モニター デロイト

デロイトの戦略コンサルティングブランド。ハーバードビジネススクールの教授陣によって設立されたモニターグループが前身。デロイトとの間で効果的なシナジーが実現し、グローバルでは2013年より、日本国内では2018年より先進的な戦略コンサルティングを提供している。

デロイト デジタル

デジタル戦略、クリエイティブ、ウェブとモバイル技術を統合するブランド。デジタルストラテジー×クリエイティブ×テクノロジーによる新しい形のビジネスアドバイザリーを展開している。

本書の情報は下記よりご覧いただけます。
https://www2.deloitte.com/jp/power-of-change

DTCからの提言 2023
パワー・オブ・チェンジ
——未来を築く経営の新「定石」

2023年4月11日　第1刷発行

著　者——デロイト トーマツ コンサルティング
発行所——ダイヤモンド社
〒150-8409　東京都渋谷区神宮前6-12-17
https://www.diamond.co.jp/
電話／03･5778･7235（編集）　03･5778･7240（販売）

ブックデザイン—遠藤陽一（デザインワークショップジン）
チャートデザイン—デザインワークショップジン
製作進行———ダイヤモンド・グラフィック社
印刷————勇進印刷
製本————ブックアート
校正————ディクション
編集協力———新井幸彦、船木春仁、金田修宏
編集担当———榎本佐智子

ISBN 978-4-478-11771-2